日本語学の方法

工藤力男著述選

汲古書院

母に

目　次

例　言

一　本書は、先の『日本語史の諸相　工藤力男論考選』（1999　汲古書院）と同じく論考類の集成であって、いわゆる「著書」ではない。

一　さまざまの事情や配慮から、標題を変えたり、副題を変えたりしたものがある。

一　前条以外の変更は次の各号に挙げる最小限にとどめるべく努めた。

1　明らかな誤字・誤植はこれを訂した。

2　テニヲハ、句読点、漢字から仮名へ、仮名から漢字へなど表記を若干ととのえたほか、まれに辞句を変えた所がある。

3　初出では、引用符のかわりに圏点を用いることがままあったが、それを鍵括弧や傍線に変えた所がある。

4　注を節毎に掲げた篇があったが、これを篇の末尾に移した。

5　右の各号に述べた以上の変更点については、各篇末尾の補記で言及した。

一　萬葉集等の和歌の下に括弧書きした数字は、『國歌大觀』の歌番号である。

一　年次にキリスト暦を用いるばあいは、括弧内にアラビア数字で横書きした。

一　各篇の排列は、まず内容によって四つに分け、それぞれの内部で執筆順とした。ただし、「付」として載せた三篇は執筆順に関わらない。

一　各篇末の補記には、掲載誌と巻号、掲載年月、寄せられた異見、大きな変更点などを記した。

日本語学の方法

工藤力男著述選

安萬侶の方法と古事記の訓読

はじめに

時勢とは関わりなく、資料・研究書・論文集はあいかわらず陸続と刊行されて、応接にいとまなきがごとくである。それらの中にあって、すぐる一年間の古代学関係の収穫として、まず日本思想大系の『古事記』を挙げることに、多くの人は異論がないだろう。その「後記」にあるように、歴史学・神話学・文化人類学・言語学その他さまざまの視点から分析することによって、そこに「古代日本人の思想の原型をさぐ」りだしてくれるだろうと、刊行が待ち望まれていたものである。私の専攻である語学の面に限っても、訓読の担当者に、訓点語学の第一人者を据えているので、「もう一息といふところまで来てゐる訓点語学界は、やがて、遠からず、遡つて古事記の訓《よみ》を決定するに至るであらう。」と書いた神田秀夫氏の期待（『古事記の構造』序説）が、三十年めにして実現したと言えるのである。[1]

いちいち例示することはしないけれども、本書によって初めて提示された訓読の知見の多いことは当然である。その一つに、須佐之男の大蛇退治のくだりがある。

故、切二其中尾一時、御刀之刃毀。尔、思レ怪以二御刀之前一、刺割而見者、在二都牟刈之大刀一。（p.56）

右の傍線部分を、本書は、「刺《さ》し割《わ》り而《て》」と訓読している。なお、「類義字一覧」を参照すると、第32項に「切断・折割・破壊する」意の動詞を漢字で書き分ける安萬侶の表記原則が帰納されてあり、「この箇所は普通サシサキテと訓まれている」ことの非が指摘されている。なるほど、古事記伝もそう訓読して何の説明もないし、近年の注釈書類[2]も同様である。ただ、倉野憲司『古事記全註釈』第三巻は「刺《さ》しは接頭語。割《さ》いて御覧になるとの意。書紀には「割《さき》二裂《て》其尾一視之」とある。」と注をつけている。

本書の訓読を担当した小林芳規氏は、その訓読の方法を、「訓読補注」「類義字一覧」「同訓異字一覧」そして解説の「古事記訓読について」において、かなり詳細に述べている。氏はまた、本書に先だつ論文「古事記音訓表　上・下」（『文学』第四十七巻八・九号）でも同趣旨の発言をしている。それらに示された氏の方法の大きな柱は「一漢字に対して一つの訓が対応するものが多いこと」（音訓表　下）であった。それは、先行する諸氏の研究をふまえて、「古事記の中で、類義字が訓み分けられていることについては、この十年の間に屢々指摘して来た。」（同）という確信となって表われている。

小林氏がおりおりに吐露した文言からも察せられる大いなる辛苦の成果たる本書に接して、私は、ほとんど圧倒されどおしであった。そうであればあるほど、この箇所について、他の諸氏の訓と本書の訓とがかくもはっきりと対立するのはなぜなのか、その因由をつきとめてみたいという思いがやみがたいのである。そして、それをつきとめる作業をとおして、太安萬侶の古事記述作の方法について考えてみようとするものである。

古事記と同時代の文献から見ていくのが順序だろうと考え、まず読みなれている万葉集をとりあげる。総索引漢字篇に「割」を求めると、和歌では「真割《マキ》、割見《サクミ》、割《サケ》、割《ワレ》」の表記に用いられているとある。初めの「真《マ》割《キ》」は、「真割持　小鈴もゆらに」（三二二三）[3]に見える。この句は、旧訓のマサケモチ、代匠記のマサケモツから、万葉考のマキモタルを経て、現在はおおむねマキモテルの訓が行なわれており、きざみめ、さけめを意味するキ（甲類と思われる）を「割」の訓として認めている。

「割見《サクミ》」は二用例を見る。

（前略）大鳥の　羽易の山に　汝が恋ふる　妹はいますと　人の言へば　石根《いはね》割見而　なづみ来し　良けくもぞなき（後略）（二一三　人麻呂作歌）

白雲の　龍田の山の　露霜に　色づく時に　うち越えて　旅行く君は　五百重山　伊去《いゆき》割見　あたまもる　筑紫に至り（後略）（九七一　虫麻呂作歌）

前者は二一〇番歌の異伝（或本歌）で、そこに「石根左久見手」と仮名書きされているので「割《さく》」の訓は動かない。ただ、その語義となるとよく分らない。「波の上を、い行き左具久美」（五〇九）の「さぐくむ」と同源かとする説（例えば、日本古典文学全集本。以下、「全集」と略称）もあるが、これは波に言い、かれは岩根や山に言うし、語構成の上からも別語に由来するとする方がよさそうだ。ここでは深入りを避け、「さく」の訓を確認したことに満足しよう。

サケ・ワレは共に一例ずつある。

六月の地さへ割而《さけて》照る日にもわが袖干めや君に会はずして（一九九五）

ぬばたまの寝ねてしよひの物念ひに割西《われにし》胸はやむ時もなし（二八七八）

前者は、元暦校本以下の古写本、赤人集、現行諸注もサケテと変らない。後者も、諸本サケニシであったが、古義がワレニシと訓んでから、新考・新訓が従い、総索引の本文もそれを採ったので、ワレとサケとが並ぶことになったものである。古義は改訓の根拠として次の歌を挙げる。

　むらきもの心摧而《くだけて》かくばかりあが恋ふらくを知らずかあるらむ（七二〇）

　高山ゆ出で来る水の岩に触れ破衣《われてぞ》思ふ妹に会はぬ夜は（二七一六）

　聞きしより物を思へばあが胸は破《われ》而《て》摧而《くだけて》とごころもなし（二八九四）

言わんとするところは、恋のために胸はワレたりクダケたりするものだというので、音数律の関係からワレの方を選んだものらしい。右の第二例の「破」には、現代もワレとクダケの両訓が対立しており、私としてはこっちの問題にも食指が動くが、今は道草を食うまい。

ともかく、「割」に動詞「わる」(4)の訓を負わせて用いた万葉歌は一つだけで、それも、研究の現状ではいたって旗いろが悪いことも確かである。万葉びとにとって、せつない恋によって胸はわれてくだけるものだったが、さけることはなかったのであろうか。

二

散文にまなこを転じて、逸文を除く五つの古風土記について、植垣節也氏の索引を手がかりに検すると、「割」は七箇条九例が拾える。

1　―割二茨城地八里　那珂地七里　合七百余戸一　別置二郡家一（常陸　行方郡）

2　―割二下総国海上国造部内軽野以南一里　那賀国造部内寒田以北五里一　別置二神郡一（常陸　香島郡）

右の二条、いわゆる割地建郡とその同類で、具体的に刃物を用いてする行為ではないが、割譲・割与・割授などの熟語に表われるものと同義で、ここは「さく」と訓読されて異論がないのであった。

3　挙レ鋒而刃二中央一和爾一　殺捕已訖　然後　百余和爾解散　殺割者　女子之一脛屠出　仍和爾者　殺割而挂レ串　立二路之垂一也（出雲　意宇郡安来郷）

4　妹玉津日女命　捕二臥生鹿一　割二其腹一而　種二稲其血一（播磨　讃容郡）

3の二例、諸家の訓は「殺」と熟字で訓むか否かの差はあっても、やはり「さく」に変りはない。このくだり、むすめをわにに食われた父親が、鋭い「鋒を挙げてまなかなる和爾をさして殺し」（大系の訓による）それを囲んでいた百余匹のわにを追い散らしたのち、むすめのなきがらを取り返すために、そのわにを「割」という行為をしたのである。たきぎをわるように強い一撃を加えたのではあるまい。むすめのなきがらを傷つけないように、おそらく注意ぶかく、鋒を使ったであろう。[5] 4も「さく」と訓まれているが、3よりも慎重に刃物を使ったであろう。所詮は神話の中のこととはいえ、生き血を取られたこの鹿を「放ちし山を鹿庭山と号く」とこの説話は続いているのである。わられたのでは、鹿の命はひとたまりもないだろう。鹿の腹はやはりさかれたのではないか。そして、右の二条における「割」字で表わされている行為は、八俣大蛇に対する須佐之男の行為となんとよく似ていることか。

地名起源説話はこの字の訓についてきわめて雄弁である。

5　号二麻跡一者　品太天皇　巡行之時　勅云　見二此二山一者　能似二人眼割下一　故号二目割一（播磨　餝磨郡麻跡里）

6　目前田者　天皇獦犬　為レ猪所三打二害目一　故曰二目割一（播磨　託賀郡目前田）

マサキという地名の由来に「目割」が用いられているので、割《サキ》は疑いようがない。そのもとになった行為はいまひとつ明確でないが、「割《サ》き下げ」「打ち害《サ》かれ」の訓読も認めてよいだろう（『広雅』釈言に「害、割也」とある）。

残る一例は、肥前国風土記松浦郡値嘉郷の、土蜘蛛が景行天皇に「長蚫鞭蚫短蚫陰蚫羽割蚫等之様」を作って献ったという記事に見える。これは延喜式主計条の肥前国の貢進物の一つ「羽割鰒」と同一とされ、風土記の注釈家はハワリアハビと訓読する。その実体について、井上通泰『肥前風土記新考』は「栗田氏は、（中略）羽割蚫ハ鳥ノ羽ノ如ク小ク割テ重タル物ナランといへり。余はいまだ考へず」と慎重だが、『日本国語大辞典』は「はわりあわび」の項で「あわびの肉を鳥の羽のように薄くさいて加工した食品」（傍点は引用者）とはっきり記述する。薄くさいたものを羽割りと称するとは、どういうことなのだろうか。この訓とこの説明とが二つながら妥当であるためには、古代語の動詞「わる」が、現代語の動詞「さく」の語義を有していたと考えなければならない。それについてはいずれ検討することにして、風土記の「割」字について、その訓が「わる」かもしれないのはわずか一例で、他は「さく」と訓まれて問題のないことが明らかになった。

次いで日本書紀を見よう。漢字索引によると、「割」の使用は十六箇条十八例（欽明紀十六年二月「天地割判」は「剖」の誤写とする書記集解の説に従う）。その用法を、風土記のそれに対比するために、便宜上いくつかに分けて検討する。

まず、1・2の同類（これをA類とする）は七例あるが、その二つを掲げる。

7　是以、垂二天恩一、割二海西一而賜レ我。（神功紀五十二年九月）

8　又割二国県山海・林野・池田一、以為二己財一、争戦不レ已。（孝徳紀大化元年九月）

7はサキテ、8はサキトリテの訓が通説。

3・4の同類（これをB類とする）は五例ある。やはり二つを掲げる。

9　至レ尾剣刃少缺。故割二裂其尾一視之、中有二一剣一。（神代紀上第八段本文）

10　則割レ蝮。実真珠有二腹中一。（允恭紀十四年九月）

9は、もちろん今問題にしている古事記の大蛇退治に対応するくだりで、こちらは「割裂」と連文になっていることが注意される。というのは、下字の「裂」は、神代紀下第九段で、「磐裂」に「以簸娑寠」と訓注しているからである。第八段は六つの一書をもつが、この部分の用字は、割（第二）、裂（第三）、擘（第四）で、いずれも「さく」と訓むことに支障はない。9・10の両例、古訓は「さく」系であるが、丹鶴本が9をサシサキテとするのは、あるいは古事記の対応箇所の表記が干渉したのだろうか。

　残りは一括して掲げよう。

11　即百舌鳥、自レ耳出之飛去。因視二耳中一、悉咋割剥。（仁徳紀六十七年十月）

12　猟場之楽、使二膳夫割一レ鮮。何二与自割一。（中略）欲下与二群臣一割レ鮮野饗上。（雄略紀二年十月）

13　既為二天下一、事須レ割レ情。（雄略紀二十三年八月）

14　詔詞酸割。不レ可二具陳一。（持統紀元年八月）

11がB類と異なるところは、刃物を用いていない行為だということである。それで、サキの古訓のほかにクヒカキハゲリ（前田本）の訓が生じたのであろう。12の三例は「鮮を割る」の例で、早く集解が『文選』西都賦を出典と指摘して、諸家が従っているとおりである。その具体的な動作は、B類の諸例と同様に、あるいはそれ以上に心を配って、肉を切りさくのである。13は古訓がツクス。「割情」は「割愛」の同義語で、あえて愛情をさいて分つことであるらしい。とすると、A類に近いものである。14は天武天皇の供養の詔に関するものらしい。カラクイタシと訓まれ、通釈・集解とも「刻」の誤りとしたが、国史大系は通用字とする。とまれ、本稿の問題に直接にはかかわらない。

　いま一つ、平安朝に成った奈良朝の書といわれる日本霊異記を見よう。これには、後世付けられた訓釈があるので、まず、「さく」「わる」の訓釈の方から何か得られないかと見ると、鋒・斫・裂・析・跛の五字に「さく」系の訓のあることが知られる（諸本と所在については省略）。「裂」はさきほど日本書紀で訓注を見たところだし、「析」は古事記で「さく」の主要字として十一例を見るものである。「わる」の訓釈は霊異記には見当らない。

問題の「割」は中巻第十六縁に一例だけ「功徳之中、割二自身宍一、施レ他救レ命、最上之行。」と見え（本文は全集による）、捨身行を表わすので、当然「さく」と訓まれる。それでは、「わる」と訓むべき漢字はないのかというと、第一節で、萬葉集古義が「割西《われにし》」（二八七八）と訓む根拠に挙げた「破」の用例は多いのである。たしかに和語を表記したと思われる十九例は、「やぶる」「わる」いずれかで訓まれていたのではないかと考えられる。

　反加二逼悩一、亦破二其鉢一而遂去之。（上二十六）

　汝婚二吾妻一。頭可レ所二罰破一。（中十一）

　即生取二忍勝一、井投二彼釜一。釜冷破裂、而成レ四破。（下二十三）

右の第三例の「破裂」は、なぜ下の「破」と重複して用いたのかいま一つはっきりしないが、[6]他の三つは「わる」であろう。その破《わる》が何に付いて言われているかというと、二重傍線のように、鉢・頭・釜なのである。これらはその一部分が破損しても、そのものとしての機能が失われるという共通性をもっている。また、その内部はともかく、固い外殻をもっているので、漢字の原義「破、石砕也」（説文）に合致するといえよう。万葉歌に「あが胸は破而《われて》くだけて」（二八九四）と表現するのは、譬喩的な用法に由来するものであろう。

　九間大堂仆如二微塵一。皆悉折摧。仏像皆破、僧坊皆仆。（下二十四）

　忽大風吹、破二彼三舟一、八人溺死。（下三十二）

右の二例はふつう「やぶる」と訓まれており、全集の現代語訳はともに「こわれる」である。「わる」との語義の差がどこにあるか難しい問題だが、霊異記において「破《やぶる》」と表現された仏像・舟・蔵に共通する特徴として、それらが構築されたもの、構造体として把握されているということが言えないであろうか。人間も生命を有する構造体ととらえれば、「破《やぶる》レ身」（下三十八）と表現できるであろう。ともかく「割《わる》」の例を見いだすことはできないのであった。最後に『東大寺諷誦文稿』を一瞥すると、「破《ワレ》」「さく（披・裂）」「やぶる（壊・残）」は拾うことができる。

三

前二節において、奈良時代と平安時代初期において日本で書かれた文献によって問題へのさぐりを入れた。本節では訓点資料を中心に調べてみよう。というのは、本書の訓読文を支える基盤に漢文訓読史があるからである。まず、『小川本願経四分律古点』（平安初期　大坪併治氏釈文）によると、「破」には左のように何種かの訓が行われているが、「割《わる》」は見いだせなかった。

脚の跟《キビヒす》破《サ》ケタリ。（甲巻11紙9行）

若石（の）椎《ツチ》を以て打チ破《ワ》リて出セ。（乙巻14紙19行）

比丘有（り）て、木の刺《ム(ば)ラ》に脚を刺し破（り）ツ。（甲巻13紙10行）

最後の例は「やぶる」と考えられる。

以下、出典表示を簡単にして、管見に入ったもののうちからいくつかを挙げてみよう。

風フケドモ條鳴《エダオゴ》か不《ズ》。雨（ふれ）ども、塊《ツチクレ》を破《ワ》ラ不。（知恩院蔵妙法蓮華経玄賛平安中期点）

仏果を求（めむが）為に、此に於（て）身を割《サ》イ（て）鴈に従（ひ）タマ（て）（石山寺蔵大唐西域記長寛元年点）

用（ゐ）ルコト罷《ヤ》ミナハ、擘《サ》き破《ワ》（り）テ、屈《カヽ》メて〔而〕舌を刮《カ》ケ、（南海寄帰内法伝平安末期点）

仏（は）阿難に勅して、割《サ》キ截《キ》リテ袈裟に作ラシメタマフラマク耳《のみ》。（石山寺蔵法華義疏長保点）

左の手を以て片片《ヒトヘ》ニ割《サ》キ拆《キ》リテ〔而〕（高野山光明院蔵蘇悉地羯羅経承保元年点）

頭に禿《カフロ》にし、衣を割《タ》《サイ(テ)》チ、鐵杖鋼孟《カウマウ》す。（西教寺本秘蔵宝鑰朱点）

鶏ヲ割《サ》クニ焉《イドコ》ンゾ牛ノ刀《カタナ》ヲ用ヰム。（観智院本世俗諺文）

きりがないからもうやめよう。平安時代の訓点に限ったが、最後の用例だけは鎌倉時代の加点である。あえてこれを挙げたのは、「割」の訓みについて考えようとしたとき、私が即座に思い浮べた漢文の句がこれだったからである。この句を「鶏をわるに……」と訓読する違和感は拭いがたい。須佐之男の大蛇への行為もこれに近かったのではあるまいか。

正直に言うと、私は訓点資料というものをまともに通読したことがない。まれに一念発起することはあるが、いつも根気が続かない。それで、必要に迫られると、しぜん索引に頼らざるを得ないはめになる。だから、今こうして書いていても、自分の見ていない資料に、「割《わる》」がわんさと埋もれているのではないかという恐れは消えない。それに対して、小林氏は訓点資料のほとんどに目を通しているに違いない。経験の差は比較の秤にも乗りはしない。

次に、小林氏の手になる近年刊行された訓点資料を見よう。築島裕氏と共編の中山法華経寺蔵本三教指帰注である。これは院政末期ないし鎌倉初期の成立と推定されているので、少し時代は下りすぎているが、慎重に扱えばよかろう。本稿にかかわる箇所を、表記法を一部変えて抜きだす。

一称之因ト云（フハ）昔　提婆達多花色比丘ノ頭《カマチヲ》打破│（ル）、故ニ大地ヤフレテ無間地獄ニ堕（チ）シ時（三十二ウ）

この話は今昔物語集一の十にも採られ、この箇所は「比丘ノ頭ヲ打ツ。大地破裂シテ」とある。前節で霊異記の用例で検討したように、「頭ヲ打破ル」は「わる」で、大地がやぶれるとは異なると推定される。ところが、小林氏たちの索引ではこれが、「やぶる」と訓まれているのである。

合卺《カフキン》（ト）云（フ）ハ大唐ノ習ニハ妻ヲモ聟ヲモムカフル事ニハヒサクツフリヲフタツニ破テ片フタニハ清酒ヲ入レ、片フタニハ濁酒ヲ入レ、（五十一オ）

「フタツニ破」られるひさごは、やはり前節で論じた、頭・釜・鉢のように、固い殻をもっている。そこで見た用例のように破《わ》ったのでは使い物にならないはずである。しかし、右の文中にあるように、実は、二分するという意味がこの動詞にはあったらしいのである。そう、コトワリ・ワリナシの語基になっている「ワリ」である。この説話で語られている容器は、いわゆるワリゴで、その表記が歴史的に「破籠・破子」であることからもそれは証明されよう。ところが索引によると、これも「やぶる」と訓んでいることが判明するのである。

「割」は一例あり、「割《サク》心《ヲ》操」（四十オ）の訓が付いており、同じ説話を収める十訓抄・著聞集も当然等しい。なお、「破コモ」「破衣」が各一例あり、索引もヤレと訓んでいる。

ずいぶん回り道をして来たものだ。てっとりばやく辞書・音義のたぐいを示す手もあったのだが、まずは実例に語ってもらおうとしたのである。観智院本名義抄には、動詞「サク」の訓をもつ漢字として、析・裂・剖・判など六十四字が数えられ、むろん「割」もある。「ワル」には、折・破・裂・剖・判など十五字を数えるが、「割」は見当らないのである。念のために言うと、「割」には、サク・ヤブル・キル・ソコナハルの訓が見える。色葉字類抄も当然のことながら、ワルの訓を持つ字に「割」を挙げず、サクの方には挙げている。

しからば、「割」を「わる」と訓むようになるのはいつのことなのだろうか。その確かな時期を指摘することは私の手に余るが、鎌倉時代に入ってからのことではないかと思う。というのは、弘安九年書写という天理本大般若経音義には、「割」（実際には異体字であるが）は十一回表われるが、サク・キルの訓にまじって一回だけ（上本七ウ）ワルが見えるからである。無窮会本も同様らしい。その間の消息を語る資料として、醍醐寺本遊仙窟を挙げることができるのではあるまいか。その古い写本とされる陽明文庫本・真福寺本と比べると、興味ある事実が知られる。三回用いられている「割」の二つめ（第二百二十七行）に、

暫借《セ》二少府刀子《カタナを》一割《サカ》《ワラム》レ梨《を》（「を」はヲコト点）

とあり、ワラムの訓は後に付けられたものらしい。他の二本はサカムとあるのみ。この本は、正安十一年書写交点のものを、康永三年に模写したのだという。これと真福寺本とを比較した小島憲之氏は「訓の伝承には日本書紀の古訓の場合と同様に一定の型があつた。そのうち、書写につれて加点者が補足したり改訓したり省略したりなどして、多少の動揺もあつたわけである。」「一般に両者を比較してみると、真福寺本の方に正しい訓が多く、遊仙窟訓読史の上で注意すべき事柄である。」と述べている（『訓点語と訓点資料』第六輯所収「遊仙窟の傍訓をめぐって」）。そういう性質の訓点であるからには、私の推定にはかなりの蓋然性を主張することができると思う。

四

前節では平安時代の訓点資料によって、当時の日本人が漢文を読むという状況でのありかたを見て、一往の解答を引きだしたのであるが、これではなお一面的な考察に陥るおそれがあるので、こんどは文章を書くという状況でのありかたを見ることにする。

かな文系の作品には「わる」の用例自体きわめて少ない。源氏物語では蜻蛉の巻に三例、氷《ひ》について用いており、

枕冊子では水晶と竹について一例ずつ、落窪物語では蘇芳について一例を見る。いずれも特に変った用例ではない。堤中納言物語では、逢坂越えぬ権中納言に一つ、「土さへわれててるひにも袖ほすよなくおほしくつほるる」とある。これは大系によって、その底本の本文を復元したものだが、古典全書も同様である。両本ともこの箇所の頭注に、万葉歌「六月の地さへ割けて照る日にも」（二九九五）を掲げており、その歌を踏まえた表現らしい。この歌の訓は、第一節で述べたように伝えられてきたし、さらに言うと、これを載せる古今和歌六帖、拾遺集でも変らないのであった。したがって、江戸時代初期をさかのぼる写本のない堤中納言物語なので、「割」を「わる」と訓むようになったのちの訓がまぎれこんだと解釈すべきであろう。

今昔物語集。自立語索引によって「わる」の表記に用いられた漢字を検すると、「破」と「割」が挙がっており、前節に示した私の推論に抵触するようである。合せて十一例のうち、十は「破」の用例で、硯・頭・鏡・釜などに用いられており、霊異記の条で述べた結論に合致する。残る一つは、

然レバ利刀ヲ以テ自ラ其ノ舌ヲ割ラムト思フ（二ノ三十七）

であるが、この巻の文節索引の底本である大系本では、この「割」には付訓していない。校注者は、「きる」と訓むこと自明と判断して付訓の必要を認めなかったのであろう。「舌を割《わ》る」はいかにも不自然だ。これは文節索引編者の誤認であろう。

宇治拾遺物語の四例もすべてかしらについて用いられており、前代と変りはない。しかし、前節で述べたように、鎌倉時代の音義に、「割」の訓「ワル」を見るのだから、実際の用例がもっと見つかっていいと思う。「わる」の用例の多い平家物語を見よう。底本の選定が難しいが、索引のある大系本（龍谷大学蔵覚一本）によると、やはり一つの変化が知られる。二十の用例のうち、かしらや楯について「わる」というのは七例で、特に合戦場面の描写に「敵の中

へわっていり」(巻第八)のような用例が八つと目立つのである。つまり、敵陣を二分するように進み入る様を言い、さきに三教指帰注の条で述べた、ひさごを「破《わ》る」の同類が殖えているのである。そのあたりをもっと雄弁に語るのが左の例。

尊あやしとおぼしめし、たてさまにわって御らんずれば、一の霊剣あり。(巻第十一)

くさなぎの剣の由来を語る一節で、むろん古事記の「刺割而」に対応する。ここでは漢字表記はなされていないが、かりに「割」をあてたとしても、もはや咎めることはできまい。

つまり、新しい字訓の発生の前提として、語義の推移があると考えなければならないのである。そうすると、いま一つ注意すべき文献がある。法華百座聞書抄がそれ。

汝タトヒヲトリテオモフニ、冬ハカレタルヤウナル木草ノ、春ニナレハ花ノサキミノナルハ、イツクニカ、ソノ枝ノ内、木ノ中ヲワリテミムニ、花ノオモシロク、ミノメテタキヤハアル。(オ第335行)

又、此文ヲウケタマハリテ、人ノ身ノ内ヲハエミ侍ラス。ヲノツカラ小鳥ナトノシニテ侍ヲワリテミタマフレト、クサクケカラハシクノミ侍テ、仏ノスミタマウヘシトモミエヌナリ。(オ第342行)

小林芳規氏の釈文から、表記様式を一部変えて引いた。特に後者は、上代の「割」の用例で検討したB類に異ならない用例といえ、平家物語の右の挙例と同じである。しかも、この文献には、「師子ヲサキテ、血ヲタラシテ、トリテモテマイリヌ。」(ウ第175行)のような「さく」の用例もあって、その差を判別することは難しい。これは院政後期の抄写本と考えられており、最初の挙例は、不空三蔵が愚癡な弟子に、三十七尊が自分の胸に住んでいることを示して悟りを開かせた話の一部で、九冊本宝物集にも見える。それには「木をやぶりてみれば、中には花のすがたもなし。」(古典文庫の翻刻による)とある。両者の影響関係は分らないが、宝物集のこの説話の背後に、「破」で書かれていた文献を想定せざるをえない。

このような経過をたどりながらも、「割《わる》」が字書に登載されるのはかなり遅れたのではないかと思われる。為替手形の割符を、清原宣賢の『塵芥』に、「割符《ワリフ》」「割符《サイフ》」とそれぞれに付訓してワ・サ両部に掲出しているのは、言語史を見通した態度であると言えようか。元亀二年京大本『運歩色葉集』は、「割符《サイフ》」に対して「破符《ワリフ》」として掲げ、ワリフという語は認めながら、「割《ワリ》」は断わるといった趣きがある。易林本『節用集』は「割符《サイフ》《ワリフ》」として、新興勢力への価値意識をはっきり見せている。動詞の訓として「割《ワル》」が見えるのは、手元の字書では、延宝八年刊の『分類節用集』が早い。

かかる字訓の変化は、当然語義の変化と密接な関係を有するはずである。当面の問題に限っても、万葉集では「破」に行われた「やる・やぶる・わる」のうち、「やる」は次第に廃語になり、「やぶる」が主に行われるようになる。「わる」はこれまで検討してきたような変化に伴って「割」の訓として生長し、「割」の主な訓であった「さく」は「裂」の方に譲ることが多くなった、と概括することができよう。しかし、詳細については今後の課題としなければならない。

五

ようやく古事記に戻ることになった。奈良時代の日本人の間には、「割」を「わる」と訓む、あるいは「わる」を「割」という漢字で表記する言語習慣はなかったというのが私の推論なのであるが、小林氏が「割」説を主張する根拠を検討することにしよう。

序節においてもその一部を引用したように、古事記における漢字とそのよみとの対応関係についての小林氏の認識は、第一に「一漢字に対して一つの訓が対応するものが多いことである。その漢字は、八七〇字数えられる。」に集約される。これを大前提として以下の対応を見ているが、一漢字に二つ以上の訓を有するものがまだ数十字残るのであった。次いで、同訓異字の使い分けを考察し、類義字の訓み分けを論じたのである。

本書の類義字一覧の第32項は、国立国語研究所の『分類語彙表』を参考にして、

切断・折割・破壊する（切・斬・燧・樌・跰・断・析・折・割・破・破−壊・毀）二一五七一

の見出しのもとに書かれ、「析《さく》」については「折《をる》」と字体が混同されることが多いという難点から本文校定の方針を述べ、その用例四つが掲げられる。引用部を拡大して示す。

亦其御祖命、哭乍求者、得レ見、即析二其木一而取出活、（上322行）

以二紐小刀一析二其口一。故、於レ今海鼠口析也。（上558）

即如二熟苽一振析而殺也。（中440）

小林氏は「析《さく》」の語義を「一つにくっついていたものの中に入って割れ目を作り、二つに離す、二分する意である。」（傍点は引用者）とする。この語義に基づいて残る七例、

石析神（113, 117）　根析神（113）　析雷（132）　宇都志日金析命（172）

天之真析（247）　身皮悉風見二吹析一（302）（いずれも上巻）

これらも同じと見ている。このように条件を整えたうえで、「割」について、問題の箇所を掲げ、序節に引いた主張を述べ、「サクとワルとの意味の違いは、そのやり方の差にあるのでなく、サクが二分する意であるのに対して、ワルは細かくずたずたに切る意であって、切られる状態の差と見られる。」（傍点は引用者）と結論づける。

しかし、ちょっと慎重に考えると、この結論が事実に合わないことはすぐに分るのではあるまいか。「析《さく》」の最後の挙例は、稲羽の素菟の体全体の皮膚がひびわれた状態であり、第一節に挙げた万葉歌（一九九五）の地が割けるのも、日照りのために地表一面にひびわれが生じた状態と見るべきで、決して二分されたありさまではあるまい。「わる」が「細かくずたずたに切る」意でなかったことは、霊異記の用例を思いうかべるだけで十分であろう。鉢や釜をどうやって細かく切るのであろうか。「岩戸わる手力もがも」（万葉集四一九）とうたう時、岩戸を切るどのような力を期待しているのであろうか。

小林氏はこの項の終りに、

凡そ、分割・破壊の意を表わす語彙の体系を考慮に入れるときには、従来のように「割」をサクと訓むのでは、ワルの語とその担う意味範疇とが古事記には欠けてしまう。

と書いている。これは、氏らしからぬ全く奇怪な発言と言わねばならぬ。いったい、古事記が、当時の日本語に存在しえたすべての語彙を用いて書かれなければならないという理由はどこにあるだろうか。そもそもそのような著述が可能なものであろうか。もっとも、氏はそのあとに続けて、

無論、内容上の制約からそういうこともありうるが、八岐の大蛇の場面における文脈上の意味から見ても、「割」をワルと訓む方がふさわしい。その上「析（さく）」との訓み分けにもなるのである。

と述べている。最後の文に明らかなように、やはり類義字の使い分けという前提が強くはたらいていることが察せられる。

小林氏の「割《わる》」説の根拠はもう一つあった。平城宮木簡の貢進物荷札に見える「須須岐楚割六斤」「鮒背割」などの表記である。小林氏がソワリと訓んでいるこの根拠は強力である。ところで、「楚割」は、知られるように、令義

解（賦役令）に「雑魚楚割五十斤」、延喜式（主計上）に「雑魚楚割」と見え、和名抄では「魚条」の項に「遊仙窟云東海鰡条、魚条読須波夜利、本朝式云楚割」と説明されているものであった。楚割は平安時代にはスハヤリと称したのであり、令義解・延喜式・遊仙窟の古訓も同様である。それは平安時代以降の訓で、奈良時代にはソワリであったと小林氏は言うのかも知れない。(7) はたして、その説明は可能であろうか。

　現代の辞典は、おおむね、スハヤリをスハエ*ワリの転とするが、私はその説を信じない。それが妥当な説だとすると、室町時代のソワリは、スハエ*ワリ──→スハヤリ──→スワヤリという変化の末の形だということになる。右にエ*としたのは、これがヤ行のエ（以下、江で表わす）であったか、ワ行のエ（すなわちヱ）であったかはっきりしないからである。古いところでは興福寺本霊異記の訓釈に「鞭　須波恵」があるが、享和本新撰字鏡には「機　須波江」とある。これがヱで、通説のようにスハヱワリがもとの形なら、当然スハワリとなったであろう。しかし、観智院本名義抄の「楉　シモト、スハヘ」「楚　スハヘ」、また平安時代の他のスハエ*の用例を見ると、これがもと木の若枝であって、やがて刑罰の具のむちの意に用いられていることから、本来これはスハ江であったと考える。すると、今日、あのすらりと長い足をもつ蟹がズワイガニと呼ばれることもよく理解できる。平安時代のスハヤリは、スハヱワリに由来するのではなく、スハ江ヤリに由来するものであっただろう。

　さて、小林氏が楚割・背割をソワリと訓んだとき、「背《ソ》」は「背《セ》」の交替形でソ乙類の訓字として理解していたのだろうが、それでは「楚《ソ》」は何だろうか。当然音読みだと言うに違いない。しかし、従来、「楚」という万葉仮名は使用例がないというのが通説なのである。(8)「楚」が音仮名だとすると、ソ乙類で「背」に合うことになるかも知れないが、この語に限って他に用例のない万葉仮名が用いられた事情が説明されなければなるまい。「背割」が即字的にソワリと訓まれるものならば、延喜式の「雑魚楚割」に並んでいる「鯛捄割」はどう訓んだらいいのだろうか。はたしてタヒノフサワリだろうか。

かく言う私に断案を下す自信があるのではない。しかし、「背割」が、武蔵国男衾郡川面郷から貢納された大贄の付札木簡に「鮒背割」と見えるだけの孤例であることから、スハ江ヤリ（奈良時代すでにスハヤリの形になっていたかも知れない）の製法（すなわち、背の方からさく）に着目した地方的な用字だったのではないかと考えている。そして、「楚割」や「捄割」は、製品の形態に着目した用字なのであって、いずれも熟字として訓まれていたものであろう。スハ江ヤリの「ヤリ」は、古代日本語でごくふつうに用いられた、布・蓆・紙などの薄いものを引きさく動作を表わす動詞「やる」の居体言であろう。おそらく背から開いて干した薄い魚肉を、細く、楚《すはえ》のように、捄《ふさ》のように割《さ》いたものであろう。ただし、万葉集では「やる」にあてた「破」がなぜ用いられなかったのか、よく分らない。「わる」「やぶる」の訓が優勢だったからであろうか。以上のように考えてくると、第二節の風土記の条で問題にした「羽割鮑」を、ハワリアハビと訓むべき必然性の乏しいことは明らかであろう。

奈良時代のもう一つの実用文の用字を見て本節を閉じよう。『寧楽遺文』上巻の計帳を繰ってゆくと、本稿でとりあげた文字がよく目につく。山背国愛宕郡雲下里計帳から一例ずつ引く。

戸主少初位上出雲臣廣足戸別項

（七行省略）

右七人割来附余戸郷戸主宍人荒海戸口

戸主出雲臣嶋麻呂戸

去年帳定良口捌人男四女四

帳後破除壹人緑子

新附壹人緑女
今年計帳定見良大小口捌人男四女四（マヽ）（p.158）
戸主出雲臣川内戸別項
出雲臣麻呂賣、年伍拾貳歳、左頬黒子
右人、割附大野郷戸主服部連阿閇戸、隨夫（p.166）

「破除」を、史家は音よみにするようであるが、訓よみにするとしたら、「破」はやはり「やぶる」であろうか。養老の戸令第十項の「除帳」に当ると考えられる。二つの「割」は、この字の用法のA類に相当するだろう。戸令の規定では第十二項の「除附」が近いか。なお、右京計帳には「近江割往」の傍書も見える（p.142）。近江に割き往けり、とでも訓んだのであろうか。

結局、私は、この大蛇退治の条の「刺割而」は、従来のようにサシサキテと訓むべきだと考えるものである。小林氏と私との見解の違いがどこにあったかについてはおおよそ述べてきたが、更に加えると、「さく」の語義を、小林氏は「二分する」ことに重点を置いてとらえているのに対して、私は「引き離す」点に重点を置くべきだと考えていることである。

おわりに

本書を通読して、訓読に関して私がまず感心したのは、受身の接尾語に相当する漢字を訓み分けようとしているらしいことについてであった。受身には「被・所・見・為」の四字が用いられているらしく、それに訓み添えもある。

類義字を訓み分けるという小林氏の方針からすると、この四字も例外ではない。奈良時代の受身の接尾語は「ゆ・らゆ・る・らる」の四つが知られているから、この四字で訓み分けられているかと思ったら、そうでもないらしい。その訓み分けの状況は、私の調査では次の表のごとくである。私の見落しもあるだろうから、実際はこれより多いと思うが、この表から確たる読み分けを判断することは難しい。少なくとも、「所」における「る―ゆ」、「ゆ」における「所・見・為」の使い分け、「被《らる》」と訓み添え「らゆ」との違いなどはこれだけでは分らない。それどころか、私は本書の中に、受身の文字の訓み分けについての言及を遂に見いだすことができなかったのである。使役については委曲をつくした説明があるのに。

かりに、小林氏が受身の表現について行なった訓み分けが、すなわち太安萬侶の述作の方法にかなうものであったとして、そのことについて古事記のどこにも説明していない現実のもとで、奈良時代の日本人たちも同様に訓み分けることができたものであろうか。つまり、そのように訓み分けるのだという了解が、当時の人々の間にできていたのであろうか。そうでなかったら、安萬侶のせっかくの苦心もむなしいものになるであろう。

序文に示された文章意識、そして本文における実践に見る安萬侶の文章家としての力量を認めない人はあるまい。しかし、それにもかかわらず、安萬侶の方法が古事記の隅々まで完全に滲透していたとはいえず、いくつかの不統一・矛盾も指摘されてきた。その因由としては、例えば、元明天皇の詔命から撰上まで百日余りしか無かったことも考えてみなければなるまい。また、神田秀夫氏の提唱した古事記本文三層説も一考に値しよう。前節までに述べてきたように、私は、動

	ゆ	らゆ	る	らる
被			1	3
所	11		1	
見	10			
為	1			
訓み添え		1	2	

このほかに「たまはる」を表わす「被給」「被賜」が各一例あるが、小林氏は熟字のように訓んでいる。活用形は、「所」に連体形ユル三例、訓み添えに未然形ラレ一例のほかは連用形。

詞「さく」に、「析」と「割」の二字が用いられていると考えるものであるが、私の期待に反して、古典全書では、「割」も飛鳥層の文字とされて、「析」との用字圏は区別されていない。

本節で述べてきた受身を表わす文字の使い分けについては、中村啓信氏の論文「古事記原資料の一面」(『古事記年報』六　昭和三十四年度)がある。中村氏は「従来説かれてゐるやうに古事記本文が単一の撰者の筆に成つてゐることも、その原資料に依拠した本文に統一のための筆が一往行きわたつて余すところのないといふことも確かであらうけれど、それは、撰者自身の文体と用字法で、すべての本文を完璧に覆つてゐるといふ意味には必ずしもならない。説話の原資料の痕跡を僅かながらも拾ひ求められるものがありさうだからである。」として、見・所・被が、小さく分けた説話毎に異なることから、原資料の用字の蓋然性を主張し、奈良時代の他の文献でそれを確認したのであった。このようなこともあるとしたら、全てを安萬侶の論理で処理するわけにはいかないだろう。

安萬侶の古事記述作の方法を明らかにするために、これからも研究は営々と続けられるであろう。その際に注意しなければならないことは、安萬侶がいかにすぐれた文章家であるにしても、彼も時代の子、社会の子、奈良時代の言語習慣から隔絶して存在しえたわけではないということである。山の字をカワと訓ませることはできない。本文を独特の和化漢文で書いたのは彼の見識の表われであろう。しかし、文字の次元においては、彼に残された方法は、選択しかなかったであろう。数多い万葉仮名から、平易な字母のもの二つ三つに限って用いたのも選択である。「痛」は肉体的な苦痛に、「悼」は心痛に使い分けるといったことは現代人の私たちもすることであり、必ずしも特筆には値しないだろう。

同訓異字の使い分け、類義字の使い分けは、当然のこと、安萬侶の方法として認めなければならない。しかし、剰余も多いのである。それを金科玉条視して割り切ろうとすることは、かえって危険である。最近、山口佳紀氏は、本書の類義字一覧の「6　形状」の項に言及し、「状」二十一例が「状態・いきさつの意を表わし、サマに当る。」とする説をとりあげ、奈良時代には名詞サマが存在した確証がないらしいこと、平安時代の漢文訓読では、「状」の訓としてはふつうカタチが用いられ、名義抄にも「状《サマ》」はなく、訓読語彙の中にサマはきわめて乏しいことを指摘している（「ゴト（如）の意味——比況〈～ゴト（シ）〉の成立——」『国語国文』第五十一巻十号）。この件について私の追認は済んでいないが、山口氏の言うとおりだとすると、本稿で私が述べてきた「割」の問題に通ずるところがあると思うのである。

われわれは、太安萬侶の力量を過大評価することのないように配慮しながら、彼の方法を解明する作業を続けなければならない。

注（1）　本書の訓読文は精確を極め、漢字のすべてにルビを付す。しかも上代特殊仮名遣を表記するために、平仮名・片仮名を併用し、あまっさえ変体仮名二種をも採用している。しかるに、凡例（p.4）によると、「甲類か乙類か未詳のものは平仮名で表わした。」という。その「各の語についての甲類か乙類かの認定は、原則として、時代別国語大辞典に拠った」（訓読補注 p.493）由である。いったい、すべての助詞「の」が常に「ノ」と書かれ、「て」と読まれる「而」が常に「而《て》」と書かれ、なにがしの「神」、かがしの「命」が、いつも「神《かミ》」「命《みコト》」と書かれていることが、誰の何の役に立つというのであろうか。本書を思想の書として訓む人には、何の説明もない上代特殊仮名遣など無用の長物と映るだろうし、語学の資料として繙く人なら、それこそ時代別国語大辞典は座右の書であろう。大変な労力を費しているけれども、私には瑣末主義としか思えない。簡潔にして十分な訓読文を作成して文選植字の手間を省き、価格を下げる方がましであろう。かかる理由によって、私は本書からの引用に当って仮名の書き分けはせず、ルビも適宜省略する。

（2）　そうはいっても、私の手元にある数点を見たにすぎない。中島悦次『古事記評釈』、次田潤『古事記新講』、『古事記大成本文篇』、日本古典全書本、日本古典文学大系本、日本古典文学全集本、西宮一民編『古事記』、新潮日本古典集成本、西郷信綱『古事記注釈』くらいである。注釈をするわけではないので、この程度でことたりるだろうと踏んだのである。いわゆる研究書もほとんど見ていない。そういう位置から考えようとするのである。

（3）資料の引用は、特に断らないばあいは日本古典文学大系本（以下、「大系」と略称）による。萬葉集は塙書房版本文篇の訓によることを原則とし、言及箇所を原文で残す以外は、私意によって漢字をあてる。

（4）以下の叙述において、同じ行で対応する活用型式を有する動詞は「わる」「割《わる》」のように終止形で表記し、そのいずれかの活用型式のものを指すときは「割《わり》」「われ」のように連用形で代表させる。片仮名書きは特定の活用形の語形にあてる。

（5）ここで、私は、風土記の訓における動詞「さく」「わる」の語義を、現代日本語のそれと変らないように用いた。しかし、これは決して自明のことではないし、重要な問題だが、今はそう自戒するにとどめ、以下の論述で言及することにしたい。

（6）大系・全集ともに「われさけて」と訓読するが、もしかしたら、連文で「さけて」ではないだろうか。正字通に「破、刻也、裂也」とある。

（7）小林氏が三人の編修者の一人として名を列ねている『新潮国語辞典』（昭和五十七年十月発行）では左のように記述されている。（要点のみ抄出）

すわやり【楚割・魚条】魚肉を細かくさいて塩干しにしたもの。そわり。〔和名抄〕

そわり【楚割】（「すわやり」の約）魚肉を細く割（サ）いて塩干しにしたもの。〔厨事類記〕

すなわち、ソワリは新しい形であって、小林氏の主張に逆らうようである。

（8）杉村俊男氏は「上代木簡に表記された国語語彙の検討」（『共立女子短大文科紀要』二十四号　昭和五十六年二月）で左のように言う。

上代には、楚割はスハヤリとのみ訓まれ、背割はソワリまたはセワリと訓まれて、別の語であったのではないかと考えられる。（ことわり）楚は上代文献に真仮名として用いられた例は未見である。

付記　羊頭狗肉の標題を掲げたのはあえてしたことである。佐藤喜代治氏の「漢字と日本語――漢字字訓の研究――」に、「割」の訓の変遷についての言及があることを最近知った。（初稿のおりに付記す）

補記　古事記述作における太安萬侶の役割について、本書に収めた「古事記は人麻呂歌集に後れたか」に述べたように、現在のわたしの考えは少し変化しているが、本篇の結論に響くことはない。
本篇は、千九百八十三年五月、『國語國文』第五十二巻五号に掲載された。

木簡類による和名抄地名の考察
――日本語学のたちばから――

は じ め に

地名は土地につけられた名、すなわち言葉なのだということは言わずもがなのはずだが、それを対象として何かを考えるとき、日本人は往々にしてこのことを忘れてしまう。

地理学者はその地名がどのような地形を指しているかに関心があり、歴史学者はそれがどこにあるかに関心があるのは当然である。言語の学に携わる者は、まずどう読むかを考え、さらに書き方や呼び方がどう変わってきたかに注意を向ける。つまり、同じ地名を対象とするにしても、その人の立場や学問によって扱い方が違うのである。しかし、それらの解釈が対立したとき、いずれの解釈を優先させるべきだろうか。それも事によりけりであるが、言葉である地名を対象とするかぎり、まず、日本語として、その時代、その地方に、ありうる形であるかどうかということを尊重しなければならない。つまり、言語の学が優位に立ちうるはずだとわたしは考える。しかるに、世上には、かかる原則に耳を傾けない、ほしいままの地名解釈が横行している。また、地名学という独自の学があるかのような言辞をなす人もあるが、現実にありうるのは、地名を対象とする地理学的・歴史学的・言語学的などの研究であって、それを独自の対象として、独自の研究方法を備えた学すなわち地名学は、なお幻に過ぎないとわたしは考える。

ほぼ平行して刊行が続けられている二つの地名叢書、「角川日本地名大辞典」と「日本歴史地名大系」は、ともに在地研究者の総力を傾けた仕事であるが、惜しむらくは、わたしなどの目から見ると、言語の専門家が加わっていたら決してありえないような、見当はずれの解釈がかなり目につくのである。

例えば、「大系」27は、山城国宇治郡について、宇治は内のことであるらしく、大和政権の領域内部と意識されていたのであろう、とする。これはウヂとウチを同一視する、極めて粗雑な言語感覚による誤りの例である。この類いはたいそう多い。「大系」23で、参河国渥美郡の名称の起源を安曇連とするのもそれである。この郡名は「渥美」のほかに、『平城宮発掘調査出土木簡概報』10の「飽海」(池邊彌氏『和名類聚抄郡郷里驛名考證』による)、「飽臣」らしい表記(『木簡研究』4)が示すように本来はアクミであって、後にアツミに転じ、見かけが音訓交用表記になったものと思われる。変化した後の語形で起源を解くべきではない。

もう少し手の混んだものとして「辞典」21の例を挙げよう。これには、飛驒国荒城郡の最後の郷名を、大東急本の表記「遊遊郷」で掲げ、高山寺本は「遊□」で「阿曾布」と訓注するむねを記す。この郷名、高山寺本の下字は、じつは「□」ではなく明らかに「口」であるから、これは高山寺本のテクストを見ていないことによる誤りだと思う。元和本にも「遊遊」とあってこのままでは読めないが、名古屋市立博物館にも「遊口《アソフ》」とある。この郷名は、阿曾布あるいは阿曾保として伝えられていることから分かるように、「遊部」が本来の表記であったが、「部」が略体の「マ」で書かれ、それが伝写の過程で「々」に誤られ、やがて「口」(高山寺本)に変わっていったのである。一方、「遊々」の踊り字が「遊」に直されて、大東急本の表記が生まれたと推定される。

近年ぞくぞくと発見される木簡・漆紙文書・墨書土器などに見出だされる地名表記によって、和名抄地名の誤写が訂正されるなど、未解決の地名が解けたもの、和名抄以外に所見がなかったのに初めて実在が確認された地名、さらに、従来と異なる地名用字が見られるものなどは、たいへんな数に上るであろう。ごく簡単に解けたものとして例えば次のものなどが挙げられようか。

下野国芳賀郡広妹郷

この字面ではしかとは読めなかった。すでに指摘されているように、備中国賀夜郡の「庭妹／庭妹」郷と同じく、「妹」または「妖」は「せ」に当たるもので、郷名は「ひろせ」と見られていたが、「下野国府跡漆紙文書」（『木簡研究』9）の「広瀬郷」によってそれが確かめられた。

讃岐国香川郡中間郷

和名抄ではこの郷名に対して、高山寺本「奈加豆」、伊勢本・大東急本「奈加都万」、元和本「奈加都萬」の訓注がある。奈良時代の他の資料では、中間郷、中満里とあって、二字表記への簡略化によって生じた、語形と表記のずれと推定されていたが、平城宮出土木簡に「香川郡仲津間□」（『平城概報』19）とあることから、その推定の正しさと高山寺本の訓に誤脱のあることが明らかになった。

大和国葛上郡上鳥郷・下鳥郷

上鳥郷・下鳥郷は、資料によってはその表記が異なり、また同一資料でも、島とも鳥とも邊とも読める字形だ、と池邊彌氏は『考證』にいうが、長屋王家木簡と仮称される木簡に「葛木上郡賀茂里」「葛木上郡鴨里」が見出だされたことによって（『平城概報』21）、諸氏の主張する「鳬」である蓋然性が極めて大きくなった。早く二十巻本和名抄では、楊氏漢語抄を引いて「鳬鷖」にカモの訓をつけている。

本稿は、和名抄の地名を、木簡・漆紙文書・土器などに見える古代地名と対照し、日本語学の視点から光を当ててみようとするものである。それによって疑問が解けそうなもの、また、日本語学に新しい材料を提供しそうなもの若干を取り上げ、考察を加えたものだが、もとより、わたしが見ることのできた資料は極めて少ないので、当然言及すべきものが落ちていることがあるかもしれない。

［凡　例］

・対象とする地名は和名抄の形を項目として立てることを原則とし、その所属する国名から掲げる。特に言及する箇所に傍線を施す。配列順に特に意味はない。
・その地名が和名抄地名のいずれに当たるか明らかでないときは、それを項目に立てる。
・語形は片仮名あるいは平仮名で示し、読みが未定のばあいは万葉仮名で示す。また、今すこし厳密を期する必要のあるときは、ローマ字によって簡略に音韻表記することもあるが、上代特殊仮名遣の区別は原則として示さない。
・文献を示すばあいは巻・号までを算用数字で簡潔に示し、ページは示さない。再出のばあいは原則として稿末に示した略称による。

考　察

1　上総国山辺郡高文郷

これは古代文献にはほかに見えない郷名で、読みも確かなところは分からず、遺称地も知れなかった。『日本地理志料』は「多加布美」と読んでいるが、新出木簡の「武昌郡高舎里」（『平城概報』21）の「高舎」はそのままタカヤと読める。すると、「高文」は、タカアヤ（taka-aya）の母音連続回避によるタカヤを表記したものと見ることができる。和名抄では高文郷は山辺郡に在って、この木簡と所属を異にするが、武射郡は隣接するので変更があったものであろう。

2　上総国武射郡

この郡名は奈良時代の文献にも多く現われ、「武射」がほぼ安定した表記であるのは、「武」と「射」との間にある種の連想がはたらくからであろう。ほかには、古事記孝昭天皇の段、牟耶臣の本貫をことするときに「牟耶」の表記を見る。また、『旧事本紀』に「武社国造」が見えるが、「武社」も特に異とするには当たらない。

ところが、新出の長屋王家木簡の「武昌郡高舎里」（『平城概報』21）の「武昌郡」は初出の表記であるばかりでなく、「昌」は、わたしの知るかぎりで初めて見出だされた万葉仮名である。したがって、他の用例との比較はできないが、漢音・呉音いずれによるにしても、万葉仮名としてはサに相当するものである。一方、「射・耶」は奈良時代には、濁音ザの代表的な万葉仮名なので、「武射・牟耶」をムザと読むことは最も自然である。この「武昌郡」の表記は「ムサ郡」と読むことを期待したものではなく、「武射／牟耶」と同じく「ムザ郡」を表わすものとして、好字「昌」を選んだのであろうか。あるいはもっと積極的に、三国時代の呉の地名などの知識から選ばれたのであろうか。

これは清音仮名の濁音仮名への流用であって特に珍しくはないが、それにしても、この字母を選んだことにはその文字社会におけるかなりの慣用が前提になるはずである。「上総国武昌郡高舎里荏油／四升八合　和銅六年十月」（032

形式）という木簡を作成したらしい上総国の官僚社会で、はたしてこの万葉仮名が一般化していたものであろうか。今後、この仮名を用いた木簡類がさらに現れるまで、断言は慎むほうが賢明であろう。

3　□上郡田何郷

平城宮発掘の木簡に「□上郡田何郷／□□如□六斗」（『平城概報』20）と見える。奈良国立文化財研究所の釈文で、おもての第一字は「犬」と推定されているように、和名抄では近江国犬上郡田可郷がある。この「田可」は音訓交用表記で、和名抄としては珍しいものである。『考證』によると、古代文献では、淡海之多賀（古事記）、田鹿郷田鹿村（大同元年牒・新抄格勅符抄）、多何神社（延喜式神名帳）などと書かれている。「田呵大社」という音訓交用表記が見えるのは、十二世紀半ば過ぎ、永萬元年六月の『神祇官諸社年貢注文』まで下るのである。

和名抄の地名表記では、原則として音仮名と訓仮名は交ぜ用いない、というのが日本語学界の通説であり、わたしもそのたちばで論じたことがある（拙稿）。したがって、現存の和名抄に音訓交用表記があっても、それは後の改変や誤写による形として処理するのが一般である。しかし、木簡のたぐいの簡略を旨とする通俗的な表記では、かかる表記がなされることも有りえただろう。

この概報では、近江国からの木簡を五点並べ、その真ん中にこの木簡を配しているので、いかにも近江の田可郷のように見えるが、ほかの考え方もできるかも知れない。というのは、第二字に「上」を有する郡名として、別に備後国三上郡があり、そこにも「多可郷」があるからである。この木簡はいわゆる長屋王関係のものであり、そこからの出土木簡は、近江に比べて備後のものは多くないが、葦田郡から氷高親王宮への貢進木簡が二点見えているので、これが備後国三上郡多可郷である蓋然性を残している。どのみち、通俗的な音訓交用表記ということには変わりはないが。

ただ、この『概報』の記載を元にしているはずの『木簡研究』10号の報告には、この木簡は挙げられていない。再検討を要するという慎重な配慮のようで、わたしもその態度に賛成したい。

4　讃信郡

『平城概報』20号では、前項に述べた近江国の地名を記す木簡に続けて、「讃信郡七十斤」などと書かれた木簡を掲げているが、国名未詳の判断なのか、近江に続く国名という判断なのか明らかでない。『木簡研究』10号の報告にはこの木簡は掲げていない。

さて、古代の限られた数の郡名からただちに思い浮かべられるのは、信濃国の更級である。第二字については、同じ郡に「しな」を「信」の文字で表わす当信郷があるほか、隣の上野国に日本語史学上に有名な「男信《なましな》」があって、まず動かない。問題は第一字の「讃」である。

漢字原音にn韻尾を有する、駿河の駿、敦賀の敦、平群の群などが、古代の地名表記では、それぞれスル・ツル・グリと読まれることについて、二つの対立する見解がある。すなわち、これを、n音と日本語のラ行子音との、調音の近似に由来すると見る多数派のたちばと、それは万葉仮名としてありえず、これらの仮名の下に本来ラ行音節相当の仮名が用いられていたのだが、地名を二字に整える際に省略されたものだと見る少数派のたちばとである。本誌前号の犬飼隆氏ほか多くの人は前者のたちばをとり、後者のたちばをとる人は、わたしの知る限りでは大野透氏だけである。大野氏は、いささか窮屈なくらい万葉仮名用法の原則に就こうとするので、これに反論するにも、三字以上で書かれた実例、あるいは固有名詞以外の確かな用例を見出ださないかぎり、水掛け論に終わるのであった。

しかし、近年の木簡類の発見によって、大野氏への反論をなすべき材料が見られるようになってきた。犬飼氏の論にも取り上げられた伊看我評（『飛鳥・藤原宮発掘調査出土木簡概報』9）は、和名抄の丹波国何鹿《いかるが》郡に当たるが、この「看」がカルという二音節を表わすとするためには、n韻尾をルに当てた、二音節の万葉仮名として用いられたことを証明しなければならない。孤例であるうちは説得力が乏しいが、これより先に、兵庫県氷上郡春日町の山垣遺跡から出土した奈良時代の木簡に「伊干我郡」の表記が見えるのである（『木簡研究』6）。大野氏がこれをも省略表記とすれば話は別だが、それなら、例えば「伊干留我郡」とでも書くべきところを、一字だけ省いて「伊干我郡」と書いたと見るのは現実的ではない。nの韻尾をもつ漢字「看」「干」が、第二音節にラ行のルをもつカルという二音節仮名として用いられることは、やはりあったとすべきであろう。

以上のように、万葉仮名において、nの韻尾がラ行音を表わすことがあったとすると、同じn韻尾の漢字「讃」による「讃信」も、このままでサラシナで読めることになる。ただ一つの難点は、先に挙げた実例など従来知られていた例では、n韻尾の二音節仮名はすべて狭い母音uないしはiをもっていたのに対して、ここでは最も広い母音をもつラなのである。母音の広狭が万葉仮名の用法にいかほど干渉するか、まだよく分らないので、今はここまでの推論を提出して、さらなる用例の実現を待つことにしよう。

5　伯耆国

十年前に藤原宮から出土した「戊戌年六月波伯吉国川村評久豆賀里」（『木簡研究』3）という木簡の年紀は、文武天皇二年と見られる。

国名が「波伯吉」と三字で書かれている。この国名表記としては、従来、和名抄の「伯耆」のほかに「伯岐・伯伎」

が知られていたが、三者いずれによっても直接ハハキの訓は出てこないので、何かの省略と見られていた。一般には、河村郡の「伯伯伎神社」（延喜式神名帳）の表記が基になったとされる（例えば有坂秀世『上代音韻攷』）。

大野透氏は、三音節の固有名表記の音仮名による表記の注意すべき例にこれを挙げ、「伯伎・伯耆」は本来三字の表記の上略か中略かであって、多分上略であろうとしていた。それから好字の選択によって現行の表記が生まれたというのである。この木簡の用字が、現行表記の直接の原形と断定できる根拠はないが、その蓋然性はたいそう大きいとは言っていいだろう。

6　播磨国多可郡蔓田郷

平城宮跡から三年前に出土した木簡に「播磨国□□□祝田里矢」（『平城概報』19）の記載があり、これは播磨国多可郡蔓田郷たること動くまい。高山寺本和名抄には「波布太国用這田」の訓注がある。したがって、和名抄編纂時に、この訓すなわち「ハフ太」が行われていたとしても、特に問題にはならない。

「祝」字のかかわる地名としては、山城国相楽郡祝園郷に対する大東急本の訓注「波布曾乃」という同類があり、これは古事記の崇神天皇条の歌謡「波布理曾能」、崇神天皇紀十年九月の「羽振苑」に見える同じ地名の変化したものと見られる。日本語史学の立場からいうと、その変化がいつ起こったかということに関心がそそられる。山城国の祝園のばあいは郷名表記に大きな変化はなかったが、この播磨国のほうは、郷里制時代に祝田里（訓はハフリ太）と書かれていたが、和名抄編纂のころには既に語形変化にともなって、郷名の表記も蔓田に変わっていた、と考えるほうが自然だということになる。

ただ、この二つの例「ハフ太・ハフ曾ノ」では断定は難しいが、日本語音韻史から見て、リの音節が完全に脱落していたとするよりも、まだ促音として残っていたが、それの表記法が確立していなかったために書かれていないのだ、と見るべきであろう。とすると、これらの郷名はハフッタ・ハフッソノに近い形で実現していたのだろうと思われる。このように考えると、地名の呼び方には、文章を読む営みなどとは違って、庶民の言語の実情が敏感に反映するはずだから、促音は従来考えられているよりも、かなり早く行なわれていたと言えるかもしれない。

7　下野国芳賀郡氏家郷

下野国府跡出土漆紙文書の中に、「宇治部郷」の文字が読み取られるものがあり、ほかに広瀬郷の文字も見える（『木簡研究』9）。後者の広瀬郷は「はじめに」の節で述べたように、和名抄の芳賀郡広妹郷以外に考えられない。そうすると、この宇治部郷も、やはり和名抄の同郡氏家郷と見るのが最も自然である。氏家は、文字に従ってウヂイへと読める。では、この表記「宇治部」から予想される語形ウヂベと、「氏家」から予想されるウヂイへとの関係はどうなるだろうか。

右に、氏家はウヂイへと読めると書いたが、古代日本語としては、母音連続を回避するという顕著な傾向によって、udi-ife という語構成から、i-i の二母音は縮約されて一つになっているはずだから、実際には udife の形すなわちウヂへであったと考えられる。いわば、氏家と宇治部との音形の違いは、第三音節の「へ」と「べ」の違いに帰せしめることができるのである。

その語源はなお明らかでないものの、万葉仮名としての「部」が、へ甲類・べ甲類相当の訓仮名であることから分かるように、古代日本の「部」の制度は、既に遥かな時間の霧の中にあるといってよいだろう。そのばあい、周辺を意味する「辺《へ》」との関連が最も大きな蓋然性を持つように思われる。よし、いかなる由来があるにしても、訓仮名として用いられたということは、仮名としてのみならず、制度のばあいも「部《へ》」としても実現できたことを意味するはずである。

古代の「部」は、やがてその「部」を捨てて、すなわち何々部とならずに呼ばれることがある。例えば、服織部、錦織部、壬生部、弓削部など。今、その概況を和名抄地名の訓注に見ると、服部は元和本では八例すべて部を読まず、高山寺本では一例だけ掲げて部を読んでいない。錦織・錦服は、元和本では六例すべて部を読まず、高山寺本では三例すべて読まない。錦織部はニシコリベの五音節からなって語形が比較的長いので、四音節で安定しようとしたと解釈できるが、服織部のほうは既に四音節のハトリベなので、語形の長短だけでは説明しきれない。逆に「杖部」「丈部」は、元和本ではそれぞれ「鉢世都加倍」「波世豆加倍」と五音節の訓を載せ、高山寺本では、ハセツカヒ・波世津加部各一例でばらつきがある。壬生は、元和本では三例すべて部を読まないばかりでなく、「ニ布」と音転した形で載っている。弓削は、元和本・高山寺本ともに訓を持つもの一例だけで、部を読んでいない

すっぱりと割りきることはできないが、服織部・錦織部に見るように、語形が長いばあいは部を捨てやすい傾向がある、とは言えるだろう。それでは、壬生部や弓削部のように語形の短いものにも部を捨てる現象があるのはなぜだろうか。ここで、古代日本語に濁音の連続を回避する傾向があったことが思い出される。特に、語の複合のさいに後項を連濁しない傾向が顕著で、例えば朝の霧は複合によってアサギリになるが、旅の衣は、多妣己呂母《たびころも》（萬葉集四三五一番歌）の仮名書きに見るように、ビゴという濁音連続が避けられている。この原則に従うかぎり、ミブベ・ユゲべという濁音の連続は、古代日本人にはできれば避けたい語形であったはずである。それを回避する一番手っ取り早い方法が、もはや実質的な意味をもたなくなっている部を読まないことである。ミブ・ユゲはこのようにして成立したと解釈できる。

いま一つの方法としては、部のもう一つの訓、清音の形「へ」に拠ることがある。その実例をこれと挙げることは容易でないが、例えば尾張国の春日部郡が、十四世紀には春日井として現れることを指摘してよかろう。これはカスガべという濁音連続を避けて、カスガへと呼ぶことがあったからこそありえた語形ではなかろうか。今一つ鎌倉時代以降の文献に見える武蔵国の春日部郷がある。これは、元亀二年四月の書状に「糟ケ辺」と書かれているよしである。これではどう読んだか断定できないが、後世にまで引き継がれた形、すなわち現代の「糟壁《かすかべ》」と同じカスカべであったのではないかと思う。これもやはり、カスガべという濁音連続を嫌った結果であるが、尾張国のばあいとは異なって、第三音節を清音に変える方法で解消したと見るのである。

つまり、私見では、問題の宇治部－氏家の表記の違い、すなわちウヂベ－ウヂへの音形の違いは、ヂべという濁音連続を解消しようとして、第三音節の濁音「べ」を清音の「へ」に変えた結果生まれた形ではないかと推定されるのである。さらに言えば、多くの宇治部という地名の中には、この表記のままウヂへと呼ばれたものもあったのではないだろうか。

8　加賀国江沼郡

天平年間以降の文献にはよく見える郡名であるが、加賀国は弘仁四年に成立したので、それ以前、江沼郡は当然越前国の所属である。「江沼」は他の例によっても、また日本書紀欽明天皇三十一年四月の条「越人江渟臣裙代」によっても、もとエヌと読まれたことは明らかである。しかるに、石川県小松市那谷金比羅山窯跡群から出土した須恵器の一つに、「与野評」というへら書きの銘文が発見されている。評木簡出土ということが貴重視されているが、中日新聞掲載（1984.8.10 朝刊）の写真によってもはっきりと判読できる、俗用と思われる音訓交用のヨノと読むべき表記もまた貴重である。つまり、この郡名には、ヨノからエヌへの変化ないし交替があったらしいのである。

まず、エ－ヨの関係であるが、古代日本語において、エ列音とオ列音とが交替する例はいくつか挙げることができる。背（セ－ソムク）、木（マケバシラ－コダチ）、ウツセミ－ウツソミ、豊島（テシマ－トシマ。奈良時代に「豊《と》」の実例は見えないが、和名抄は武蔵国の郡名「豊島」に「止志末」の訓を伝えるので、萬葉集歌左注の「豊島」（一〇二六・一〇二七・四四一七）はトシマと読む慣例であり、これから派生した「豊《とよ》」がある）、そして吉野（エシノ－ヨシノ）がある。いわゆる上代特殊仮名遣の別で言うと、知られる限り乙類の仮名で書かれているが、このへら書きの「与」もヨ乙類の仮名である。中央ではすでに衰退に向かっていたこの母音交替が、越の国ではなお活力を残していたと解釈すべきなのかもしれない。

これに関連して、萬葉集の短歌が思い起こされる。

　藤原朝臣廣嗣、桜花を娘子に贈る歌一首

この花の一与能内尓ももくさの言ぞ籠れるおほろかにすな（一四五六）

　娘子が和ふる歌一首

この花の一与能裏波ももくさの言持ちかねて折らえけらずや（一四五七）

この二首の贈答歌の第二句に見える「一与《ひとよ》」は他に類を見ない、いわば萬葉集の孤語で、さまざまの解釈が試みられている。既知の語に当てはめるたちばでは、「枝」の古形「え（ye）」に、母音交替形の「よ」を想定する解釈がある。この土器の文字は、この解釈を支えるなにがしかの材料になるかもしれない。

もう一つ、ノ－ヌの方は、古代から現代まで続いて見られる母音交替現象で特に珍しいものではない。中でも、上代特殊仮名遣のオ列甲類音とウ列音とは交替しやすい音であったらしく、軽（カロ－カル）、栂（トガ－ツガ）、弱竹

（ナヨタケ―ナユタケ）など例は多い。そして、野はノ甲類の仮名で書かれるものであった。後代にも、懐（フトコロ―フツコロ）、七日（ナノカ―ナヌカ）などがある。したがって、このノ―ヌの交替は音韻の問題としてはありえたと言えよう。問題はエヌとヨノに交替が起こったとき、これを一つの郡・郷として同定しえたかどうかである。

この表記が確かなものであるなら、郡郷名をかたちづくるエとヌ、ヨとノとが、必ずしも一度に交替ないしは変化したと解釈しなくてもいいのではないか。その一部だけが交替した形も存しえたと考えるのである。いずれにしても、このような交替・変化が生じたということは、この地の人々に、安定した表記のエヌにおいてさえ、エは江、ヌは沼という言語意識が、必ずしも無かったということなのだろう。

9　越前国丹生郡従省郷

これは大東急本の挙げる郷名で、「之土無」と訓注するが、高山寺本はこれを掲げない。大東急本では同一の郷名が前接する敦賀郡にもある。高山寺本はこちらを「従者」に作って「之度无倍下同」と訓注する。この訓注の後半は、次の丹生郡の同一郷を指したものだろうから、高山寺本が丹生郡に掲出していないのは、『考證』の言うように誤脱であろう。大東急本の表記が誤写であることは、なんぴとの目にも明らかであったが、新出の長屋王家木簡の「丹生郡従者里」（『平城概報』21）によってもそれが裏付けられたので、高山寺本の表記の正しさが判明した。

さて、その郷名であるが、『考證』が同郡の郷名の末尾に掲げる「質覇郷」（天平神護二年十月二十一日の越前国司解）、「質覇村峯神社」（延喜式神名帳）の「質覇」に同じものであろう。この前者については、すでに『志料』が指摘するところである。すなわち、備後国御調郡佳質（加志止）郷、伊勢国朝明郡訓覇（久流倍／久留倍）郷から、「質覇」には「しと倍」の訓が導かれる。万葉仮名の「覇」はあまり一般的でなく、また、わりに使用頻度の低いへ甲類の音節に当たる字母である。奈良時代では、正倉院文書に右のほかに二例、日本書紀第一番歌謡に三例、万葉集巻第五に二例、続日本紀第三詔に二例、仏足石歌に三例の使用を見るだけである。正倉院文書と続日本紀宣命の用例について、大野透氏『萬葉仮名の研究』は、好字としての用字であろうとする。

「質覇＝従者」は動かないとして、この訓注の万葉仮名「倍」はいかに読むべきであろうか。これを「べ」と読むのが従来の大勢である。1の「高舎」で述べたことと矛盾するようだが、二音節仮名「質」の正統的な用法からすると、下字の「覇」を濁音仮名に流用したとするのは不自然に思われるばかりでなく、語義との関わりが難しくなる。

日本書紀皇極天皇三年十一月の「儐従者」に岩崎文庫本は「シトヘ」の訓をつけ、同じく元年七月の「豎者」には「シトムヘ」の訓がある。これを、「後取部《しりとりべ》」がシリトリベ→シトリベ→シトンベ→シトベと音転してできたと解するのが一般だが、果たして後取部なる部《べ》が実際にあったであろうか。わたしは甚だ疑わしいと思っている。なぜならば、右の変遷過程における中間の形とまったく同じ「倭文部《しとりべ》」が、日本書紀垂仁天皇三十九年、十箇品部の第二に挙げられて、実在したことが確かであるのに対して、「後取部」の確かな例をわたしたちは見ることができないからである。

また、本来シリトリベであったとすると、天平神護年間に既にリの促音化と撥音化という二つの音変化を認めるのも早すぎはしないだろうか。このように、わたしは「従者＝シトベ」説に就かない。岩崎文庫本日本書紀の訓が付けられた時期に、「儐従者・豎者」がシトベ・シトンベと読まれ、和名抄の郷名「従者」が同じように読まれていたとしても、和名抄編纂時の郷名の語形と、成立時の郷名の語形とを同一視してはならない。その語構成は未詳ながら、「従者」は「質覇」と同じく、まず「しとへ」として成立したと考えるのが言語の学の立場である。歴史学ではどう考えているのだろうか。

おわりに

本稿で検討したものはごくわずかに過ぎないが、勿論、事はこれで尽きたわけではない。日本語学のたちばからすると魅力ある課題はなお多い。

例えば、陸奥国陽日駅。高山本和名抄の道路具第百四十三、東山駅の陸奥の条に、葦屋、安達などと一緒に「陽日」があり（『考證』が高山本も「湯日」に作るように書いているのは誤り）、延喜兵部式でも陸奥国駅馬の項に同じ順序で載っているが、この駅に相当するのは「湯日」である。ほかに日本紀略にも見える。辺境の地名ゆえ、都の識者にも正確な書写を期待することは極めて難しいし、延喜式・日本紀略の誤写の蓋然性も見込んでおく必要があろう。この遺称地を今の安達町油井《ゆい》に擬するのが一般である。すなわち、和名抄の表記を誤りとする立場である。

ところが先年、多賀城政庁跡から、「丈部大麻呂」の名と、割注でその年齢と体の特徴、本貫「陽日郷川合里」とを書いた八世紀前半のものと思われる木簡が出土した（毎日新聞1983.12.11朝刊）。新聞報道は、郷里名を書いた木簡が平城京以外の地で出たのは初めてであり、東北でも郷里制がとられていたことが判明したという、多賀城跡調査研究所の見解らしい説明を加えているだけである。一方、『木簡研究』六号の佐藤和彦氏の報告では、同じ釈文を掲げ、この木簡は歴名作成用に使われたものらしいと述べはするが、郷名については言及していない。そこに掲載された写真から「川合里」は読み取れるが、残念ながらその上の墨は判読できない。これなどは、木簡の発見によってかえって問題が生じた例であり、木簡だからといって全面的に信用できるものなのかどうかを考える材料にもなるだろう。

先に述べた、和名抄には無いはずの音訓交用表記らしき地名が、木簡類によっても解消しないことがかなりある。

越前国坂井郡の荒泊郷が、やはり「荒泊□」とある（『平城概報』3）などがそれである。また、但馬国養父郡の遠佐郷が老左郷と書かれ（『平城宮木簡』2）、丹後国加佐郡の志薬郷が白薬里とある（『藤原宮木簡』1）などは、複雑すぎてなんとも説明できないものである。隠岐国知夫郡の佐作郷が、長屋王木簡などに、佐々・佐佐・佐伎・佐岐・佐吉・作佐と多様に書かれている省略表記の問題もある。

そのほか、読みの確定できないもの、文字の確定できないものなど、残された問題は多い。それらは、さらに新しい資料が現われて、解決の糸口を提供してくれることを期待して、この稿を閉じることにしよう。

文　献（矢印の下は本稿における略称）

村岡良弼『日本地理志料』→『志料』
池邊　彌『和名類聚抄郡郷里驛名考證』→『考證』
大野　透『萬葉仮名の研究』→大野氏
犬飼　隆「有韻尾字による固有名詞の表記」（『木簡研究』11）
工藤力男「言語資料としての和名抄地名――音訓交用表記の検討――」（『岐阜大学教育学部研究報告・人文科学』27）
「角川日本地名大辞典」→「辞典」
「日本歴史地名大系」→「大系」
『藤原宮木簡』
『平城宮木簡』
『長岡京木簡』
『平城宮発掘調査出土木簡概報』→『平城概報』
『飛鳥・藤原宮発掘調査出土木簡概報』

追　記

「はじめに」の節で、わたしは、「日本歴史地名大系」27の山城国宇治郡の記述に対して否定的な見解を述べた。これについて、編集委員会から打診があった。すなわち、「ウジとウチの混同について、国史学の方では」「岸俊男氏の説以来、通説となっている観があ」るので、「混同が誤りである点につき、いま少し詳しく」述べてみないかというのである。

岸俊男氏の説とは、「たまきはる内の朝臣――建内宿禰伝承成立試論――」に見えるものである。氏の論文集『日本古代政治史研究』でそれを見ると、この地名に関しては、その第七節で簡単に触れているにすぎない。その要点は次の箇所にある。

　続紀和銅七年十一月戊子条によると大倭国有智郡の人に氏直果安なる者が見える。そして「氏」というウジ名は他の用例からすると、また「宇治」とも書いたらしいから、内―宇智―氏―宇治の関係のあったことが知られる。

これだけである。「有智郡」に「氏」なる人物が住んでいたから、ウチとウヂとは同じ地名だというのだ。強引というほかない。

さらに氏は、ウチ・ウヂ同一説を補強すべく、これと山城国綴喜郡内郷・山城国宇治郡を、その所在が、いずれも大和から紀伊、山城から摂津および近江への出口に当たっているので、政治的中心の大和・山城を内とし、摂津・近江・紀伊を外とする意識のうえにおいて、「外」に対する「内」の意識が強く表出されたのが、ウチなる地名ではないか、とするのである。そのような地点に着眼しての命名なら、むしろサカとあるべきではいか、と言語の学徒としては考えたくなる。

これが、日本古代史学の権威者の論として通説化したのだろうが、わたしには、いかにも理解しがたい。大和・山城を政治の中心とする観念があった時期として、岸氏はいつのことを考えているのだろうか。大化改新詔の畿内の規定は広すぎるとしても、それに比べると、西側があまりにも狭いという感じが否めない。この三つの地は古代文献に多く現われるが、宇治郡をウチと読むべき確かな例も、有智郡・内郷をウヂと読むべき確かな例も、ついに一つも見いだすことができないのである。

また、山城国久世郡・伊勢国度会郡・摂津国八部郡・備前国上道郡・因幡国巨濃郡の宇治郷や、遠江国山名郡宇知郷・遠江国浜名郡有智郷・美濃国武藝郡有知郷・丹後国加佐郡有道郷など、各地のウチ・ウヂ地名を、岸氏はいかに説明するつもりだったのだろうか。

補記

29ページ後半の七行は、元和本和名抄の表記誤認が判明したので改稿した。4の項において、「讃信」の「讃」をサラと読むには、漢字のn韻尾を狭い母音のリ・ルならぬ、広い母音のラをもつ二音節仮名とする点に不安がある旨を書いた。それについて、山口佳紀氏からの私信で、持統天皇の諱「鸕野讃良」があるではないか、と注意された。これには気づいていたが、大野透氏と同様、「讃良良」などの省略表記かと疑って言及せずに終わった。8の項の「豊島」の訓について、和名抄郡部の訓、萬葉集左注の訓に触れた二行はこのたびの転載にあたって加筆したものである。

本篇は、千九百九十年十一月、木簡学会の『木簡研究』十二号に掲載された。

〔付〕和名抄地名の有韻尾字訓注について

佐佐木隆氏の和名抄に関する研究は、精緻な論証に支えられた強い説得力をもっており、私はいつも敬服して読んでおります。その佐佐木氏が本誌第百三十八集に寄せた《短信》——『和名類聚抄』地名訓の促音・撥音表記——は、学史的事実から見て、いささかうべないがたい点を含んでいると思います。

氏は、標題の件に関して、まず「これまで指摘されていないとおもわれる、つぎのような注目すべき促音標示の例がみえる。」として「苅田葛太」など四例を挙げますが、果してこれまで指摘されていないことでしょうか。むしろ、日本語史の学徒にとっては常識とでもいうべきことなので、誰もあえて口にしなかったのではないか、と私には思われます。例えば、春日政治氏の「連合仮名」

の考え方も、あるいはかかる表記を含意していると言えるかもしれません。少なくとも、私の経験に照らしても、昭和四十二年度、京都大学文学部で、濱田敦教授の講義「和名抄の地名」に出席した二十名ほどの受講生には、このことは常識になっていると思います。濱田教授はそのことを「促音沿革考」(『国語国文』第十四巻十号)で、かなり明確に書いています。もとより、それとても濱田教授が最初というわけではなく、私の乏しい知識では、昭和七年一月発行の『立命館論叢』に発表された、岡田希雄氏の「和名類聚抄中の撥音的地名」があります。

岡田氏は、安藝国高宮郡の郷名「刈田加無多」の項で、次のように述べています。

さて刈田《カリタ》の訓加無多は撥音としてのカンダであらう。リがンと成るのは珍しく無い。但しカリタは一方では促音化してカッタと成る事も有るから、他の例は

刈田　葛田(讃岐郡名、今の豊田郡、古くカッタと云つた、

刈田　葛太(陸奥郡名)

と成つて居る。豊前国京都郡の郷名は和名抄には訓注が無いが、中世は神田と呼んで居た。やはり撥音化したのである。讃岐の刈田郡も神田郡と云うた事がある(割注は省略した)

右の記述は、促音・撥音がモーラとして確立する以前の、表記の交錯の例としても興味があります。岡田氏はまた、山城国乙訓郡訓世郷(訓勢に誤る)の項では、訓注の「郡勢」について、

「郡勢」を何と訓むか〻不明であるが、恐らくはクンゼと云ふ風に撥音として訓めと云ふのであらう。豊後の国崎を君佐木《クンサキ》、安藝国沼田郡の真良を新良《シンラ》高山寺本信羅と訓ませて居るのと同例と見る可きであらう。

と述べています。佐佐木氏の言わんすることは、岡田氏の論文につくされていると言っていいでしょう。

佐佐木氏の稿は「これは、文字用法の歴史のうえで注目すべきことである。」と結ばれていますが、右の岡田論文でも、稿末に括弧して、「国語撥音の標記史的考察」の(二)と書かれており、その意図はくみとることができます(その一に当る論文は、その一と月前発行の『立命館論叢』に載っており、私も昔読んだはずですが、今てもとに写しがなくて、内容には言及することができません)。

私よりはるかに若い佐佐木氏が（いつもの慎重さに似合わず）、この岡田論文を読んでいなかったことはやむをえないと思いますが、編集委員のどなたも気づかなかったらしいことはちょっと意外でした。あるいは《短信》欄への投稿は審査しないのでしょうか。

百五十編、六千ページに近い論考をもつ岡田氏の仕事はもっと称揚されていいとは、私の師たちのよく口にすることばでした。

補　記　本篇は、千九百八十四年十二月発行の『国語学』第百三十九集の《短信》欄に掲載された。

人麻呂の表記の陽と陰

一　問題の所在

この四半世紀ほど諸氏によって進められてきた柿本人麻呂の表記に関する研究は、今ひとつの収穫期に入っている。先鞭をつけた阿蘇瑞枝（1956）は、人麻呂歌集の書式を二分して、主に歌の内容から、略体歌→非略体歌→人麻呂作歌という展開を指摘した。その後、研究の一方の中心にあった稲岡耕二氏は、阿蘇氏の展開過程を認めながら、それを日本語表記史の中でとらえなおした。そして、この二類の別は人麻呂が歌を書き記すことに苦闘した足取りを示すもので、彼こそ和文表記法の先駆者であり、萬葉集の他の意字主体表記はそれ以後のものだとした。要約すると、萬葉集の表記法は、人麻呂歌集の古体歌→新体歌→作歌→人麻呂以外の歌と発展したということになる。もう一方の中心にあった渡瀬昌忠氏は、人麻呂歌集の表記者を人麻呂その人とは特定しないが、表記の流れはこの線で考えているようである。人麻呂における歌の表記法の展開は、この説でほぼ確定したと言ってよいだろうと思う。両氏の方法を見ると、稲岡氏は、歌の発想・内容、あるいは枕詞・序詞など表現の諸相も踏まえ、渡瀬氏は、漢字の精緻な訓詁と歌意や叙情の焦点の把握に重点を置く、といった多面的な傍証に支えられていることが特徴である。

わたしは右に、「人麻呂における」と限定めいた言い方をした。これは、あくまでも人麻呂一個人あるいは人麻呂歌集表記者において営まれた、古代和歌の表記法の展開として言えることであって、それがそのまま日本語表記法の歴史ではあるまいという含意である。そう限定した根拠を以下に述べることになるのだが、主な対象として古体歌と稲岡（1991）『人麻呂の表現世界』を取り上げることにする。人麻呂表記論を主題とする稲岡氏の論文は大変な数に上るが、その主張は本書に集約されていると言えるし、古体歌が解明できれば人麻呂の表記はおおよそ分かると考えるからである。本稿では主に稲岡氏の論を対象とするが、渡瀬氏の仕事にも適宜言及する。学界の定説になりつつある学説に対して、ささやかな疑問を吐露したいのだが、萬葉集の表記を考えることからこの道に入ったわたしは、稲岡氏の論文から多くを学んできたので、その学恩は計り知れない。いま少しでも借りを返すことができればと思う。

因みに言う。人麻呂歌集が新たな脚光を浴びたとき、その二様の表記が「略体歌」「非略体歌」と称せられたのは不幸なことであった。「略」とはあくまでも「標準」に対する称のはずなのに、これらの呼称は、「略体」が標準的な表記法で、「非」によって他方の表記法が標準にあらずという含みをもちうるからである。これなら、いっそ「詩体」

「常体」の方がよかったとさえ思うが、これもまた実態を覆い隠してしまう恐れがあり、わたしは素直に使うことができない。渡瀬氏は近年「略体《エリプティクスタイル》」を用いているが、本稿はその説を主対象にするので、混乱を避けて稲岡氏命名の「古体」「新体」を用い、さらに人麻呂作歌の表記を「作歌体」、一般の意字主体表記を「常体」と称することにする。

テキストは塙書房版本文篇の初版第三十刷によることを原則とし、訓や本文を変更したばあいは歌番号の下に星印を添えて区別する。掲出歌や例文には通し番号を頭記して記述を簡略ならしめる。また、巻序と『国歌大観』歌番号、文献の公刊年次（キリスト紀元）は括弧内にアラビア数字で記す。

二　古体歌と新体歌の判別

古体歌と新体歌を区別するに際して、研究者によって若干の揺れが見られた。その差は次第に小さくなってきたが、揺れの見られた歌を通して、古体表記と新体表記の区別が困難なことの意味を考えることから始めよう。

1　雲隠《くもがくり》　鴈鳴時《かりなくときは》　秋山《あきやまの》　黄葉片待《もみちかたまつ》　時者雖過《ときはすぐれど》（9-1703）

皇子への献呈歌や山城南部の詠歌など、十七組二十八首を一括して「右柿本人麻呂之歌集所出」と注するので全体を新体歌と判定するが、「者《は》」の表記は古体歌にもあり、この一首だけでは古体歌と見ることもできる、と橋本達雄（1975）は言う。

2　我袖尓《わがそでに》　霰手走《あられたばしり》　巻隠《まきかくし》　不消有《けたずてあらむ》　妹為見《いもがみむため》（10-2312）

第二句に格助詞「に」が書かれているので、稲岡氏、渡瀬氏ともに新体歌とし、結句も掲出したように「いもがみむため」と読んでいる。そこで、主格表示の格助詞「が」の表記されない唯一の新体短歌ということになる。逆に、阿蘇氏のように古体歌として見ると、こんどは格助詞「に」の書かれた例外となるのである。人麻呂歌集から採録するばあい、歌群の初めに新体歌、後に古体歌という排列基準があるので、ここでは新体歌説に軍配が上がるが、それによらなければこれは区別できないことになる。

3　秋山《あきやまに》　霜零覆《しもふりおほひ》　木葉落《このはちり》　歳雖行《としはゆくとも》　我忘八《われわすれめや》（10-2243）

判別の難しい歌である。歌末に助詞「や」を訓仮名「八」で書いているので、新体歌と見ていいと橋本氏は言う。「秋相聞」五首の最後にあるので、稲岡氏らは他の四首とともに古体歌と判定することになる。

右の三例は、その排列によって古体歌か新体歌か区別されたものであるが、排列が手がかりにならないばあいはどうだろうか。

4　近江海《あふみのうみ》　奥滂船《おきこぐふねに》　重下《いかりおろし》　蔵公之《しのびてきみが》　事待吾序《ことまつわれぞ》（11-2440）

「寄物陳思」のうち、船に寄せる歌を並べたと思われる七首の最後の歌である。格助詞「之《が》」、係助詞「序《ぞ》」を表記するので、稲岡氏は新体歌とするが、一つの歌群の初めに新体歌を置いて、次いで古体歌五首を並べ、今いちど新体歌を置く意図が分からない。他氏はおおむね古体歌とする。助詞の表記法という基準と、歌の排列という基準が対立する例である。

5　我故《わがゆゑに》　所云妹《いはれしいもは》　高山《たかやまの》　峯朝霧《みねのあさぎり》　過兼鴨《すぎにけむかも》（10-2455）

同じ「寄物陳思」の雲に寄せたとおぼしい六首と、雨に寄せたとおぼしい二首に挟まれた歌である。一首だけ霧に寄せる歌を排列したのだろうか。「兼《けむ》」によって新体歌と見る説と、それには及ばぬとする説とが対立する。

6　一日《ひとひには》　千重敷布《ちへしくしくに》　我恋《あがこふる》　妹当《いもがあたりに》　為暮零《しぐれふる》所見《みゆ》（10-2234）

「秋雑歌」の部に「詠雨」の小題で収められた唯一首である。古体歌では畳語は踊り字で書くのが原則だと見る後藤利雄（1961）は、「敷布《しくしくに》」によって新体歌とし、橋本氏も新体歌的だと言う。稲岡氏、渡瀬氏は古体歌と見る。古体歌に畳語の例を探すと、「凡々《おほほしく》、数々《しばしば》、朝々《あさなさな》、布々《しくしくに》、端々《はつはつに》、惻隠々々《ねもころごろに》」などがある。もとより、古体歌には「是山《このやまの》　黄葉下《もみちのしたの》　花矣我《はなをあれ》　小端見《はつはつにみて》　反　恋《なほこひにけり》」（1306）のごときもあり、畳語の表記だけで新古を決めるわけにはいかないだろう。

7　吉哉《よしゑやし》　雖不直《ただならずとも》　奴《ぬ》延《え》鳥《どりの》　浦嘆居《うらなけをりと》　告子鴨《つげむこもがも》（10-2031）

同じ「秋雑歌」部に「七夕」の小題で収められた三十八首の終りから三番めにある唯一の古体歌である。この歌群の二番めに、共通素材を多くもつ新体歌「久方之　天漢原丹　奴延鳥之　裏歎座都　乏諸手丹」（1997）があり、これと比べるとテニヲハの表記が少なく、古体歌的であることは歴然としている。しかし、三十五首の新体歌に交えて、しかもこの位置に一首だけ古体歌を置く意図は明らかでない。そこで、新体歌としても支障はないとする橋本氏の見解が出るのである。

右に見てきたのは、古体・新体の判断が揺れている歌の一部であるが、これらの事実はわれわれに何を語っているであろうか。稲岡氏の説の特徴は、人麻呂の表記法の展開が古体の天武九年以前と、新体の持統期とに明確に分かれるとする点にある。この大前提を基にして「在」「為」「将」などをめぐる具体的な論述が進められているのであるが、旧仮名遣いから現代仮名遣いに変わったような変換が、古体表記から新体表記へと、ある時を境にして轄然となされうるものだろうか。わたし自身の表記法を省みるとき、漢字の選択、送りがなの統一、句読法において完璧を期することはできない。天才人麻呂だからなしえたと言えばそれまでだが、しからば、後世の研究者の間で判断が揺れるような事例が見えるのはなぜか。いま一度、別の視点から考えてみることが必要ではなかろうか。

三　「在・為」表記への疑問

著書の各論に当たる「漢字で歌う工夫」の冒頭に「在」の字を据えたところに、稲岡氏の自信のほどがうかがわれる。「にけり」「たり」を「在」で文字化したのは、その動詞で表現された状態が続いていることを表わすというのが氏の論の核心であるが、わたしには得心できるものとさにあらざるものとが相半ばしている。

8　我衣《あがころも》　色取染《いろどりそめむ》　味酒《うまさけ》　三室山《みむろのやまは》　黄葉為在《もみちしにけり》（7-1094）

9　君為《きみがため》　浮沼池《うきぬのいけに》　菱採《ひしつむと》　我染袖《わがそめしそで》　沾在哉《ぬれにけるかも》（7-1249）

10　袖振《そでふらば》　可見限《みつべきかぎり》　吾雖有《われはあれど》　其松枝《そのまつがえに》　隠　在《かくらひにけり》（11-2485）

これらは明らかに継続する事態を表現しえていると得心できるものである。中でも10は、本来見えるはずの恋しい人の姿が松の枝に隠れたままだというので、「在」の字は有効に働いているように見える。だが、私見では「在」という文字の力によるのではなく、表現された事柄のゆえだろう。色づいた木の葉（8）、濡れた袖（9）は、動詞表現の結果を眼前に見うる事態が表現されているからではないか。しかし、人麻呂が常にかかる配慮のもとに「在」の文字化をしていたかとなると疑わしい。

11　行々《ゆきゆきて》　不相妹故《あはぬいもゆゑ》　久方《ひさかたの》　天　露霜《あめのつゆしもに》　沾在哉《ぬれにけるかも》（11-2395）＊

11では、そもそもさきの三首のように「在」で表わされる対象が示されておらず、状態の継続性は曖昧になっている。そして、次の二組の歌については、「在」の有無にこめた意図は区別できないものである。

12　春去《はるされば》　為垂柳《しだりやなぎの》　十緒《とををにも》　妹　心《いもはこころに》　乗在哉《のりにけるかも》（10-1896）

13　秋野《あきのの》　尾花末《をばながうれの》　生靡《おひなびき》　心《こころは》　妹《いもに》　依《より》　鴨《にけるかも》（10-2242）
14　世中《よのなかの》　常《つねの》　如《ごとしと》　雖念《おもへども》　半手不忘《かつてわすれず》　猶恋在《なほこひにけり》（10-2383）＊
15　忘哉《わするやと》　語《ものがたりして》　意遣《こころやり》　雖過不過《すぐせどすぎず》　猶《なほ》　恋《こひにけり》（12-2845）

ともに恋に囚われた心情を、12はしだれ柳のたわみ、13は尾花のなびきで譬えたので、作者の心情を具体的に思い浮かべさせる効果を果たしているが、それはあくまでも譬喩表現の力であって、「在」による文字化のゆえではあるまい。だから、12・13の下二句の表現からは、妹《いも》と自分の違いしか読み取れないのである。14と15は、切ない恋を忘れようといろいろ努めてはみたが、やはり囚われているおのれに気づいて詠嘆しているのであって、そこにはいかなる違いも感じられない。稲岡氏は、これらの歌について現行注釈書の現代語訳を丹念に検討し、それを「けり」の意味、過去・完了・気付きの詠嘆のいずれかに当てはめ、文字化の有無を考察しているが、わたしは納得できなかった。

「たり」の文字化をめぐる議論についても同じことが言えよう。

16　吾妹子《わぎもこと》　見《みつつ》　偲《しのはむ》　奥藻《おきつもの》　花開在《はなさきたらば》　我告与《われにつげこそ》（7-1248）
17　我屋戸《わがやどは》　甍子太草《いらかしだくさ》　雖生《おひたれど》　恋忘草《こひわすれぐさ》　見《みるに》　未生《いまだおひず》（11-2475）
18　山代《やましろの》　石田社《いはたのもりに》　心《こころ》　鈍《おそく》　手向為在《たむけしたれや》　妹相難《いもにあひがたき》（12-2856）
19　年《とし》（玉）切《きはる》　及世定《よまでとさだめ》　恃《たのめたる》　公《きみに》　依《よりてし》　事《ことの》　繁《しげけく》（11-2398）＊

16についてわたしの解釈は逆である。すなわち、花が咲いたらそれをわぎもことみなしてしのぼうと心待ちにしていたのなら、花が咲いたらすぐに告げてくれ、と訴えてこそ歌になるのであって、いま咲いていると告げてくれでは、いかにも間の抜けた歌になってしまう。渡瀬氏（1990a）も私見と同じようである。17も納得できない。稲岡氏のたちばでは、むしろシダがぼうぼうと生えている屋根を目の前にしているのだから、「たり」の文字化が必要なのではないだろうか。同じことは18についても言えよう。これは「寄物陳思」の一首であって、山代の石田で詠んでいるという保証はないのである。だから、稲岡氏の現代語訳に「山代の石田の神にいい加減な気持ちで幣帛を捧げたからとでも言うのか、そうでなければ今ごろは逢えるはずなのに」とあるように、眼前性は意識されていない。「心おそく」と表現された、神への手向けかたが問題なのであって、現在への影響の有無をこの表記にこめると見るのは行き過ぎであろう。19は初句に誤字説もあるので、稲岡氏の説明は特に詳しい。その主張の要点は、「命ある限りと約束をして頼りにさせた君ゆえに、…」の意で、「恃在《たのめたる》」でなく「恃《たのめ》タル」であるのは、すでに起きたことを示し、現在の状態を特に強調はしないから、ということである。果たしてそうだろうか。将来について約束することは二人の間ですでに為されことだが、頼りにさせることはそれ以来継続している事態ではないか。得心できないわたしの読みが浅いのであろうか。

現代語の助動詞「た」は、古代語にありながら消えて行った、多くの回想・完了・存続の助動詞の機能を一手に引き受けている語で、文脈的な意味は多岐にわたる。

20　先週、軽井沢で総理大臣の細川さんを見かけたよ。
21　スピルバーグの評判の映画、もう見た?
22　確かご出身は信州でしたね。
23　さあ、買った、今週最後の大サービスだよ。
24　なんだ、ぼくの万年筆、こんな所にあった。
25　一段と優れた成績をあげてほしい。

これらの違いについて、現在の文法論では通説ができつつあるものだが、わたしたちは文章を書くにあたって特にそれを意識することはない。古体歌において、「にけり」「たり」の様々の意味を「在」字で書き分けたという人麻呂の営みは、これらの「た」を二つくらいの変体仮名で書き分けたようなものである。しかし、一個人の私的な書記行為ならいざ知らず、歌集を見た七～八世紀の交の識字層の人びとがそれを理解しえたであろうか。

人麻呂歌集の「為」を回想の助動詞の活用形「シ」と読むことに異論を唱える稲岡氏は、古体歌では過去の助動詞の訓「キ」「シ」を文字化する段階には達していなかったとし、「為」は「たり」の表記を担ったのだと解釈する。そして、「たり」を含む歌を文字化するに当たって人麻呂は、意味するところを次のように三種に区別したのではないかという（44～45頁。括弧内は引用者）。

①その動作や作用がすでに起きたことを抒情の焦点とする歌。（文字化せず）
②その動作や作用が現在も続いていることを抒情の焦点とする歌。（「在」表記）
③その動作や作用が現在すでに起き、しかもその結果がその後にも及んでいることを抒情の焦点とする歌。（「為」表記）

③に属する「為」表記の歌一首を、「在《たり》」表記の歌と比べてみよう。

26　菅根《すがのねの》　慟隠君《ねもころきみが》　結為《むすびたる》　我紐緒《わがひものをを》　解人不有《とくひとはあらじ》（11-2473）

稲岡氏は「君が結ぶことはすでにあったことであり、しかもその結果がその後にも及んでいる」（45頁）と説明する。この説明はどこかで目にしたような気がするので頁を繰ってみると、18の歌の「手向為在《たむけしたれや》」に関する説明であった。

> この手向けは旅中の夢に家妻が見えるようにとの祈りをこめて、あるいはまた家郷に無事に帰れるようにとの祈りをこめて、幣帛を捧げたことを指すのである。手向けがしてある、つまりその結果や影響が現在にも及んでいるものとして「――在」と記したと思われる。（29～30頁）

この二つの説明は同じなのか異なるのか。同じなら、「在《たり》」と「為《たり》」の文字を人麻呂はいかに使い分けているのか。異なるなら、「あることの結果が現在にも及んでいる」と、「その後にも及んでいることを抒情の焦点とする」との違いが、萬葉時代の人には判別できたと言うのだろうか。

助動詞「き」は記されず、多くは読み添えられていることは指摘のとおりである。それでも疑わしいものがある。

27　橋立《はしたての》　倉椅川《くらはしがはの》　石《いしのはし》走者《は》裳《も》　壮子時《をざかりに》　我度為《わがわたしたる》　石《いしのはし》走者《は》裳《も》（7-1283）＊

第五句「わがわたしてし」の訓を退ける稲岡氏は、先に述べた根拠によって右のように読むのだが、さらに次のように補足する。

この石橋は、もう無いのであろう。若い時に、恋人のところへ通うために川に渡した石橋を思い起こしている老人の回想歌である。（改行）これを「壮子時　我度在」と記すわけにはゆかないし、「壮子時　我度《タル》」でも具合が悪いと人麻呂は判断したのだろう。「度す」行為はすでに現実化し、その後長い間「石橋」が存在したことを表現すべく「我度為」と書いたと思われる（47頁）。

言われるように老人の回想歌ならば、恋人のもとに通うため、流れに石を並べたのは遠い昔のことであって、今はもう無いことは、失われたものへの思慕を表わす助詞「はも」の使用が明らかに語っている。それにもかかわらず「現在への影響」という説明はいかにも苦しい。これは、「たり」を表記する「在」と「為」の区別の持論に固執したせいではないか。

右に引いた表記は渡瀬氏も取り上げており、「在」「為」のほかに「有」を絡めているだけ、論述は精細を極め、22・24・27については稲岡氏と異なる結論を提出している。その点はわたしの見解にいくぶん近いが、それでも割り切れないものが残る。なお、27は、稲岡（1976）では新体歌としている九首の旋頭歌群のうち、「橋立倉椅山／川」を詠む三首の第二首である。新体歌に挟まれてここに古体歌を置いた理由が分からないし、新体歌から古体歌へと所属を変えた説明が見えないのは、わたしの見落としであろうか。

以上、稲岡氏の立論の根拠に対する二三の疑問を中心に述べてきた。結局、人麻呂が古体表記の時期に、意味や表現効果を意図した書き分けをどこまで自覚していたか、という問題に帰する。人麻呂がなにがしかの書き分けを意図していたかも知れない。しかし、稲岡氏の主張するほどにその表記原則が整然と確立していたとは到底考えられない。まだ模索中だったのではないだろうか。節を改めて違った角度から見ることにしよう。

四　「哉・将」表記への疑問

現行の訓によると、古体歌に用いられた助詞および複合助詞の「かも、ぬかも、もがも」（以下、まとめて「かも類」と称する）は、感動や願いを歌う文芸らしくたくさんの用例を見る。その数は読み方によって若干動くが、無表記が三、「哉」表記が四、「鴨」表記が三十二である。圧倒的に多い「鴨」の内訳を見ると、詠嘆のカモ、希望（ここでは希求と願望を区別しない）のヌカモ・モガモ、疑問と揃っている。かくも形と意味の異なる語を「鴨」に担わせることにわたしは無理を感ずるが、「語」と文字との対応が緩やかな時代にはそれも可能だったらしい。その用例を一つずつ示す。

28　海神《わたつみの》　手纏持在《てにまきもてる》　玉故《たまゆゑに》　石浦廻《いそのうらみに》　潜為鴨《かづきするかも》（7-1301）…詠嘆のカモ

29　遠近《をちこちの》　礒中在《いそのなかなる》　白玉《しらたまを》　人不知《ひとにしらえず》　見依鴨《みむよしもがも》（7-1300）…希望のモガモ

30　霞発《かすみたつ》　春永日《はるのながひを》　恋暮《こひくらし》　夜深去《よもふけゆくに》　妹相《いももあはぬかも》　鴨（10-1894）…希望のヌカモ

31　早敷哉《はしきやし》　誰障鴨《たがさふれかも》　玉桙《たまほこの》　路見遺《みちみわすれて》　公不来座《きみがきまさぬ》（11-2380）＊…疑問のカモ

これらは文脈と音数律とによって誤読を避けることが可能であったろう。しかし、次の無表記の歌は果たして唯一の読みを保証してくれたであろうか。

32　千早振《ちはやぶる》　神持在《かみのもたせる》　命《いのちをし》　誰　為《たがためにかも》　長欲為《ながくほりする》（11-2416）＊

第四句に限っては、現行の注釈書はおおむねこの訓に落ち着いているが、古訓以来、タカタメニカハ、タカタメトカハ、タレカタメニカと揺れていたものである。人麻呂はこれをいかなる意識で表記したのだろうか。古体歌で複合助詞「かも」が不定詞と共起するときは読み添えられる傾向があるのだが、31は反語的で微妙に異なるので「鴨」を表記したと解釈すべきなのだろうか。しかし、そう見ることは、次の用例が拒否するだろう。

33　桜花《さくらばな》　咲哉散《さきかもちると》　及見《みるまでに》　誰　此《たれかもここに》　所見散行《みえてちりゆく》（12-3129）

34　眉《まよ》根《ね》削《かき》　鼻《はな》鳴《ひ》紐解《ひもとけ》　待哉《まつらむや》　何時見《いつかもみむと》　念　吾《おもへるわれを》（11-2408）＊

33の「哉《かも》」の用法は31とほぼ同じと見てよいだろう。こう見てくると、不定詞との共起は無表記の絶対的な条件でもないらしい。それだけではない。第三節で「にけり」の表記をめぐって挙げた9と他の三首を比べてみよう。

9　君為《きみがため》　浮沼池《うきぬのいけの》　菱採《ひしつむと》　我染袖《わがそめしそで》　沾在哉《ぬれにけるかも》（7-1249）

35　是川《うぢかはの》　瀬々敷浪《せぜのしきなみ》　布々《しくしくに》　妹　心《いもはこころに》　乗在鴨《のりにけるかも》（11-2427）

36　白細布《しろたへの》　袖小端《そでをはつはつ》　見柄《みしからに》　如是有恋《かかるこひをも》　吾為鴨《あれはするかも》（11-2411）

37　公目《きみがめの》　見　欲《みまくほしけく》　是二夜《このふたよ》　千歳如《ちとせのごとも》　吾恋哉《あはこふるかも》（11-2381）

これらにおいて、「鴨」と「哉」の書き分けはいかなる基準によっているのだろうか。稲岡氏も名案は持ち合わせていないらしく、稲岡（1968）で助辞の訓字表記に言及し、「もちろん鴨のような例もあるが、それはそれで表意的な面白さが考えられてのことと思われる。」と書いている。しかし、その「面白さ」を具体的に示すことはしなかった。右に見るように、菱を採る池の歌（9）にこそ「鴨」の用字がふさわしいのではなかろうか。以上、「かも類」の助詞表記をめぐって人麻呂の完璧な表記原則を見いだしがたいことを述べた。

稲岡氏は、古体歌の「哉」を「や」「か」いずれに読むべきか議論ある歌について、大野晋氏の説を手がかりにして、判断不能を表わす「か」と読む例はないと明言している。わたしはその「哉」をもう少し考えてみたい。右に「かも類」の助詞を詠嘆、疑問などに分けて考察したが、「かも」自体が複合助詞で、疑問としたものには、反語あり、詠嘆的な疑問ありと複雑である。このように意味の微妙な違いに応じて文字を使い分けるのはそう容易なことではない。それに比べると、語形の違いに応じた使い分けの方が遥かに容易だろうと思われる。

阿蘇瑞枝（1972）によると、人麻呂歌集における詠嘆・疑問を表わす助詞の表記法とその用例数は次のとおりである。なお、この数値は現在の研究からは修正すべきものがあることは言うまでもない。

古体歌　カ（哉6　耶2）ヤ（哉8　耶1　八1）カモ（哉4　鴨26）ヤモ（哉3）

新体歌　カ（可4　架1　鹿1　歟1）ヤ（哉7　也1　夜1）カモ（鴨18）ヤモ（八方4）

古体歌では四者に共通して「哉」を用いる傾向が顕著であって、人麻呂に書き分けの意図がなかったと見ている。新体歌では、四者共通の文字のないこと、仮名表記化が進んでいること、語ごとに主要な文字に固定する傾向のあることが分かる。「哉」をかくも多彩な助詞類の表記に用いていることは、「在」「為」に語義による書き分けがあったという主張と比べると、むしろ混沌と映るのではないだろうか。

なお、「哉」によって文字化された語として、阿蘇氏の論には見えないが、感動の表現に用いられる「よしゑやし」と「はしきやし」があり、古体歌では「吉哉」「吉恵哉」「早敷哉」の三種四例を見る。稲岡氏は古体歌の時期、人麻呂は歌の日本語を分節的に表記する傾向が乏しかったとするたちばから、これらは一語と見て、特にヤシという語の表記を析出しない。しかし、「哉」表記の一方で、「早敷八四」(2369)も見ることができるのであって、やはりヨシヱーヤシ、ハシキーヤシという分節は認めざるを得ないだろう。もとより、はやし言葉ゆえに他の助詞類と異なり、誤読の恐れは全くないものである。

稲岡(1975)は後藤氏の論を踏まえて書かれた、「将」をめぐる論文である。いわゆる推量の助動詞「む」の表記法を見ると、古体歌の「む」全七十例のうち、無表記が六十七、仮名表記が皆無、「将」表記がわずか三である。しかもこの三例はすべていわゆる意志の表現に関わっているという。それが、新体歌、作歌へと進むにつれて、「将」の覆う意味範囲が広がってゆき、作歌では「らむ」に当てて用いた四例もあるという。

他の古代文献の実態に照らしても、「将」を意志の表記に当てるのは納得できるのだが、ひとつ分からないのは、それがわずか三例だけということである。古体歌で意志を表わすと思われる歌について稲岡氏の検証を少し見よう。

38　雷神《なるかみの》　小動《すこしとよみて》　刺雲《さしくもり》　雨零耶《あめもふらぬか》　君将留《きみをとどめむ》　(11-2513)＊

39　雷神《なるかみの》　小動《すこしとよみて》　雖不零《ふらずとも》　吾将留《われはとまらむ》　妹留者《いもしとどめば》　(11-2514)＊

40　天在《あめなる》　一棚橋《ひとつたなはし》　何将行《いかにかゆかむ》　穉草《わかくさの》　妻所云《つまがりといはば》　足荘厳《あしかざりせむ》　(11-2361)

38・39は問答歌で、例えば38を「君留」と書くと、キミハトマラムと誤読される恐れがあるので「将」を特に加えたこと、40の第三句はイカニユクラムではなく、イカニカユカムと読むのが正しいことが述べられている。問答歌は表記も対応するばあいが多いので一般化しにくいが、問いの歌38があれば歌意は明白で、答えの歌39に「将」は不要であろう。40も下三句によって歌意は明らかなので、イカニユクラムなどと他人ごとのように読まれる恐れをわたしは感じない。結局、人麻呂は「む」の文字化に当たっては、ようやく「将」を用い始めた程度で、まだ試行段階にあったと言うべきではないか。

かくて、人麻呂の表記原則はまだ固まっていなかったと評価するほかあるまい。先の「哉」はその文字化の範囲が次第に狭まっているのに、「将」の方は逆に広がっているのである。つまり、この二つの文字は、日本語の助辞表記に関しては正反対の経過をたどるのである。稲岡（1990）で、「哉」の用字の変化を「将」のばあいと同様に「仮名化」と表現しているが、その表現は用法の広がった「将」には適切だが、狭まった「哉」には不適切であろう。

渡瀬（1990c）によると、人麻呂歌集の略体歌で、確定条件を表わす接続助詞「ば」を「者」で文字化するか読み添えにするか、極めて明確な書き分けをしているという。すなわち誤読の恐れがないかぎり無表記だというのである。稲岡氏とは異なる視点から詳細な分析を施した一連の論文の一つである。しかし、41に「者」が必要だという説明がわたしには解せない。

41　隠沼従裏恋者無乏妹名告忌物矣（11-2441）

渡瀬氏に従って句分けせずに掲げたが、「隠沼」は「した」にかかる枕詞だからコモリヌノの訓は決まる。結句は句末に「矣《を》」があるので、「忌物矣」の三字でイムベキモノヲと確定できる。当然第四句は「妹名告」でイモガナノリツの訓も確定できる。残りの「無乏」は「すべなし」の形容詞だが、第四句にかかるので原因のスベヲナミの訓が決まる。このように作者の状態をとらえれば、「コモリヌノ　シタユ恋　スベヲナミ　イモガナノリツ　イムベキモノヲ」の「恋」の字に、コフレバ以外の訓は考えられない。したがってこの「者」は必須の文字ではない。

以上、両氏の論を取り上げて、古体歌の表記原則を必ずしも明快に説明し切れないことを述べた。

五「ツツ・従・如・ミ語法・コソ」の表記

かかる視点から古体歌を見ると、なお多くの問題が浮かんで来る。例えば、助詞「つつ」の書き分けは、「乍」が十四例、「管」が一例、無表記が四例である。そのいくつかを挙げると、

16　吾妹子《わぎもこと》　見　偲《みつつしのはむ》　奥藻《おきつもの》　花開在《はなさきたらば》　我告与《われにつげこそ》（7-1248）

42　朝月《あさづきの》　日向山《ひむかのやまに》　月立所見《つきたてりみゆ》　遠妻《とほづまを》　持在人《もちたるひとし》　看乍偲《みつつしのはむ》（7-1294）＊

16は歌末の「～こそ」の存在によって第二句の区切れは明瞭だし、42は旋頭歌なので、第三句の区切れに対応する結びの訓は自ずと決まって来る。したがって「つつ」の文脈的な意味は全く同じと思われるのだが、16の無表記と42の「乍」による文字化との間に、人麻呂はいかなる違いをこめたのであろうか。歌末に詠嘆的に用いられる次の「つつ」についても同様である。「年は経につつ」四例のうち、44にだけ「管」が用いられた根拠は何だろう。

43　山菅《やますげの》　乱恋耳《みだれこひのみ》　令為乍《せしめつつ》　不相妹鴨《あはぬいもかも》　年経乍《としはへにつつ》（11-2474）

44　是耳《かくのみし》　恋　度《こひやわたらむ》　玉切《たまきはる》　不知命《いのちもしらぬ》　歳経管《としはへにつつ》（11-2374）

つまり、「つつ」は「乍／管」の表記と、読み添えを期待した無表記、つごう三種の表記をもつ以上のことは遂に分からない。このたぐいは、ほかに助動詞の「べし」に当たる「可／応／読み添え」、終助詞「を」に当たる「矣／乎／読み添え」など多くある。いわば、ある語の表記には、二種以上の文字と読み添えとが混在するように見えるのである。こう考えると、「在／為／無表記」「将／無表記」に存するとされた表記原則も色が褪せてくる。既に言われているように、古体歌において、否定辞の「ず」、逆態の接続助詞、禁止の助詞が必ず文字化されていること、「吾」

と「吾等」の間に、あるいは「無乏《すべなし》」にうかがわれた表記意図とは、およそ異質のものではなかったかと思われる。結局、渡瀬（1990b）が「あり、たる、にけり」などをめぐって「在、有、為」から導き出した結論、「文字の通用」以上のことは言えないのではなかろうか。

　これまでは文字の書き分け、文字の有無をめぐって論じてきたが、少し角度を変えて、格助詞の「ゆ／より」の表記を見よう。現行の訓によると、これは「従」で書くことが古体歌の原則らしく九例を数えるが、やはり、ほかに「吾以後《われゆのち》」（2375）一例と無表記が二例ある。音数律に期待して書き分けの手間を省いているらしく、時間の起点、比較の基準、経過点には「従《ゆ》」、手段には「歩　吾来《かちよりあがこし》」（2425）の無表記「より」一例と使い分けているようだ。しかし、もう一つの無表記例45はどうだろう。

　45　隠処《こもりどの》　沢泉在《さはいづみなる》　石根　通　念《とほしておもふ》　吾恋者《あがこふらくは》（11-2443）

第三句は古写本のほとんどがイハネヲモと読んできたものである。もとより、人麻呂は反論するだろう、これには類歌がある、と。

　46　隠津之《こもりづの》　沢立見尓有《さはたつみなる》　石根従毛《いはねゆも》　達而念《とほしておもふ》　君尓相巻者《きみにあはまくは》（11-2794）

確かにこれは疑いなく45の訓の根拠になるが、「いはねゆも」はこれ一例だけなので慣用句とは言いがたい。だから、イハネヲモ（旧訓）のほかにイハネニモ（考）も試みられ、イハネユモ（略解）の訓以後も、イハガネモ（大系）、イハネヲモ（私注）が行われたのである。わたしはむしろ、45よりも41「隠沼《こもりぬの》　従裏恋者《したゆこふれば》　無乏《すべをなみ》　妹名告《いもがなのりつ》　忌物矣《いむべきものを》」の方にこそ「従《ゆ》」を省略すべき根拠があったと思う。なにせ、シタユコフは明記されたものが六例もあって、これこそ慣用句と言うべきなのだから。

　なお、「従」は「不」や「雖」と同じように漢文式に倒読表記されたはずである。そこで47の底本第二・三句の訓が問題になるが、矢印の下の『私注』の改訓によって語序の例外は解消しうるものである。

47　中々《なかなかに》　不見有従《みざりしよりも》　相見《あひみては》　恋心《こひしきこころ》　益念《ましておもほゆ》（11-2392）→不見有《みずあらましを》　従相見《あひみてゆ》

「吾以後《あれゆのち》　所生人《うまれむひとは》」（11-2375）は特殊なものだが、これは「以後」という漢語を借りた表記であって、「以」をユに当てたのではあるまいが、しかし、「従」にまじって何ゆえに一つだけかかる表記が選ばれたのか。出典を漢籍に求めてもしかたあるまい。

「従」のように、日本語の語序に従うことを基本としながら、漢文法に準拠できるところはそれに従う古体歌の表記法は、歌の訓を定め、意味を理解する上で有効にはたらくことが少なくない。しかし、その原則に完全に委ねきることもできないのである。

48　公目《きみがめの》　見欲《みまくほしけく》　是二夜《このふたよ》　千歳如《ちとせのごとも》　吾恋哉《あはこふるかも》（11-2381）

49　日竝《けならべば》　人可知《ひとしりぬべし》　今日《けふのひは》　如千歳《ちとせのごとも》　有与鴨《ありこせぬかも》（11-2387）

古体歌では48の方が正統のはずであるが、誤読を避けようという深慮がはたらいて49の表記が選ばれたのだろうか。

試みに句間をあけずに書いてみたらどうだろうか。

48ａ　是二夜千歳如吾恋哉

48ｂ　是二夜如千歳吾恋哉

49ａ　今日如千歳有与鴨

48ａは「コノフタヨ　チトセノゴト…」と正確に読めるので、現在の感覚から言えば当然こちらがいいが、漢文式に48ｂと書かれたものを、「コノフタヨノゴトク　チトセ…」と読むことは音数律が許さない。49ａは「ケフノゴトチトセ…」と読んでは下二句が読めない。結局、48と49は同じ条件下にあることになるし、誤読の恐れもなかったのである。わずか六首しか隔たらない二首の間にかかる書き分けをした理由は何か、遂に判明しない。

次に、ミ語法にかかわる表記を見よう。50の第三・四句は議論の多いものであった。

50　吾《わが》背《せ》児《こ》我《が》　浜行風《はまゆくかぜの》　弥急《いやはやの》　急　事《ことをはやみか》　益不相有《いやあはざらむ》（11-2459）

この第四句「事を急みか」はミ語法による訓である。古体歌は日本語の語序に従う表記を基本とするので、漢文法にはないミ語法を倒読表記はしないだろうとして、近年は、第二句「弥急」を「イヤハヤニ」と読み、第五句の「益」を第四句に移して「ハヤコトマシテ　アハズテアルラム」と読む説が広まりつつある。これでも歌意が分明ではないが、「弥急」をイヤハヤニと読むことは、わたしの旧稿（1973）のたちばからも賛成である。

ミ語法の表記では、ほかにもう一つ落ち着きの悪いものがある。

51　千早人《ちはやひと》　宇治度《うぢのわたりの》　速瀬《せをはやみ》　不相有《あはずこそあれ》　後我孋《のちもわがつま》（11-2428）

宇治川の渡り瀬の流れが速くて会えずにいるが、将来も変わることなく、あなたは我が妻だと歌っている。もとより「寄物陳思」の歌なので、速い渡り瀬は人の噂か何かであろう。古訓以来、この「速瀬」という文字列を、日本語の語序どおりに「ハヤキセニ」と読んできたが、それでは歌の表現としてはいかにも弱い。実際、「速き瀬に」で単なる場所を表現する三例（2714．3266．4189）があるし、「高き嶺に」「長き世に」なども同様である。そこで『新考』のような顛倒説が出、このままで「セヲハヤミ」と読む『注釈』・『大系』・塙書房版などが存在するのである。わたしは多数派の訓に就きたいが、古体歌の表記としては異質な、ミ語法の倒読を認めることにためらってもいる。

これによく似た例に該当するかも知れないものとして、希望の助動詞「こす」の表記がある。古体歌には六つの用例を見いだすことができる。そのうち五つは動詞の下に「与」で書かれるが、これは漢文法に対応しない語法を、意味の近い「与」の字で書いたものと見られている。次の52はどうだろうか。

52　妹恋《いもにこひ》　不寝朝《いねぬあしたに》　吹風《ふくかぜは》　妹経者《いもにしふれば》　吾与経《わにもふれこそ》（12-2858）

底本で「与」にレ点がないのは、「与」を「こそ」の表記とは見ず、複合助詞「にも」の表記と見たのであろう。したがって「こそ」は唯一の読み添えと見られるのである。一方、「与」を神宮文庫本・陽明本・近衛本・細井本・寛永版本が「共」に作るのは、いわゆる共同の動作者と解釈したことを示すのでそれなりにおもしろいが、西本願寺本は「与」のままでワレトモニヘムと読む。渡瀬（1991）は、古体歌唯一の共同動作の対象を示す「と」の文字化と見て、希望の助詞「なむ」を読み添え、ワレトフレナムとしている。『注釈』・『私注』・桜楓社版が同訓である。しかし、古体歌に格助詞「と」を文字化したものは一つも見ないのである。この訓に従うと、同じ希望の「こそ」の用例が一つ減少するだけだが、この訓にも困ったことが一つある。動詞「触る」は格助詞「に」をとるのが普通であるように、天象の風に対して人間が対等になることはありえない。特にこのばあい、わぎもこの体に触れた風が吹いて来て、自分の体にも触れてほしいと歌っているのだから、ここを「と」で読むことはできないのである。

そもそも、未来指向の希望表現である「こそ」に対して、「なむ」はむしろ反事実性に傾くこと、木下正俊（1974）が明らかにしたとおりである。52では、妹が恋しくて眠れぬままに過ごして夜明けの風に呼びかけているのだから、「こそ」の方が適当である。底本のように「こそ」を読み添えてワニモフレコソと読むと、今度は表記された唯一の「にも」を古体歌に認めうるか、という問題に突き当たる。希望の助詞「なむ」の確かな例も古体歌には見いだせない。かくて推論は行き詰まるが、妹に触れてきた風に対して、「自分に…」と訴えているのだから、「も」の読み添えは当然期待できるのではなかろうか。そう見ると、人麻呂が特に重要な句と考えて、あえて「与《こそ》」を倒読表記したか、書写の過程で顛倒したものということになる。しかし、これは先の「瀬速」と同じく想像の域を出ない。最も丁寧な表記は「にも」「こそ」ともに文字化することだが、それでは「与」字が重なってしまう。人麻呂はいずれを省いたのだろうか。

本節で述べてきたことは、特に厄介なことではない。萬葉集を開いて人麻呂歌集を三十分も眺めていれば誰にも気付かれる、高度の知識も面倒な作業も必要としない程度のことである。歌集論議の初期に後藤氏なども取り上げたが、最近は論ぜられることがなかったようである。研究者たちは、人麻呂歌集に完璧な表記体系を求める余りに、ひなたにばかり目を向けてきたのではないか、そこから得た華々しい功績が喧伝されてきはしなかったか。そうした功績は、人麻呂の表記の半面にすぎないだろう。日の当たらない面も見なくては、人麻呂の、あるいは人麻呂歌集の真の姿は見えはしない。そこで、その日陰にいささか考察の目を向けることによって、古体と新体との間で分類の揺れるもの（第二節）、稲岡氏の言うほどにはすっきりと説明できないもの（第三・四節）、一見して表記原理の曖昧さの分かるもの（第五節）を浮き出させてきたのである。かかる現象は何に由来するのであろうか。これを統一的に説明する視点は一つ、人麻呂歌集は、従来言われてきたように古体歌と新体歌とに截然と二分できるように成立したのではなく、ある期間に書き継がれてきた過程を想定すべきこと、筆録者にはまだ完璧な表記原則の確定しない段階を想定すべきこと、その古体と新体の両方式にまたがる歌、表記原則のはざまに位置する歌の存在を認めるべきだということである。横からばかり見ていたものを、縦の方向からも見る必要があるということである。

六　黎明期の日本語表記

古体歌を、真淵の命名になる「詩体」歌という人は今や少数派であろうが、それの対極的な位置にある仮名表記の意味を考えるとき、特にこの名付けのことが蘇る。仮名表記された概念語をめぐる論議は出尽くした感があるので、ここでは音仮名書きに絞って簡単に済ませよう。古体歌に初出する順に拾って、簡単に類別して示す。表意文字や訓仮名を伴って掲出するとき、それには片仮名のルビを付す。

A　干各《かにかくに》　玉久世《タマくせ》　等望使《ともしみ》　奈川柴避《なづきひ》

B　安治村《あぢムラ》　奴延鳥《ぬえドリ》　相狭丸《アフサわに》　伊田《いで》　極太《ここだ》（2例）　当都《たぎつ》　宇多手《うたテ》　子太草《しだクサ》　壱師《いちし》　有廉叙波《うれむぞは》

C　妹勢《イモせ》　阿和雪《あわユキ》　勢古《せこ》　水阿和《ミナあわ》

まずA。「玉久世」（2403）の「くせ」は未詳ながら固有名詞と見て除く。「等望使」（2842）に後藤氏は遊びを読み取ってこのまま認め、沖森卓也（1989）は様々な意味を加えた表記と見ているが、わたしは誤写臭いと見ている。「奈川柴避」（2859）は本文に疑いがあるので、除くが良かろう。「干各」（1298）は音仮名表記に加えて助詞「に」を読み添えさせることが不審なので、以前、工藤（1988）で「左右」の誤字説を提出したことがあり、なお未練あるものである。奈良時代に行われた副詞カニカクニ・カモカモ・カモカクモなどの、萬葉集における主な意字表記は「云々」「左右」であった。類聚名義抄には、「阡陌　トモカクモ」（図書寮本、複製本二〇六頁）、「左右　トニカクニ」（観智院本、佛上八五）とあり、平安時代の漢文訓読では、指示語の体系の変化に応じてカからトに語形が変わっているが、人麻呂の多く拠ったと見られる『文選』にも「左右」「阡陌」の用例は多い。奈良時代の官人には目慣れた語であった、とわたしは考えるのである。

Bは意字表記の定まらなかった語と言われているが、「たぎつ」などほんとうに不可能だったものだろうか。Cは問題の多いものである。「妹勢」は固有名詞だが、「いもせ」という対偶関係の普通名詞を山の名に当てたものなので、ここに入れるのである。「せ」を一般的な「背」で書かなかった理由は、「背」も所詮は当て字なので、慣用が定まらなかったと見なしていいだろう。「勢古」も同じだが、これは「我勢古波」（2384）と係助詞も音仮名表記されており、問題が残る。「沫」を「阿和」と書く二例は難物である。稲岡（1968）は、「沫＝アワ」が定着したのは記紀編述のころであろうとして、古体歌筆録の時期を限定しようとしたが、あれほど漢語に通じていたらしい人麻呂にそう推定するのは不自然な気がする。沖森氏は「水阿和」（2430）はミナワでなくミナアワという音を確定する意図だったと見るが、それでは「阿和雪」（2334）が説明できない。

日本語の歌を表記するすべのなかった時期に、人麻呂の創案になるのが萬葉集の古体歌表記であり、その段階ではまだテニヲハなどの表記は一般にしなかった、日本語の細部まで表記する宣命体のような表記は藤原朝ころにようやく創まったのであり、柿本人麻呂がそのさきがけを成した、というのが著者の持論の大要であろう。かくて、人麻呂は日本語表記の歴史に輝かしい名を刻むことになった。人麻呂をかく位置付けるたちばは、当然、記紀の歌謡のような表記法は人麻呂より後のものと見なす。それでは、古体歌にわずかながら見られる助詞の音仮名表記を、人麻呂は、いつ、何から学んだのか。わたしは、ここに大きな疑問をいだかざるを得ない。

この問いに対して、一般語彙の音仮名表記は固有名詞に比べてずっと遅れたのだ、と説明するのが一般のようだ。なるほど、日本語表記史における音仮名表記は、大陸の漢字文献に習って先ず固有名詞において実現した。黎明期に属する金石文などの日本語は固有名詞以外の音仮名を見ることはまずない。しかし、そのことがすなわち、人麻呂以前に一般語彙を音仮名で書くすべを持たなかったことの説明になるだろうか。現に、古体歌では音仮名書きの概念語が二十例近くあるし、助詞も「乎《を》・波《は》・能《の》・四《し》・我《が》・恵《ゑ》」と六種類の音仮名書きを見るではないか。人麻呂以前にほんとうに音仮名表記はしなかったのか。

例えば、魏志倭人伝に見える日本の官職名らしい「卑奴母離《ひなもり》」は外国人による借音表記だが、これは「僻地守《ひなも》り」と解釈できると言われる。人名も同様で、埼玉県稲荷山古墳出土の、五世紀末の製作かと見られる鉄剣銘文の「意富《おほ》比垝《ひこ》」は、形容詞語幹「大」と名詞「彦」と解釈できる。国名「信濃」は、古事記の「科野」が古いようだが、これはシナの木の多い野という起源を語っているのであろう。このように固有名詞のほとんどは一般語彙に還元できるのだから、固有名詞の仮名書きが可能ならば、一般語彙の仮名書きも可能な道理である。この二者の間に越えがたい壁を想定するのは窮屈に過ぎよう。こんな当然のことが、人麻呂表記論においては人麻呂の偉大さを称える余りに無視されてきたのではないか。

固有名詞以外の日本語の表音表記はいかなる時に求められたか。従来言われてきたように、呪言・枕詞のたぐい、そして歌である。これらは言葉の形こそ命だから、音形そのままに書き留められる必要があった。大陸から文字を学んで以来、長いあいだ日本では文章は漢文で書くことが当然であった。黎明期の文章で今日まで残ったものは極めて乏しいが、それでも文章の和化の程度をさまざまに語ってくれる。ただ、それらの遺文は散文で、歌を表記したものは現在のところ伝えられていない。よほどのことがない限り、歌を書き留めることはなかったのであろう。多くの歌は音声によって相手に届けば消えてもよかったので、大切な歌は音数律と枕詞・序詞を手がかりに記憶されたに違いなく、あえて文字に記録する必要を認めなかったのだろう。しかし、人麻呂以前にも歌を表音表記しようとすればできただろうと思う。だからこそ、古体歌にも音仮名による表記が散見されるのである。人麻呂は先行するその表記から取り入れたと解釈するのが最も自然である。

今、わたしたちは黎明期の資料にそれを持たないことはすでに述べた。したがって、あとはいくつかの状況証拠に頼るほかはない。新しい材料を呈示せずに述べなければならないことは心苦しいが、まず、法隆寺五重塔の天井組子から発見された「奈尓波都尓佐久也己」の墨書を挙げる。この塔の完成の下限とされる和銅四年以前の工人による落書きと見うることは動くまい。とすると、遅くとも八世紀初頭の工人が歌をこのように書きえたことになり、それ以前に広い範囲にわたる万葉仮名の普及が想定されるだろう。もっとも、下限の時から見ても、天武天皇九年は三十年の昔だから、その間の普及を考えれば、これが証拠として弱いことは否めない。

二つめはもう十九年前のことになるが、滋賀県教育委員会が調査中の北大津遺跡で発見された一枚の木簡である。近江京跡とおぼしい場所から出土した七十センチほどの長さの木簡は、何かの経典に関わる音義らしいという。わたしはこれを朝日新聞（1974.5.23 広島版）の報道で知ったが、林紀昭・近藤滋（1978）報告の図版と釈文から、読める部分について本稿に関わる二箇所を引くと、一つは「賛」の下に二行書きで「田須／久」、もう一つは「誈」の下に二行書きで「阿佐ム／加ム移母」とある。「賛」は「助」でタスクの訓は明らかだし、「誈」は「誣」に通ずるらしく、原本玉篇を初めとする古字書の「誣、欺也」の訓詁によって、訓注は「あざむかむやも」と読める。訓仮名「田」と音仮名「須久」の交用、古い万葉仮名「移《や》」と略体仮名「ム」の共存、清音仮名「佐」を濁音に当てることなど、実用的な表記の実態をうかがわせて興味深い。いかなる文脈から取られたのか知らないが、「あざむかむやも」が反語表現だとすると、「やも」という反語の表現は已然形から続いて「めやも」となるのが一般ゆえ、「むやも」は異例となる。文章というには余りにも短い断片であるが、近江京時代にすでに一般語彙の仮名書きが行われていたことの傍証にはなる。

最後に、文章の形で残ったものを挙げよう。東野治之（1993）が既に引いているが、粕谷興紀（1978）が日本書紀私紀甲本の安康天皇条に見いだして『帝王紀』の逸文とした、大草香皇子事件に関わる「帝王紀文」以下の数十字の本文と傍書である。粕谷氏の言うように、「帝王紀」は、古事記序文の「帝紀及本辞」、日本書紀の天武天皇十年の「帝紀及上古諸事」、欽明天皇二年の「帝王本紀」にほかならないだろう。当該箇所は書写の間に生じた誤脱錯乱が多いが、脱字を中黒点で示して粕谷氏による読みを記すと、「・茸日下《くさふくくさか》之《の》宮《みや》尓《に》草 枕《くさまくら?》手陀波斯賣乃基等久枳許由流比加《たはしめのごとくきこゆるひかか》、者《は》…」「血酔而南西流加和奈摩豆能久罯支流基等文比加々・久罯支良牟《ちゑひてなせるかりなまづのくびきるごとくひかかがくびきらむ》」となる。唇内韻尾の字「南」の用法が疑わしいが、「日下」の表記の古さは古事記の序文にも述べられていることもあり、万葉仮名には推古朝以来の「西《せ》」、後には用いられなくなった「支《き》」が見える。

これらの資料によって、わたしは、人麻呂以前に歌の仮名書きが有りえた蓋然性を主張するのである。第一節の初めにわたしは、古体表記から新体表記へ、そして作歌の表記へと変遷したことを、人麻呂という一個人の表記に限って認めようと書いた。いま、それを踏まえて萬葉集だけについて、次のように図式化できようか。

〈柿本人麻呂関係歌〉　古体表記──→新体表記──→作歌表記──→

〈萬葉集の一般の歌〉　仮名表記──────────────→
　　　　　　　　　　　　　　……………常体表記───→

点線は試行期間を表わす。言わんとするところは、古体表記に先行して仮名表記を認めることと、常体表記の始まりをかなり早く認めることである。

七　人麻呂歌集と萬葉集の記定

柿本人麻呂があえて古体歌のような表記をしたのはなぜか。

木簡学会第八回研究集会で稲岡氏が「木簡と表記史」と題する招待発表をしたとき（1986.12.6）、わたしも会場にいた一人である。講演の趣旨は、森ノ内木簡の表記の位置付けと柿本人麻呂による歌の表記法創案の努力にあった。この時、司会者がわたしに質問を求めたので、かねて疑問に思っていた人麻呂作歌の一つの表記について尋ねた。

54　物乃部能《もののふの》　八十氏河乃《やそうぢかはの》　阿白木尓《あじろきに》　不知代経浪乃《いきよふなみの》　去邊白不母《ゆくへしらずも》（3-264）

人麻呂は何ゆえに結句を「不知」とせず、「白不」のごとき奇態な表記をしたのか、と。稲岡氏はもう忘れてしまったかもしれないその回答は、これも人麻呂の表記法創案の努力の一過程と考える、というものであった。わたしはそれに納得できず、長いこと気にかかっている。人麻呂の作歌表記に比べてもこれは明らかに異質である。類聚古集が異文をもつので本文の損傷も考えられるが、これが萬葉集原文を伝えているとすると、「阿白」の「白」が上代特殊仮名遣の違例であり、「白不」は古体歌以来の人麻呂の表記からは考えられない異様なものである。後者は第四句の「不知」と重なるのを避け、合わせて波頭の白さを篭めた一種の遊びではないか。これを人麻呂自身の表記と見るなら、日本語表記史の一大画期に繋がると見なすことはできない。なお、萬葉集で否定辞の「不」を動詞の下に書くのは、わたしの知る限り、ほかに「常不《つねならぬ》」（7-1345）があるだけである。

右に記したように、わたしは人麻呂の表記に余裕あるいは遊びを見る。右のほか、「葉茂山辺《しげきやまへに》」（1289）、「幸命在《さきくあらば》」（1895）では余分な文字を加えて語義を明示し、「丸雪降《あられふり》」（1293）でいわゆる義訓を用い、「秦不経《はだもふれずて》」（2399）「妹　経者《いもにしふれば》吾与経《わにもふれこそ》」（2858）では、その根拠はまだ明らかにできないが、動詞「触る」を「経」で書くなどがそれである。彼は当時すでに可能であった音仮名による表記も、あるいはもう試行が始まっていたかもしれない常体表記も、その平凡さゆえに避け、豊かな漢詩文の教養を生かして、最も経済的な表記をあえて試みるという実験をしたのであろう。

以下の訓が的外れでなかったら、足沾（ナヅサフ）、意遣・意追（ナグサム）、惻隠・心哀（ネモコロ）、無乏（スベナシ）などの表記は、言葉を分節できなかったのではなく、あえて分節を拒否したのであろう。また漢字の機能を十分に発揮させる様々の試みもしたようだ。「霞　被《かすみたなびき》」（2426）で「たなびく」に当てた「被」を、雨が一面に降るさまに当てて「小雨被敷《こさめふりしく》」（2457）と書いたり、「風所見《ほのかにみえて》　去子故《いにしこゆゑに》」（2394）では、わずかに姿を見せて風のように去った人を表現したり、「恋為来《こひしくの》　食永我《けながきあれは》」（2334）では、恋しい思いをしつつ日数を過ごして来たことを「為来」の文字にこめたりしているのである。古体歌のテニヲハ表記が特に複雑なのは、既に述べたように大まかな原則は立てたが、それが流動的であったからであろう。

　さて、人麻呂歌集記定の経過を考える段階になった。稲岡氏の古体歌の「在／有／為」に関する表記原則、ここでは取り上げなかったが渡瀬氏の「者」に関する表記原則はたいそう複雑である。歌集の歌が人麻呂自身の作であれば、自分の立てた表記原則でそのつど書き留めていけばいいのだから、さほど問題はないが、これが他人の作や民謡のたぐいも含んでいるとしたら、容易ではあるまい。ここでは、どうしても人麻呂以前の表記を想定せざるを得なくなる。人麻呂が天武朝に出仕して民謡採集に携わった成果が歌集だとする考え方が古くからあった。特に古体歌には民謡性や集団歌謡性も指摘されるが、かりにそうであっても、歌集の歌すなわち民謡と言えないことは、巻第十四の東歌を見れば分かる。特に短歌は民謡そのものではなく、ある種の変形がなされているのだろうが、その作業の初めから古体表記で書き留めていったと考えるのは現実的ではない。まず正確に書き留め、後に彼の表記原則に従って書き改めたことになろう。ならば、最初の記録は何によったかと考えると、どうしても仮名表記を想定せざるを得なくなる。古体歌記定の経過をこのように考えると、音仮名表記を前提とする方が自然に解釈できるのである。

　次に、萬葉集歌の記定を考えてみる。人麻呂を遥かに遡る時代の歌、例えば巻第一の雄略天皇歌や巻第二の仁徳天皇時代の歌などは、どのみち伝承歌なので記載の方法は問題にならない。口から耳へと伝えられてきたものを編纂時に文字化したに違いない。その他のいわゆる萬葉集の時代に入ってからの歌について、古体表記先行のたちばでは異議のあるところであろうが、特に巻第四までの古撰にかかる巻については、本稿のたちばでは特に問題はない。編纂に当たって当時主流の意字主体表記に書き換えたと考えればよい。その中にあって人麻呂歌集の新体歌は書き換える必要はなかっただろうが、古体歌も筆録当時の表記を伝えているとするならば、それは、一面では編纂時における人麻呂への厚い崇敬の念が書き換えをためらわせたことを示し、他面ではこの表記がもう当時の人々には正確に読めなくて、書き換えのすべがなかったことを示すのであろう。

長々と述べてきたわたしの見解は、古体と新体の交錯する時期を想定する点で橋本氏に、音仮名表記が早く行われたのではないかという点で浅見徹（1992）、東野氏のたちばに近く、さらには毛利正守（1992）に若干近いと言えるかも知れない。今や強固な要塞のごとき稲岡氏の立論の一部に盾突いてみた本稿だが、有効であったかどうか、はなはだおぼつかない。歌でも散文でもいい、確かに仮名書きした七世紀の木簡が一枚出土したら決着する問題なのだが、それまではなお思索を重ねなくてはなるまい。

文　献（必ずしも初出ではない）

浅見　徹（1992）「書評　稲岡耕二著『人麻呂の表現世界――古体歌から新体歌へ――』」（『國語と國文學』第69巻7号）
阿蘇瑞枝（1956）「人麿集の書式について」（『萬葉』20号）
（1972）『柿本人麻呂論考』（桜楓社）
稲岡耕二（1968）「人麻呂歌集略体・非略体の先後」（『國語と國文學』第45巻5号）
（1975）「柿本人麻呂の表記の展開――「将」字の用法から――」（『國語と國文學』第52巻8号）
（1976）『万葉表記論』（塙書房）
（1990）「初期万葉歌の文学史的位置付け――その前記載的性格をめぐって――」（『上代文学』65号）
（1991）『人麻呂の表現世界――古体歌から新体歌へ――』（岩波書店）
沖森卓也（1989）「万葉仮名交じり文の成立」（『立教大学日本文学』62号）

粕谷興紀（1978）「大草香皇子事件の虚と実――『帝王紀』の一逸文をめぐって――」（『皇學館論叢』63号）

木下正俊（1974）「終助詞『なむ』の反事実性」（『國文学』50号）

工藤力男（1973）「上代形容詞語幹の用法について」（『國語國文』第42巻7号）

（1988）「孤字と孤語――萬葉集本文批評の一視点――」（『美夫君志』36号）

後藤利雄（1961）『人麿の歌集とその成立』（至文堂）

東野治之（1993）「日本語論――漢字・漢文の受容と展開――」（『新版　古代の日本』第一巻　角川書店）

橋本達雄（1975）『万葉宮廷歌人の研究』（笠間書院）

林紀昭・近藤滋（1978）「北大津遺跡出土の木簡」（『滋賀大国文』16号）

毛利正守（1992）「万葉集総論　Ⅰ〈平成三年国語国文学界の展望（Ⅱ）　上代〉」（『文学語学』136号）

渡瀬昌忠（1989）「人麻呂歌集略体歌の助辞表記――文字化と読添え――」（『萬葉』131号）

（1990a）「人麻呂歌集略体歌の助辞表記（続）――文字化と読添え――」（『萬葉』135号）

（1990b）「人麻呂歌集略体歌の助辞表記（完）――文字化と読添え――」（『萬葉』136号）

（1990c）「人麻呂歌集略体歌と額田王歌原形の助辞表記――確定条件の接続助詞「ば」の文字化と読添え――」（『上代文学』65号）

（1991）「人麻呂歌集略体歌における接続助詞の表記をめぐって――「雖《ど・ども》」「者《ば》・バ」「テ」の文字化と読添え――」（『萬葉集研究』第18集）

補　記　67ページで、50の歌に関していささか辞句を加え、51の歌に関する記述からいささか辞句を削った。本篇は、千九百九十四年六月発行の『萬葉集研究』第二十集（塙書房）に掲載された。

古事記は人麻呂歌集に後れたか
——古代日本語表記史の問題——

はじめに

日本語表記史における柿本朝臣人麻呂の位置づけをめぐる稲岡耕二の見解[1]に対して、かつてわたしは一つの異見をのべた。[2]それは、人麻呂の歌集歌と彼の作歌の表記を、稲岡が古体→新体→作歌という流れで捉えることは認めながら、それがそのまま日本語の表記史にはならないのではないか、という疑問であった。古体歌における助動詞の文字化、例えば「在」の有無に積極的な意味を認めようとする稲岡の解釈について、それではかえって歌の命が弱まるものがあることを指摘した。また、それほど厳密な表記原則をたてたにしては混乱しているようにみえる、助詞「つつ」の表記などを指摘した。あるいはまた、「物乃部能八十氏河乃阿白木尓不知代経浪乃去辺白不母」（二六四）の「白不《しらず》」などは、稲岡のいうような、歌を漢字で表記するための苦闘とは異なる、彼の文字に対する遊びなのではないか、とものべた。そして、かかる表記のありようは、人麻呂個人の営みにとどまったのではないか、としたのであった。

稲岡の説と私見との違いは、次のようにまとめられようか。人麻呂は「歌」の仮名表記を拒否したのであって、書けなかったのではない、とするのが私見である。それに対して、稲岡は、仮名で書けるか否かは問題ではない、人麻呂は「歌」を仮名では書かなかった、その事実が重要なのだ、という。つまり、稲岡は、人麻呂がめざしたのは訓字をもって歌を書き記すこと、［総訓字表記志向］[3]なのであって、拙論の［仮名を交えた歌謡の存在］とは直接にかみあわない議論なのであった。

右の拙稿にも木簡出土への期待をのべたが、西條勉は、「古代史の常識が次々にくつがえされる近年の遺跡調査を目の当たりに見ていると、そのような仮説を裏付ける木簡等の文字資料が発掘される可能性も強いように思われる。[4]」とのべている。東野治之は早く、拙稿にもひいた滋賀県の北大津遺跡から出土した音義木簡の意義について、私見に近い見解をのべていた[5]。それに対して稲岡は、「北大津の木簡のような字書的木簡がどれほど多く出土したとしても、それによって日本語を書き表す方法がずっと以前から幾つも出来あがっていたなどと考えることはできない[6]。」という。これに似た言説は他の論者にもみられる一方で、右の西條のような反論もみられるのである。

かくて、議論の焦点は、物証から状況証拠に移ったことになる。その状況を古事記との対比に求め、古事記は人麻呂歌集の簡略表記に後れるかいなかを考えてゆこうと思う。

一　古事記上表文の検討

日本語表記史の最重要文献ともいえる『古事記』の撰者太安萬侶は、人麻呂に劣らぬ評価をえている。その名誉の根拠となる古事記上表文について、原典の文字の再現にはさして大きな対立がないが、その内容の解釈の違いは一向に収斂するきざしがみえない。文字明瞭・意味不明ともいうべき不思議な文章である。特にその撰録・編纂に関わる部分、すなわち「於是天皇」から「随本不改」に至る箇所については議論がたえない。そこを読むことから本稿を始めたい。初めに当該箇所の前半を段落にわけ、記号をつけて掲げる。

Ａ　於是、天皇詔之、朕聞、諸家之所賷、帝紀及本辞、既違正実、多加虚偽。当今之時、不改其失、未経幾年、其旨欲滅。斯乃、邦家之経緯、王化之鴻基焉。故惟、撰録帝紀、討覈旧辞、削偽定実、欲流後葉。時有舎人、姓稗田、名阿礼、年是廿八。為人聡明、度目誦口、払耳勒心。即、勅語阿礼、令誦習帝皇日継及先代旧辞。然、運移世異、未行其事矣。（中略）

Ｂ　於焉、惜旧辞之誤忤、正先紀之謬錯、以和銅四年九月十八日、詔臣安萬侶、撰録稗田阿礼所誦之勅語旧辞、以献上者、謹随詔旨、子細採摭。

論点は十数箇条に上るが、それを逐一検討する余裕はない。一箇条を詳論するにも一篇の論文を要するものもある。大事なことは、上表文全体を通して最も自然な解釈、齟齬の最も小さい解釈に到達しているものは何か、ということである。その視点で研究史を通覧して到達した結論は西條勉の解釈[7]である。その論を以下に要約する。

諸家のもつ帝紀・旧辞の提出を求める天武天皇の詔は、天武紀十年三月条の「帝紀及上古諸事」の記定後に発せられた。諸家所賷《しょせい》本すなわち宮廷に提出された本には事実に違うことが多く含まれ、虚偽が加えられていた。そこで、正統の「帝紀を撰録し」「旧辞を討覈《とうかく》」しようと稗田阿礼に誦習させたが、「未行其事矣」、すなわち事が行われぬうちに天皇は没した。元明天皇の世になっても事態はかわらなかった。和銅四年九月十八日、太安萬侶に命じて阿礼の誦習した勅語旧辞を撰録して提出させた。

未完成台本や未討覈資料を誦習させることは事実に反する。阿礼が誦習したのは記定本である。その誦習は、原資料の読みときは含まず、誦の中心はあくまでも節づけのよみにあった。「おもしろきところをおもしろくよむのが誦なので」「誦まれるべきものはより完成度の高いテクストで」ある。「誦」とは、〈文字から目を離して節づけで吟詠する〉ことで、それの反復訓練が「誦習」にほかならない。「撰録」の「撰」は、資料をなんらかの基準で取捨選択することで、「子細採摭」と不可分になる。「録」は、選んだものを記して書物にすることで、「撰録」は、帝紀系と旧辞系に分離している文献の体裁を、一定の方針で一つの書物に組織し直す作業である。その際、統合を滑らかにする補筆はあったとしても、原文の修訂は原則的に行われなかった。

以上が問題箇所の前半についての西條の解釈である。この解釈によると、ほぼ矛盾を感ぜずに理解できる。続けて、日本語文章史上・表記史上さらに重要な後半をみよう。

C　然、上古之時、言意並朴、敷文構句、於字即難。已因訓述者、詞不逮心。全以音連者、事趣更長。是以今、或一句之中、交用音訓。或一事之内、全以訓録。

D　即、辞理叵見、以注明、意況易解、更非注。亦、於姓日下、謂玖沙訶、於名帯字、謂多羅斯、如此之類、随本不改。

Cについて、西條はまず、「已因訓述者」「全以音連者」の「者」には、仮定条件（…スレバ）、既存の形態（…モノハ）、二とおりの訓解があること、この一文の主格は安萬侶であって、末句が〈訓ヲ以テ録シヌ〉とよまれていることを指摘する。

Dの接続詞の役割をなす「亦」に着目して、西條は次のようにいう（原著の記号の部分を古事記本文に戻して掲げる）。

> 「亦」の正格なはたらきに基づいて文脈をたどってみると、「是以今…更非注」から「亦…随本不改」への流れは《…マタ…モ》というように、順接的な並列関係で展開されているはずである。すると、「是以今…更非注」の施注に関する記述は、「随本不改」と意味のうえで並行することになるので、施注行為は原資料を書き改めない

ということと相呼応する内容となろう。

すなわち、当該箇所は《亦、姓ニ於テ…如ノ此キ類モ、本ノ随ニ改メズ》と読むべきだというのである。この発言は、先行する「是以今、…全以訓録」も覆っている。

《今は音訓交用や全訓の表記が行われている》といったように、ただ表記法の現状を一般的に述べたにすぎない文意に読み直すことができるはずである。／《上古の時代はことばが素朴で全訓でも全音でもうまく表記しにくい。それで現在は、そのことばを音訓交用ないしは全訓で記している》という趣旨となって、構文と意味がしっくりとかみ合う。通説では、ここに記される表記法をあたかも安萬侶の創出になるかのような解を与えているが、右の読みに従えば、その不自然さもなくなる。それに合わせて訓みも〈是ヲ以テ今ハ…録セリ〉と改められるべきであろう。つまり、そこに述べられているのは、「漢字で日本語をうつすとき、当時の識字層の人びとが、共通にいだいた悩みにもとづくところの、むしろ汎例であった」とみるべきなのである。

右の鍵括弧の部分は、亀井孝他『日本語の歴史　2　文字とのめぐりあい』からの引用である。この言説の意味するところは大きい。すなわち、Cの「者」には、仮定・確定、二つの条件の訓解が対立するからである。この箇所は、亀井孝が指摘するように、宣長も決定を保留した[8]。なのに、いずれでもそう大した違いはないが、安萬侶の辛苦を思うと、述ブレバとよみたい、というのんきな発言もある[9]。近年はこのように問題意識が薄くなって、その違いを自覚しない論者も少なくない。その実例のひとつ、「者」を「～タルハ」と訓読する最新の注釈書によって、その現代語訳をひいてみる。

上古においては、言葉もその意味もともに飾り気がなく、どのように文字に書き表したらよいか困難なことがある。すべて訓を用いて記述すると、文字が言わんとするところに届かない場合があり、すべて音を用いて記述すると、長々しくて意味がとりにくい[10]。

訓読と訳とのずれは明らかである。上古の言葉もその意味も飾り気がないというが、安萬侶がそう判断した対象がどこに存在したかには、言及していない。もしそれが稗田阿礼の脳裏に存在したというなら、帝紀や先辞を初めとする文献は無視されたことになる。

この問題を明確に意識した神田秀夫は、次のように解釈していた[11]。

これまでに筆録された旧辞の文体には大体二通りございますが、事がらの意味をとつて話の筋を伝へることを主にしたもの（因訓述者）は、心情がよく表はせず、舌足らずな憾みがありますし（詞不逮心）、伝承の口語の音声をそつくり残さうとしましたもの（以音連者）は、長たらしくて、事がらの説明がてきぱき運ばない嫌ひがあります（事趣更長）。

亀井、神田の解釈の流れにある西條は、まとめとして次のようにいう。

安萬侶は撰定した資料の文章をそのまま書き写しつつ、それに音注と訓注を施していった。そのさい施注の必要が生じたのは、上表文に「辞理叵見」とあるように、原資料の表記が当時にあってはいん（ママ）ぶん訓みにくくなっていたからにほかならない。

安萬侶の明確な表記意識によって書きおろされたという、古事記の成立に関する素朴な信念のような通説を明快に否定したのである。かくてわれわれには、西條の説を検証する課題がつきつけられたのである。

二　西條の説の検証

安萬侶による書きおろしを否定する西條の説を、いくつかの視点で検証する。

初めに、〈用字の一貫性〉をあげよう。この書物がわずか千六百余種の漢字で書かれていること、それも仮名用と訓字用とにわかれていることが、暗黙の内に安萬侶書きおろし説のうけいれられる下地になっていた。その訓字について西條は、小林芳規の「古事記音訓表」(12)などによって、書記用の常用漢字に基盤をおくというたちばにたつ。換言すると、用字の一貫性は筆録者独自の個人的な意識によるのではなく、社会的な意識であったというのである。かつてわたしも、一元説の立場からではあるが、安萬侶も時代と社会から自由ではありえなかった、とかいたことがあり(13)、西條の指摘に共感するものである。ただ、小林が常用漢字というとき、その時期は、安萬侶が古事記を撰録した和銅年間のころを含意したと考えられるのに対して、西條の解釈では天武朝期をさしているので、多元説ではあっても、この時代の差を無視してよいか、という疑問は残る。

次に〈施注〉をみよう。本文と音訓の注との関係を、西條は考古学の用語をかりて「層位的な関係」にあるとしている。古事記本文を文武朝の成立とするので、両者を同一平面で捉えることは許されないというのである。まず、五十にみたない訓注が、誦習者と施注者の密接な連携下になったと考えることに不都合はない。しかも、施注文字の選択は撰録者の判断によるところが多く、本文の書き手と同一視しないことで、古事記訓注のありかたが透明になる。かくして、西條の説は肯なうことができる。

問題は、「讃岐讃岐二字以音」などとみえる、音読みを指示する注である（〈音読注〉とも称されるが、本稿では〈以音注〉の称を用いる）。三百個ほどみえるこの以音注については、しばらく西條の説を離れて、これを初めて包括的に考察した毛利正守の解釈(14)をみよう。毛利の結論を整理し直すと、次のようになる。

原古事記（序文に「本」とあるもの）に、神代紀上の「齚然咀嚼」のような文字で書いてあり、甚だ解し難かったので（語形が正確につかめない、あるいは清濁不明等を含む）安萬侶が「佐賀美迩加美」とわかりやすく書きかえた。中巻の「不平坐良志」では、原古事記にこの「良志」がなかったのを安萬侶が付け加えた。そのように自分のとった態度を明記するものである。

この鮮やかな論断に対する直接の批判のうち、のちに毛利によって反論された、「そのようにかきしるされたものに対して、音読か訓読字かの別を各文字ごとに指示しなかったならば、まったくよみとけないものになってしまう。」のような勇み足の発言を含むが、小松英雄の論が、全体として有効な批判である。[15]

小松はまず、「宇士多加礼斗呂々岐弖此十字以音」「佐和佐和迩此五字以音」などの擬態語をあげた。もしこれが付け加えなら、撰録者が相当に自由な態度で〈原古事記〉に臨んだことになるし、書き替えであったとしても、もとの訓文字を推定することは読者に思いも及ばなかっただろう、という。小松の批判は鋭い。以音注の被注語三百余の内訳は、右のほかに「蹈登杼呂許志」「和那那岐弖」など象徴詞を含む語、「我那勢命」「和礼」「伊賀所作仕奉」などにみえる代名詞、「在祁理」「吐散登許曾」「白都良久」などテニヲハにわたる。これらの語形を訓字表記からひきだすことは相当に難しいと考えるからである。稗田阿礼が伝承をうけつぐ語り部ならともかく、文献に対して「目に度れば口に誦」んだ人であった。毛利の説は成立しにくい、とわたしは考える。

毛利の説にはもう一つ問題がある。例えば、七百字ほどの本文による黄泉国の段で、同一の語「よみ／よも」が十一回現われる。その四つめだけが以音注をもつ「予母都志許売此六字以音」であり、その他は「黄泉」と訓字表記されることである。毛利のいうように太安萬侶が分り易くかきかえるとして、「しこめ」だけなら分るが、「よも」までそうする必要は考えられないからである。いかにも整わない不統一の印象拭い難く、これが果して撰録の名に値するだろうか。

この点については、別の角度から一つの結論に達した木田章義の解釈がある。[16] それによると、古事記編纂のために集められた資料群には、欽明紀二年三月条の割注に「帝王本紀多有古字…」とあるように、読みにくい文字や意味不明な所があったと思われる。それを整理したとき、〈以音注〉がつけられた、というのである。「風木津別之忍男神」「神度劒」「苅幡戸辧」など、むべなるかなと思わせる論である。その段階で以音注がつけられたとしても、訓注と同じレベルで意味のとりにくい箇所があるとは限らないので、奏覧本に残す必要があったかという疑問が残る。それについて木田は、以音注は最終的には削られるべきものであったが、現在みるように残っているのは、これが草稿だからなのだという。しかも、複雑な様相を見せる以音注は、原資料を複数の人間が読解したゆえの結果だ、という木田の解釈はたいそう魅力的である。

西條は、毛利、木田の説を高く評価しながら、そもそも同一のテキストに、なぜ以音注と訓注が併存するのかという素朴な疑問を素通りしていると批判する。そして前節末に引いた結論、安萬侶は本文そのものには手をつけていないというのである。以音注と訓注が併存する理由はそれで説明がつく。だが、右に一例としてあげた、ひとつ言葉「よみ／よも」の辞理が、なぜ見えたり見えなくなったりするのだろう。これが解けないかぎり、古事記上表文の解釈に有終の美を飾ることができない。とはいえ、これを解く鍵をわたしはもたず、西條の説を否定する材料もない。ここでは、これを認めるよりほかに術はないだろう。

三　古事記の原表記を探る

古事記の〈用字の一貫性〉のうち、次に仮名について考える。古事記の仮名が比較的よく整理された景観を呈することは、既にいわれていることだが、微視的にみるとなお残る疑問を考えておこう。

まず、推古遺文にみえて、古事記にはみえない仮名、「支《キ甲》　義《ゲ乙》　己・巨《コ乙》　止《ト乙》　未《ミ乙》　利《リ》　里《ロ乙》　乎《ヲ》」がある。これについては次のような説が提出されており、おおよその見通しがつけられる。犬飼隆は、歌謡の万葉仮名は書きおろされた側面が濃厚であるとしている。(17) その内部、歌謡の字母まで統一したのは安萬侶の所為とする見方に対して、倉塚曄子は、歌謡の使用字母に、旧字種「加・爾・斯」と、新字種「迦・迩・志」の対立があること、それが天皇段ごとに偏っていることを明らかにした。(18) これは、編纂にあたった史局の担当者の違いに帰せしめることができるが、西條の解釈に重ねると、天武十年詔による「帝紀及上古諸事」「大島・子首、親執筆以録焉」に関わるのではないかということになる。

類似の現象は「ヲ」の仮名にもみられる。すなわち、「袁」「遠」の二種の仮名のうち、「遠」は、八千矛神をめぐる第二ないし六番の歌謡群に限って用いられていることを、野口武司が明らかにしている。(19) この事実をもとにして野口は、「現行本『古事記』に見る如き一字一音の歌謡表記法が『古事記』の最終編者たる太安萬侶によって創出されたとする見解は否定されねばならない」とまで言っている。

歌謡に用いられた仮名のうち、使用頻度の極めて低い特異字母に注目した論考がいくつかある。第七番歌謡の句「曾迩奴棄宇弖」において、一般的な「岐」ならぬ「棄」が出現していることについて、亀井孝は、先行文献に「曾迩脱棄而」と書かれていた可能性を考えている。(20) この推定によると、句の前半は仮名表記、後半は意字表記である。また、「菅」を詠みこんだ第六十五番歌謡「矢田の　ひともと須宜は　立ちか枯れなむ　あたら菅原　ことをこそ　須宜波良と言はめ　あたらすがしめ」（傍線部は原表記）に、「宜」が、ゲ乙類とガの仮名として共存していることがある。これについても亀井は、原資料の文字使いが残ったかとしている。「宜」は、推古遺文における「ガ」の主要な仮名であった。瀬間正之も、歌謡の表記は一元的なものではないという視点から、本文と歌謡との仮名の使い方の違いに注目し、古事記以前の部分と安萬侶の用字の介入した部分とにわける。そして、一字一音式の歌謡の表記が古事記以前にも行われていた、[21]という。

かくて、古事記の歌謡が、もとの文献には仮名や正訓字を含む表記で書かれていたことは動かない、とわたしは考える。それは当然、共通歌を有する日本書紀の歌謡にもいえることである。尾崎知光は、歌謡について、いずれも文字で伝えられ、異伝のあったことは、日本書紀雄略四年の歌詞中に、「一本」として異文を載せていることによって証せられるという。[22]その異文は、二十五句の内の七句、四十一音節に及ぶのである。

以上、対象を歌謡に絞って考察したが、外堀もうめる必要がある。それは祭式の詞である。まず、古事記清寧天皇段、新室の楽の条に、億計王の「詠《ながめごと》」の詞がある。

物部之　我夫子之　取佩　於大刀之手上　丹画著　其緒者　載赤幡　立赤幡見者　五十隠　山三尾之　竹矣訶岐
此二字以音苅　末押縻魚簀　如調八絃琴　所治賜天下　伊邪本和気　天皇之御子　市辺之　押歯王之　奴末

著しく和化した文章表記で、「い隠る　山のみをの　竹をかき刈り　末押し縻かすなす」とよまれている傍線部には、いわれるように借訓表記がみえる。古事記の撰録時にかかる特異な表記をする必要はないので、これは原資料の姿を伝えると考えられる。

日本書紀顕宗前紀には、天皇の室寿《むろほき》の詞がみえる。それは、「築立稚室葛根、築立柱者、此家長御心之鎮也」で始まり、その後半には、①「美飲喫哉」、②「脚日木此傍山」、③「牡鹿之角挙而」、④「手掌憀亮」、⑤「倭者彼々茅原」などがみえる。①と④は漢文さながらの文字面で、それぞれ「うまらにをやらふるがね」「たなそこもやららに」とよませる訓注がある。②には枕詞が、⑤には地名が、ともに語義を表わすとは考えがたい訓字で書かれている。③の

「牡鹿」にも「さをしか」の訓注がある。①と④は書き替えられたのちの文字、②③⑤は原資料の文字に近いとみられる。①と④の原表記は、語形をかなり正確に写していたからこそ、漢訳もしえたし、訓注もつけられたのだと思う。

播磨国風土記、美嚢郡志深里の条に、村の首、伊刀尾の新室の宴における弟皇子ヲケの「詠辞」を伝えている。

多良知志　吉備鉄　狭鍬持　如田打　手拍子等　吾将為儛

淡海者　水渟国　倭者　青垣　青垣　山投坐　市辺之天皇　御足末　奴津良麻者

前二者と異なり、和文の語順をはみだした箇所は少ない。原資料の姿を推定する手がかりは多くないが、冒頭、枕詞の仮名書きが、あるいはそれかと思われる。また、「山投」は後の「大和」にあたると解釈されており、風土記撰録時の表記とは考えられない。やはり原資料の文字が残ったものだろう。

奈良時代の三大文献に、同一の室寿の条が記載されているわけである。古事記の歌について、新編日本古典文学全集本は「原資料の表記を受けついだものらしいが、この歌のみ例外的表記を取る理由は不明」と注するのは、他の歌謡とは異なって、仮名表記していないことをさしている。同全集本の日本書紀は「寿詞《ほき》《うた》で歌謡ではない。歌謡は一字一音表記」と注している。

以上の室寿の詞のほかに、今一つ、古事記上巻の国譲りの条に、天の御舎を作った火鑽《ひき》りの寿詞がある。九十三字からなる詞の中に、訓注のある語「凝烟《すす》」「鱸《すずき》」、以音注のある語「八拳垂摩弖《まで》焼挙」「佐和佐和迩《さわさわに》」「登遠ゝ登遠ゝ迩《とををとををに》」がみえる。ほかに仮名書き語「登陀流《とだる》」、五音句らしい「栲縄之」「口大之」「折竹之」がある。歌謡ではないが、明らかに散文とは異なる形式の表現を残すべく工夫された表記とみられる。二つのオノマトペは、先にひいた小松英雄の論文にもあげられたものである。どこまでとはいえないが、原資料をかなりよく残しているのであろう。

歌謡以外の本文についても、主に固有名詞ではあるが、記紀の原資料に借訓表記の存在した可能性が指摘されている。例えば、神代紀「天糠戸（あまのぬかと）」は「天粗砥（あまのあらと）」の誤読による、とした大野晋の解釈がその一例である。[23] 日本古典文学大系本の日本書紀では、用明天皇の皇女酢香手姫皇女（用明紀）を、古事記に須賀志呂古郎女とするのは、「須加代」などとあった原史料の「代」をテとよまずにシロと誤読したのだろうとする。古事記応神天皇段、「多遅摩比多訶《たぢまひたか》」について田中卓は、古事記の虚空津日高を手がかりに、「日高＝ヒコ」であって、「但馬彦」なる人物ではないかという。[24] 仮名を誤読したというのだ。

なお、訓注・以音注の仮名「モ」における上代特殊仮名遣甲乙類の書き分けは、稗田阿礼が撰録に際して誦した発音に残っていたと解すべきものである。

四　古事記から人麻呂へ

前節の記述をふまえると、次のような道筋がみえてくる。

古事記に流れこんだ原資料の表記法としては、漢文ないし和化漢文による散文と、語形をほぼ正確に写した歌謡を両翼に、その中間に寿詞類があった。歌謡は形式の固定には至らなかったが、五七音を基本としたので、句の切れ目を利用して語形が捉えやすかった。そこで、意字・訓仮名・音仮名も含む表記がなされていた。寿詞類も語の音形を伝えることを重んじはしたが、不定型ゆえに、歌謡よりは語句を分節して理解を容易にする表記をめざしながら、仮名書きはめざさなかった。

文体による表記の違いは、七世紀以前の金石文から窺いしられる。子孫の吉祥を祈り、祖先の功績を遺すための文章を書くには、注意しさえすれば、決まり文句を訓字だけで、日本語の語序に従って書くこともできるのである。歌のばあいはそれが難しいのではあるまいか。おりおりの思いを吐露した歌を記すとき、萬葉集では遂に正訓字のえられなかった語が少なくない。特に心情表現とその周辺の語に限っても、「あづきなし、あやに、うらぶる、たづき、わぶ、なつかし」などがある。これらの語を書き記そうとするときは、仮名に頼らざるをえなかったはずである。

沖森卓也は、天武・持統朝に行われた民間歌謡の採集事業において、歌謡の仮名表記が採用されたという[25]。これは魅力ある推論である。確かにこれが大きな契機にはなったかもしれない。が、現代日本の国語政策をみてもわかるように、表記改革を行うには長い準備期間が必要である。右の推論に従うにしても、改革に先行する表記には、記紀歌謡の原初の記載も含まれていたであろう。なお、沖森は、民謡の記録には音仮名が用いられたが、創作和歌には音仮名が用いられなかった。人麻呂歌集の略体歌が和化漢文で書かれたのはそれゆえだという。もっとも、稲岡は、これが人麻呂を中心とする国家事業であったというので、表記史を把握する態度は微妙に異なる。わたし自身は右に書いたように、書くべき内容によって表記様式が異なっていたと考えている。

稲岡は、冒頭にもひいたように、北大津遺跡出土の「阿佐ム加ム移母」は音義木簡であって文章とはいえないという。それはそのとおりである。しかし、近年、出土した天武朝の木簡は、また少し事態を見通しやすくしている。既にいくつかの論文にもひかれているが、香川県観音寺遺跡出土の七世紀末期の木簡にみえる「奈尓波ツ尓作久矢己乃波奈」は、歌を仮名で書いたものである。既に略体仮名「ツ」を用い、訓仮名「矢」を混用し、「作久」には連合仮名としての使用が認められる。奈良時代の様々な資料にみえる「難波津の歌」の仮名書きには共通する仮名字母が多いことから、東野治之はこれを、万葉仮名の手習いにしたからだと解釈した[26]。法隆寺の天井板に書かれたそれは養老年間のものと目されるが、今回の出土はそれを遥かに遡り、この歌による手習いの古さを窺わせる。和歌だからこそ仮名書きが早く行われたのだ、とみるべきであろう。奈良県明日香村の飛鳥池遺跡から出た木簡の「止求止佐田目手

□□／□久於母閉皮」は、歌か文か判然としないが、推古遺文以来の古い仮名「止」を残す一方で、訓仮名「目」「手」の使用が認められるなど、褻の世界では意外に進んでいた簡略化を知らしめるのである。

第二節に書いたように、古事記は天武朝以前の表記を伝えていると考えられる。それを本稿の標題にそって換言すると、古事記の表記は人麻呂歌集のそれに後れたわけではないのである。前稿でわたしは、稲岡の説に従っていわゆる略体表記を古体、常体表記を新体とするたちばを採った。略体＝古体、常体＝新体とする稲岡の見解に対して早い時期に疑問を呈したのは、身崎壽であった(27)。略体歌の民謡性を重んずる見方を批判的にのべて、むしろ宮廷貴族の文雅の営みという基盤をぬきにしては考えられない存在になっているというのだ。近年、人麻呂歌集の旋頭歌の構造と表記を分析した西條勉は、略体の旋頭歌の制作を奈良朝初期に近いとみて、稲岡の説に疑問を呈している(28)。

漢詩文に習熟した人麻呂は、便利この上ないが初歩的な仮名の使用を拒んだのではなかろうか。そう考えると、七世紀の日本にもさまざまな表記法が行われていたのではないか、と思われてくる。乾善彦は、宣命書きの成立について、大書体から小書体へという単線的な発達ではなく、両者の混在することもあるので、書記する態度の違いによるものではないか、人麻呂の表記法も選択的になされたものではないか(29)、という。

稲岡が古体歌と名づけた簡略表記の歌において、助動詞「けり／にけり」の表記に「在」、「来」、無表記の三種があり、その書きわけが詳細にのべられている。わたしのみたところ、「来」による表現は用例が少ないわりに成功していると思う。そう考えるのは、千二百年後の研究者が綿密な分析と考察の末に到達した理解である。彼の苦心の試みかも知れない「けり」の書きわけが、当時の人々に果たして理解できたであろうか。略体表記から常体表記へとみえる変化は、人麻呂の転進を語るのではあるまいか。

おわりに

その上表文の分析からわかるように、古事記は原資料の表記をいかしてあまれている。その原資料に、歌や寿詞などは、そのことばの形を忠実に伝えるべく、音仮名・訓仮名を交えた表記がなされたとみてよいだろう。人麻呂歌集と人麻呂作歌の表記を考えるには、そうした、いわば古事記前史をも視野にいれてなくてはならないものである。

第百二十回芥川龍之介文学賞を受賞した平野啓一郎の『日蝕』は、絢爛多彩な漢字表記に満たされた小説で、それらには読み仮名がつけられている。そのいくつかを示そう。

東の昊《そら》　ひらけ止《さ》した華　目眩《まばゆ》く煌く　幾分違《たが》う　予《よろこ》んだ　懌《よろこ》んだ

これらの漢字に読み仮名がなかったら、正確に読まれることは殆ど期待できない。作者は誤読をさけるために仮名づけしたのだろうが、仮名なくして読めない文字が、この作品にいかなる効果をもたらしたというのか。仮名づけしなかったら、当然もっと平易な表記法をとらざるをえなかったはずである。

それに比べて、人麻呂歌集の表記は遥かに高い効果をあげているが、本質において共通する面がある。つまり、漢詩文に造詣深い人麻呂は、できれば仮名に頼ることなく、漢詩のように、表意文字だけで歌を書こうとしたのである。すなわち［総訓字表記志向］である。これはたいそう高度な技巧なので、人々には正確に読まれなかった。人麻呂は次第に方向転換を余儀なくされた。それが古体から新体への変化とみえるのだ。いま一つの譬喩でいうと、二元方程式を学んだ人が鶴亀算を用いることがないように、人麻呂は歌の仮名表記をさけたのである。

注（算用数字は巻号と、基督暦による刊行年の下二桁）

1　稲岡耕二『人麻呂の表現世界―古体歌から新体歌へ―』（91年　岩波書店）
2　工藤力男「人麻呂の表記の陽と陰」（『萬葉集研究』20　94年）
3　稲岡耕二「総訓字表記への志向とその転換」（『萬葉集研究』21・22　98・99年）
4　西條　勉『古事記の文字法』（98年　笠間書院）
5　東野治之「最古の万葉仮名文」（『出版ダイジェスト』1428号　92年）
6　稲岡耕二「人麻呂研究の現在―文字の歌の始め―」（『文学・語学』154　97年）
7　西條　勉『古事記の文字法』（98年　笠間書院）
8　亀井　孝「誦習の背景」（新訂増補国史大系『古事記』月報37　66年）
9　西郷信綱『古事記注釈　二』（75年　平凡社）
10　新編日本古典文学全集『古事記』（97年　小学館）
11　神田秀夫『古事記の構造』（59年　明治書院）
12　小林芳規「古事記音訓表」（『文学』48―8・11　79年）
13　工藤力男「安萬侶の方法と古事記の訓読」（『国語国文』53―5　83年）
14　毛利正守「『古事記』音注について」（『藝林』18―1・2　67年）
15　小松英雄『国語史学基礎論』（73年　笠間書院）
16　木田章義「古事記そのものが語る古事記の成書過程」（『萬葉』115　78年）
17　犬飼　隆『上代文字言語の研究』（92年　笠間書院）
18　倉塚曄子「旧辞に関する覚え書」（『都大論究』5　65年）
19　野口武司『古事記及び日本書紀の表記の研究』（78年　櫻楓社）
20　亀井　孝「古事記は、よめるか」（『古事記大成　二』57年　平凡社）

21　瀬間正之「古事記表記論　Ⅱ」（『上智大学国文学論集』19　86年）
22　尾崎知光「古事記の表記と安万侶の撰録」（『古事記年報』19　77年）
23　大野　晋「記紀成立以前のこと」（『文学』35－7　67年）
24　田中　卓「紀・記の原資料探索への一齣」（『皇學館論叢』6－1　73年）
25　沖森卓也「万葉仮名文の成立」（『立教大学日本文学』64　90年）
26　東野治之「平城京出土資料よりみた難波津の歌」（『萬葉』98　78年）
27　身崎　壽「人麻呂歌集の位置－略体歌を中心に－」（『日本文学』27－6　78年）
28　西條　勉「人麻呂歌集旋頭歌の略体的傾向－詩体への志向－」（平成十一年度美夫君志会全国大会研究発表）
29　乾　善彦「宣命書きの成立をめぐって」（『大阪市立大学文学部創立五十周年記念国語国文学論集』99年）

付　記　本稿の大要は、千九百九十八年十一月二十九日、学習院大学で開催された、上代文学会の〈書くことの文学〉第三回研究会で発表した。会場で多くの方から御教示をうけた。それが吸収しきれていないのは、すべて筆者の責任である。

補　記　本篇は、上代文学会研究叢書の一冊、西條勉編『書くことの文学』に掲載された。刊行は二千一年六月（笠間書院）である。

古代地名の西東

一

歌人の塚本邦雄氏が義兄に手紙を書くとき、いつも恍惚感を味わったという話が、『讀賣新聞』のコラム「編集手帳」(2004.7.20)にみえる。義兄の住所「京都市伏見区深草極楽町」ゆえである。塚本氏は地名の意味喚起力に鋭敏な人で、つぎの歌も作っている。

古志《こし》・海潮《うしほ》・朝酌《あさくみ》・千酌《ちくみ》・母里《もり》・恵曇《ゑとも》・美談《みだみ》・楯縫《たてぬひ》・秋鹿《あいか》・飯梨《いひなし》

『出雲国風土記』から選んだ十の地名を一首の短歌に仕立てたもので、『日本歴史地名大系』刊行に寄せた推薦文の中に見える。新撰和漢朗詠集などを編んで山水の部にでも入れたいほどの美しさだと述べている。

この歌が作られてから四半世紀、本大系の編纂は営々と続けられ、いま五十巻完成の時を迎えようとしている。おりしも、政府の掛け声による市町村の大合併が進み、飴と鞭に踊る拙速さで、すでに珍奇な新名称もいくつか誕生した。かかる時こそ民族の歴史と伝統に学ぶ必要があり、この大系の存在意義を主張しうるのである。

地名は、ある時ある人々によって大地に刻まれた名前である。名前は言葉である。その考察には、地理学・歴史学・

民俗学・地質学などの知見を援用する必要があることはもとよりであるが、地名が言葉であるからには、まず言語の学の視点から合理的に説明できなくてはならない（工藤1990）。かく考えるわたしは、日本語史学のたちばから地名を考える論を書き続けてきた。ここでは編集部の求めに応えて主題を設定し、『和名抄』の地名を主な対象にして、その地域性について三つの見解を披露したい。

古代地名を現代地名と同じように考えることは容易でない。そもそも資料の制約から、量も質も比較・検討に耐えられないのである。現代地名なら、大は都道府県から、小は山間の集落、僻村の岬まで、無数と言えるほどある。一方、古代の地名について言うと、郡郷を網羅した和名抄以外は寥々たるものである。風土記には小さな地名もみえるが、完本は出雲国風土記だけである。あとは、『古事記』『日本書紀』『萬葉集』や木簡類、『延喜式』などから拾うほかない。かかる制約下の考察ゆえ、一部に『吾妻鏡』を援用することもある。

以下の叙述において、用例の所在については池邊彌（1981）に負うところがきわめて大きい。和名抄は高山寺本と大東急本で代表させ、高山寺本の文字を主に採る。訓は山形括弧内に〈津〉のように記す。表記は簡略を旨とし、たとえば「安藝国沼田郡都宇郷」は、都宇（安藝・沼田）のように書き、他もこれに準ずる。

二

日本列島は面積のわりに方言が豊かだと言われる。南北に長く、地形が細かく入り組んでいるゆえであろう。地名の数も多く、地域差の大きいことも指摘される。その地域差は主に現代に残る地名について言えることだが、一千年をさかのぼる古代の地名にも該当する言説だろうか。地域による地名の変異や偏りが古代にも指摘できるだろうか。

右のような問いを発したら、すぐに返って来ると予想される回答がある。萬葉集の歌にみえる「まま」（『國歌大観』四三一・三三六九ほか）であり、「あず」（三五三九・三五四一）である。本来これらは地形語であって、「まま」は主に東国で用いられて固有名詞に転じた用例（四三一ほか）もあるが、「あず」の二例はそうではなく、厳密にいうと萬葉集では地名とはいえない。「あず」はまた、『新撰字鏡』の「坍」に「崩岸也、久豆礼、又阿須」とあることから分かるように、畿内で行われることもあったようだ。かくて、右に設定した問いに対して的確な回答を与えることは容易ではない。

東国の歌に対して、西国の歌にもその地の言葉を探す人があっても不思議ではない。桜楓社版『萬葉集』では、次の歌の「湯原」に「ゆのはる」と付訓している。

湯原に鳴く蘆鶴《あしたづ》はあがごとく妹に恋ふれか時わかず鳴く（九六一）

北部九州の方言では畿内日本語の「原《はら》」がハルで出現する事実を重んじての処置だろう。いかにも九州人らしい編者、鶴久・森山隆両氏の態度である。和名抄の香春（豊前・田河）が、逸文豊前国風土記に「河原」の訛りとある。それなら「湯原」もユノハルと訓じてよいとの判断であろう。だが、萬葉歌において「原」を定訓ハラならぬハルと訓ずることをいかにして保証するのか。

先にみた東国語に戻ってこの問題を考えるために、山部赤人の長歌の中ほど四句を引く。初めの二句は原文である。

勝壮鹿乃《かづしかの》　真間之手児奈之《ままのてごなが》　奥つ城を　こことは聞けど（四三一）

この歌の題詞には「東の俗語にかづしかのままのてごと云ふ」と読める注記がある。畿内語の論理に基づいて定着した漢字の訓によっては東国の歌を表記できないので、この注記が必要だったのだと思う。萬葉歌で西国の地名の「原《はる》」がそのまま歌に書けるなら、この歌で「崖」と書いて「まま」と読むことを求めるに等しい。よって、湯原を西国語で読む蓋然性は極めて小さい、とわたしは考えるのである。

それでは地域差が指摘できる例はないのかといえば、そうではない。『和名抄』郡部に塩屋（下野）があり、〈之保乃夜〉の訓によって、シホノヤの語形が確認できる。『色葉字類抄』には「シヲヤ」で載る。この郡名は萬葉集の防人歌（四三八三）の左注のほか、奈良時代の文献に散見する。それは天平勝宝四年（752）十月廿五日の造寺所公文にみえる下野国の「塩谷郡」に当たるので、「谷」の訓「や」が認められるのである。このたぐいで時代を少し下ると、なおいくつかの事例が拾える。吾妻鏡の養和元年（1181）八月廿七日条の「渋谷下郷」は相模国高座《たかくら》郡の郷名と考えられる。同条には「渋谷庄司」も見え、藤沢市域に求められる。これによっても、「谷」がヤの訓を負うて用いられたことが分かる。榛谷駅（常陸・信太）は、延喜兵部式、高山寺本駅名にみえ、後世ハリガヤと呼ばれている地である。和名抄には記載しないが吾妻鏡に見える熊谷郷（武蔵・大里）は、当地の開発領主熊谷氏の名字の地である。後にクマガエに変わるが、当初はクマガヤと呼ばれたことが分かる。大屋郷（常陸・鹿島）が平安時代末の文献に「大谷郷」、鎌倉時代の文献に「大谷村」で出てくることがある。

右の諸例のうち、表記に揺れのない「渋谷」は地質と地形に、「榛谷」は植生と地形による命名と見て大きく誤らないだろう。すなわち「谷」が「や」とよばれたことを語るものである。「大谷」と「大屋」では、前者が当初の形の蓋然性が大きいと思うが、「塩谷」と「塩屋」に関してはその判断を留保せざるをえない。

西方に目を転ずると、備後国に三谷〈美多尓〉郡、讃岐国山田郡に三谷〈美多迩〉郷があり、「谷」がともに「たに」の訓を負うていることが分かる。さかのぼって出雲国風土記の熊谷（飯石）は後世クマタニと呼ばれ、寛弘五年（1008）十月廿七日の金剛峰寺帖案にみえる長谷（紀伊・那賀）は中世以来ナガタニと呼ばれ、大治二年（1127）八月十七日の紀伊国在庁官人等解案にみえる伊都郡大谷郷はオホタニとよばれる。

和名抄を基準にして「谷」「谿」のごく少数の確かな例をみただけだが、東と西で「や」と「たに」に分かれていることがはっきりわかる。この住み分けともいうべき実態は現在まで受け継がれているが、その淵源は古代までさかのぼるものだったのである。新撰字鏡の「渓」に「澗也、谿也、太尓《たに》、佐波《さは》」とあるだけで、「や」の訓はみえない。畿内の人に無視された東日本の俚言だったのだろうか。『日本国語大辞典』第二版は、越谷吾山『物類称呼』(1775)の「谷　江戸近辺にてやと唱ふ」を初出とするが、米沢文庫本『倭玉篇』の「谷」字の訓に「タニ　ヤシナウ　キワマル　ヤ」とある。この写本の成立の経緯は知らないが、ヤが、四つの訓の最後にあげられていることもあり、興味ぶかい事実だとだけはいっておこう。

三

和名抄の地名を少し注意深く通覧すると、一つの興味ある現象が浮かんでくる。初めにそれを少し書きだしてみよう。

①都宇（備中）　②都宇（安藝・沼田）　③紀伊（山城）
④紀伊（讃岐・苅田）　⑤由宇（周防・玖珂）　⑥由宇駅（長門・大津）

①は郡部に〈津〉の注がある。②は延喜兵部式・高山寺本駅名にもみえるので、駅家郷と思われる。この二つはともに津に由来する地名であろう。備後国沼隈《ぬまくま》郡に「津宇郷」があり、対照資料がなくて確言しえないが、後世の「津之郷」に比定される。③は郡部に〈支〉の注があるほか、古事記の「木臣」、日本書紀の「紀郡」などが該当する。⑤は延喜八年(908)の戸籍にもみえ、現在も同じ表記で残っている。⑥とともに、温泉に由来する地名だろう。

これについて、奈良時代の官命によって好字二字に改変したのだから当然だ、という人があるかもしれない。確かにその一面はあるだろう。だが、ことはそんなに単純ではない、とわたしは考える。さらに広く拾ってみよう。

⑦湯泉（石見・邇摩）　⑧温泉（伊与国）　⑨斐伊（出雲・大原）

⑩肥伊（肥後・八代）　⑪弟翳（備中・下道）　⑫宝飫（参河）

先の⑤と⑥は音仮名地名であったが、⑦と⑧は意字で書かれ、それぞれ〈由〉〈湯〉の訓がある。肥後国山鹿《やまが》郡には「温泉郷」もある。⑨には風土記の「斐伊郷」「斐伊村」「樋社」など多くの傍証が、⑩にも風土記逸文の「火邑」、天平九年（737）正税帳の「肥君」などの傍証がある。⑪は高山寺本に貴重な注〈弖　国用手字〉がある。

⑫は郡部に〈穂〉の注があり、奈良時代の資料に「宝飫」「穂」の表記がみられる。この類例に和名抄の野応（紀伊・名草）がある。『日本霊異記』下巻の「能応里」「能応村」「能応寺」によって、本来「野」であった地名が二字表記化によって「能応」と書かれたもので、和名抄の「野応」は通俗表記の露見と解したい。野里（若狭・遠敷）が、平城宮跡や安堂寺遺跡から出た木簡などに「野郷野里」「野里」とみえるが、延喜兵部式・高山寺本駅名には「濃飫駅」とある。平安時代には「濃飫」が正式な表記だったのだろう。ほかに呼唹（和泉・日根）、贈唹（大隅）なども同じように考えることができる。

右にみたものは全て畿内以西の地名である。ほかに東日本域のものが二つだけある。

⑬渭伊（遠江・引佐）　高山寺本に〈為以〉、大東急本に〈井以〉

⑭都宇（越後・頸城）　高山寺本〈豆宇〉、郷名は大東急本

⑭の郷名は高山寺本に「都有」とあるが、「有」は極めて稀な仮名で誤写とおぼしい。しかし、この郷名が「ツウ」と読むことを要求していることは動かない。

それにしても、この一音節語らしい地名、それを二字で表記したらしい地名が西日本に偏るのはなぜだろうか。そう考えると、日本語史において一音節とおぼしい語が二音節らしく書かれた例があったという事実が思い起こされる。それは歌や散文では露見することがほとんどないが、辞書や音義で単語を個別にとりあげるときに現われる。濱田敦(1951)によって平安時代の資料から引き、出典を括弧書きしよう。

⑮蚊・蚋　加安（新訳華厳経音義私記）　⑯蚊　加阿（最勝王経音義）　⑰尨蹄子　世衣（本草和名）
⑱鉤　知伊（新撰字鏡）　⑲杼　比伊（新撰字鏡）　⑳薗　為伊（延喜内膳式）

万葉仮名のとおりに読むと、それぞれカア・セエ・チイ・ヒイ・ヰイとなる。しからばこれは二音節語であったかというと、ことはいかにも微妙である。

『類聚名義抄』は平安時代末期の日本語の声調《アクセント》も伝える辞書である。それによると、京都のことばには現在の高低以外の声調もあったことがわかる。一つは、仮名の左下隅より少し高い位置に点を付して下降調を示し、いま一つは仮名の右肩に点を付して上昇調を示した。同書の諸本と周辺の諸書から声点付きの語を集めた、望月郁子（1973）によって一音節語の名詞を拾うと、下降調に「衣《え》」、上昇調に「棲《す》・栖《す》、簀《す》、尨蹄子《せ》、沼《ぬ》、歯《は》、檜《ひ》、杼《ひ》、苧《ひ》、妻《め》、褶《も》、屋《や》、柚《ゆ》、薗《ゐ》、餌《ゑ》、麻《を》」がある。

先にあげた五語のうち、⑰尨蹄子、⑲杼、⑳薗の三語が、まさにそれに当たる。これは偶然とはいえまい。すなわち畿内以西では、東日本よりも一音節語を長めに発音する傾向が強かった。一音節語と思われるのに、その地域では二字表記される地名が多かったのは、そのような音声特徴を反映したものだったと考えたい。その音声特徴が現在にも受け継がれていること、いうまでもない。

いくつかの方言事象に注目して本州を東西に分ける等語線を引くと、北端の親不知《おやしらず》付近を要にして、南端は桑名《くわな》から富士川あたりまでの扇の形ができる。先に東日本域における例外とした⑭の頸城《くびき》は親不知に近く、⑬の引佐《いなさ》は浜名湖を通る線に近い。これは極めて興味ぶかい。すなわち、西国的特徴がわずかに東に流れ出したものと解釈できるからである。

四

以上の節では大局的な考察によって、古代地名の地域性、特に西と東の差異を考えてみた。残る紙幅では、日本列島の北辺と南辺の地名をみよう。

和名抄郡部の陸奥国の「気仙」に〈介世〉の訓がある。郷名部では高山寺本にだけ〈気丶如結〉の注がある。大東急本には「気仙」「大嶋」に続けて「気前」の郷名を挙げている。これは「気仙」に付せられた訓を郷名と誤認したものだろう。

さて、「気仙」は郡部の訓によるとケセと読まれたことになるが、これは奇妙な日本語地名である。固有の日本語でエ列音が続くことはきわめて稀なことだからである。その稀なばあいも、蔑視語に傾く節がある。すなわち、記号的な語には「似而非」の漢字が当てられる「えせ」があり、秘語「へへ」「めめ」、幼児語「べべ」「めめ」であり、その他は下品な笑い声「えへへ」、悪しきさまの擬態語「へべれけ」「でれでれ」である。

母音の排列だけではない。〈気丶如結〉の「丶」は「音」の省画「亠」の草書体に拠る、とわたしはみている。すると、この注は、「気」を「結」のように、すなわち「ケッ」のように読めという指示だと解釈できる。また、下字にあえて鼻音字「仙」を用いたのは、やはりセンと呼ばれていたからだろう。つまりこの郡名「気仙」は、平安時代中期の畿内語らしからぬ促音と撥音をもつ地名「ケッセン」だったということになる。これが蝦夷の言語の反映かいなかは軽々には断じえないが、日本列島の北辺の地名ということを十分に考えておかなくてはなるまい。

和名抄の地名を巻頭から読んできて終わりに近くなると、急に読み方が難しくなる。それは特に大隅・薩摩に著しい。この二国はクマとソの住んだ地域とされるのだが、大隅国では、謂刈／謂列・姶臈・祢覆・姶羅・肝属・馭謨、薩摩国では納薩・利納・葛例・頴娃・揖宿・給黎などがそうである。誤写も重複もあるようだし、他の文献に参照しうる用例の少ないゆえもあるが、それにしても読みにくい。その原因の一つが、謂、姶、臈、肝、属、馭、謨、頴、娃、給、黎など、稀用字の多いことである。例えば姶羅は、古事記中巻の「阿比良比売《あひらひめ》」、神武即位前紀の「吾平津媛《あひらつひめ》」によってアヒラと読むことができ、『続日本紀』にも「姶羅」とみえる。だが、漢土でも稀用の「姶」をここに用いた意図をわたしははかりかねている。

これは文字の問題であって、地名そのものに関わることではないが、かかる文字はなにびとによって選ばれたのだろうか。この地方の住民が敢えて選んだのだとすると、中央政権に対して己れの異質性を主張する意図の顕現だろうか。中央政権が用いたとすると、恭順の意を示さなかった者どもに、権威を印象づけるためだったかもしれない。いずれにせよ、そのように特異であることも地域性の一つである。

最後に馭謨（大隅）。郡部に〈五牟〉の訓がある。平安時代の用例もあって、ゴムと読むことを否定する材料はないので、語頭に濁音を有する唯一の古代地名となる。これこそ、地域性から見た古代地名の、東の横綱「気仙」に対する西の横綱なのである。

おわりに

東西に大きく二分できる日本語が古代にはどうであったかということを、地名から考えた本稿で、次のようなことを述べた。

一　東国では崖を意味する「まま」という語が用いられた。「渓谷」を意味する現代語が、西日本で「たに」、東日本で「や」とおよそ分かれるが、古代地名にもその傾向が確かめられる。

二　近畿地方では現在も、一音節語を少し伸ばしぎみに発音する傾向がある。古代にも、西日本には、港に由来する地名「津」、温泉に由来する地名「湯」が、それぞれツウ・ユウと読める表記や訓をもつことが多い。現在の言語の特徴が古代にもあったことを思わせる。

三　陸奥国の「気仙」郡は、和名抄の注と訓によると、ケセあるいはケッセンと読まれる。大隅国の「馭謨」郡に和名抄はゴムの訓をつけている。ともに古代の畿内日本語としては特異な、あるいは珍しい語形である。それが当時の日本の北辺と南端にみえるのである。

以上、数少ない「地名」という窓から古代の日本語を垣間見てきた。今後、古代の文献が新たに発見されることはほとんど望めないだろう。しかし、全国各地に進む古代遺跡の発掘によって、木簡、墨書、刻字土器、漆紙文書などの出土が報告されている。それらによって、地方の物産や地名の判明することが多い。木簡類の出土はなお続く可能性があるので、古代日本人の生活の諸相も少しずつ明らかになるだろう。そのための思索を、わたしもたゆまず続けようと思う。

参考文献
池邊　彌（1981）『和名類聚抄郡郷里驛名考證』（吉川弘文館）
工藤力男（1990）「木簡類による和名抄地名の考察――日本語学のたちばから――」（『木簡研究』十二号　木簡学会）
濱田　敦（1951）「長音」（『人文研究』第二巻五・六号　大阪市立大学）
望月郁子（1973）『類聚名義抄　四種声点付和訓集成』（笠間書院）

補　記　本篇は、二千五年一月、『日本歴史地名大系　歴史地名通信』五十号（平凡社）に掲載された。掲載誌の性質に合わせて記述を簡略にし、厳密な証明を省いたところがある。

第二節の「谷」をヤと称するくだりに、吾妻鏡の武蔵国大里郡熊谷郷を挙げた。偶然、同時期に発行された『言語』（第三十四巻一号　大修館書店）に、鈴木聡「「熊谷市」と「トルーキン」――固有名詞の読み方の変化に関する一考察」という投稿論文が載った。埼玉県熊谷の読み方が、クマガヤ以前はクマガイだったので、金田一京助が、ヤト・ヤツ・ヤチ・ヤなど、本州アイヌ方言の残り物かもしれない例にこれを挙げるのは不適切だとするものである。わたしも刊行直後にこれを読んだ。早速、山口佳紀氏から疑念が寄せられた。

熊谷の呼称が以前はクマガイであることは知っていたが、クマガイ／クマガヤ／クマガエの間で揺れていたので、古代の形を一つに限ることは難しいと判断しての記述であった。平家物語の巻第九「宇治川合戦」の条に並んで出ている榛谷四郎・熊谷次郎について、冨倉徳次郎『平家物語全注釈』下巻㈠（角川書店1967）には、米沢市立図書館蔵本によって「はんがい」「くまがへ」の訓を付けたうえで、前者に「はんがや、はんがへ」の読みもあることを指摘している。かくて断定はできないが、問題の存することを明記して原文のままとした。

柳田征司氏からは、古代東日本方言でも一音節語が長呼されていたのではないかという異見、「気仙」の訓注にはケンセンなどの可能性もあるという見解が寄せられた。

如泥

――名語記私解・続――

はじめに

『名語記』十巻は、鎌倉時代の建治元年、稲荷山の經尊法橋から北條實時に献上された語源解釈書である。本稿は、その残存する八巻によって日本語史を考える試みの一つである。副題は、その最初の試みである前稿「名語記私解」を承けるの謂である。前稿、工藤（1993）では、これを語構成の書と見ることによって、イチビル・イロコフク・イバヤル・ハユという四条五語をめぐる思索の道筋を綴り、經尊の方法の一端を探ったが、本書全体への見通しを十分に述べるには至らなかった。言わば各論からはいったことになる。そこで、順序は逆になるが、ここに総論の一節を記し、あわせて本書を契機にして、今昔物語集の一つの文字「泥」の訓をめぐる断想を述べようとするものである。

以下の記述は北野克氏の写本を活字に移した勉誠社版により、必要に応じて所在ペイジを括弧内に示す。引用にあたっては番号や符号をつけたりする。途中の省略は点線で示す。

一　語分類の基準

名語記の語分類法に対する関心は、これが日本語の文法意識史に関わるものであるだけに、諸氏が共通に寄せるものであった。まず、岡田希雄（1935）が基本的な分類を「ナ・コトバ・テニハ」の三分類と指摘して以来、特に中山緑朗（1985）が詳しくそれを論じている。岡田の指摘は適確であるが、すでに言われているように、本書の分類基準にはいぶかしい点が少なくないので、それを確かめることから始めようと思う。

まず、「名」とされているものから見る。

1　草ノ名ニエアリ（一〇二）
2　国ノ名ニワカサヲ若狭トカケリ（一〇八）
3　小鳥ノ名ニウソ如何（四六三）
4　官途ノ名歟　チシノタレカシトイヘリ（一九四）

右には対象の性質が違うものを挙げた。順に、植物、固有名詞、動物、官職であるが、その「名」の内実に差はないと言っていいだろう。1で言うと、あまたある草のうちの一つを指す「エ」という語を問うことが目的なのであり、以下も同じように国名の一つの「ワカサ」、小鳥の名の一つの「ウソ」、官名の一つと考えた「チシ」という語の由来を問うものである。言わばここに問われているのは包摂判断の問である。このように「名」を直接尋ねる項目のすべてを数え挙げたわけではないが、恐らく百を越えることはないだろう。和語を「ナ・テニハ・コトバ」の三つに分けてその語源を解こうとする本書の目的からすると、あまりにも少ないという気がする。その他の語はどういう形式で問われているだろうか。

5　乗物ノウマ如何（四六九）

6　乗物ノコシ如何（六二二）

7　魚ノコヒ如何（六二五）

これらは、問の形式は1～4のそれと異なるが、その意図は変わらない。幾種類かある乗物のうちの一種類である「ウマ」と「コシ」、魚の一種の「コヒ」は、それぞれ何ゆえにかく名づけられたかと問うているに違いない。つまり、先の四問と同質なのに、形式、用語の使用は一定していないのである。「名」を尋ねる項目が少ないのはそのような事情によるようだ。次の例はどうだろう。

8　去年ヲコソトイヘル如何（六〇六）

9　米ヲコメトナツク如何（六二一）

これらは1～7とは質問点が異なる。去年の一つに「コソ」があるのではないし、米の一種類に「コメ」があるというわけではない。去年すなわちコソ、米すなわちコメというのはなぜかと問うているのである。これらは言わば同一判断の問である。

10　水ニスム　ウヲ如何（四六〇）

11　魚ツルニウケト云物アリ　如何（四七〇）

12　天ヲアマトナツク　如何（六四五）

13　野ヲノラトイヘリ（四八一）

10・11のような問も多い。12・13は同語反復と見える問だが、著者は語形が異なるものは別語として解こうとしたのである。以上のいくつかの類いを、著者があえて区別する意図はなかったと言っていいと思う。

著者が「名」としたものは、中山氏が言うように、おおむね「具体的な形態を備えたものに与えられた名称」となりそうだが、地名や職階などは形態ではないので、「対象をこれと指し示すことができるもの」とすべきかも知れない。確かに「代、世」のような抽象的概念もまれに含むので、ここでは、広義の体言を指すとする以上のことは言えないようだ。

次に、コトバ。これは、「コトバ」と仮名書きするほかに漢字表記の「詞」があり、まれに「語」も見える。漢字表記の二者も「コトバ」と同一と見ていい。さてどこでもいいのだが、例えば巻第四の冒頭から、コトバ・詞・語を出現順に拾ってみよう。

14　イタイケシタル物ヲワリナシトイヘル　ワリ如何…詮スルトコロチヒサキヲ愛スル詞ナルヘシ（二二五）

15　道ヤ浜ナトノスクニモナキ所ヲワタトイヘリ如何　ワタハ和多トカケリ　ヤハラキ　オホシノ詞也（二二八）

16　コレカハ　カレカハトウタカヒ　タトル詞ノカハ如何（二五一）

17　詞ノスヱノアラマシカバ　シラマシカハナトイヘルカバ如何（二五一）

18　詞ニイミシカホ　シソセカホナトイヘル　カホ如何（二五二）

19　夢ニモカヘニモトイヘルカベ如何　コレハツヤ〳〵ミスシラヌ心地ヲイハムトノ詞也（二五三）

20　トチモカチモトイヘル詞ノカチ如何（二五七）

21　人ノ許ノ詞ニソレカリ　タカリトイヘル　カリ如何（二五九）

22　カレコレトモニハナヌ《タ》詞ヲカヌトイヘル如何（二五九）

23　足ノカタワナル物ヲアシカ、トイヘリ如何　答　アシカ、マリトイヘル詞ノオホケレハハアシカ、トイヘル也

（二六二）

24　ヨカレ　アシカレトイヘル詞ノカレ如何（二六六）

右の挙例からもうかがわれるが、最も多く出現するのは「詞」であろう。綿密に数えたわけではないが、「詞ニヨカム也　アシカムナリトイヘル　カム如何」（二七七）のように、初めに「詞ニX」と提示して「如何」と問う形が最も多い。右の挙例では18を典型とし、その変形の17・21、あるいは20・22・24の類いである。これらの多くは、アラマシカバ、イミシカホ、ソレカリ、ヤカムナリというように、あるいは複合語、あるいは文節、あるいは20のような成句である。この20の類いは、「詞ニタカスムヤトナトイヘル　タカ如何」（三三二）のほか、「人ノ持タル物ヲ所望スル詞ニタベトイヘル如何」（三二八）、「小児ナトヲトス詞ニソメ〱トイヘル如何」（三七一）、「人ニハシメテイヒヨル詞ニコレヲツナトシテトイヘル如何」（三八五）のような具体的な状況を限定した発話までである。ここで、著者はかなりはっきりと「詞」の内容を自覚していると言っていいだろう。したがって、「小児ヲモリ《ル》フスル時ノ詞ニネ、法師トイヘル　ネ、如何」（四〇五）の「ネ、法師」は、寝かしつける時の呪文のような句であって、「名」とすべきものを誤認したのではあるまい。

右の挙例は動詞・形容詞・助詞・名詞・副詞・接尾語の類いであるが、さらに範囲を広げると、従来言われているように接続詞・接頭語・助動詞・感動詞も拾うことができる。中山氏は、「詞」が名詞を指すばあいも少数ながら存在するとして、「目ノ上ニオヒタル毛ヲマユトナツク如何」（五五七）を挙げる。品詞として見ると、15・18・19は名詞であるにかかわらず、「名」とされなかったのはなぜか。思うに、これらはその物を問うているのではなく、15は「わだ」と呼ばれるような地形を、18は「いみじがほ」と呼ばれる表情を、19は「かべ」に突き当たったような心の状態を、つまりいずれもある状態を問題にしているように思われる。これらは具体的な形態でもないし、土地や職階のようにこれと指し示すこともかなわぬ事柄であって、やはりコトバとするのがふさわしいと考えたのだろう。もっとも、「前後ノノチ如何」（四七九）のように、名ともコトバとも明示しないこともあるのだから、分類傾向というくらいに理解するのがいいのだろうが。

終りに「テニハ」。この用語は、中山氏によると九回表われるという。そこで言及された語を抽出すると、重複もあってわずか「ト・バ・ニ・ハ・テ」の五つに過ぎない。ここでバとしたのは、原文ではハであるが、「サレハヨトイヘル　ハヨ如何　答（欠損あり）テニハノハ也　ヨハイトノ反」（一二三）から、バヨと解釈していいと判断したものである。中山氏は「格助詞・係助詞の類が中心になっている」というが、その九項目に限れば、接続助詞「テ・バ」、格助詞「ト・ニ」、係助詞「ハ」ということになる。もっとも実際の記述を見ると、その片仮名宣命書きによって、著者の考えていたテニハが広がることは言うまでもない。ガ・ノ・ヲ・ヘ・モ・カ・ヨリ・マデ・コソ・ナドを拾うことができる。ただ、いま見ることのできる活字本がいかほど正確に原本の姿を伝えているか不明である。例えば、「カホナトヲノコフヘキ物ニヤトオホユ」（六一三）のような例もあって、おおよそのことしか言えないのである。また、右に示したようにサレハヨのハがテニハなら、それに承接するヨは何かという問題に逢着するのだが、著者は別の箇所で、「サレハヨトイヘル　サレ如何　コレハシカレハヨ也　シカノ反ノサ也」（六七九）と述べ、ヨを小書きしてテニハと見ている節がある。厳密にその範囲を読み取ることはできないと結論するほかあるまい。

それにしても、著者がテニハとする語はいかにも少ない。そこで、最初に登場して二条に分けて説明されている「二」を手がかりにしよう。まず「コトハノスヱニヲケル　コレニ　カレニ　ナトイヘル　ニ如何」（二〇）という問に対して、「ナミノ反ハ　ニ也　並也　対揚ノ事アル時イヘル歟　又ナリヲ反セハ　ニ也　ナリハニアリトモイヘリ」と解いている。「並也」の意味は分明でないが、類似の物事を並べあげるときに用いる「二」を指しているのだろう。続いて「物ヲコ、ニ候　カシコニ候ナトイヘル　ニハ　所ヲサシタルヨシニキコエタリ　如何」（二〇）と問い、「カノニハナリノ反　ナリハニアリヲ云ヘル也　ヒロクイヘハ　ニアリ　中ニイヘハナリ　ツ、メテイヘハニトナル也」と答えている。「候」が下接した形で問い、母音の縮約現象に言及しているので、「候」はいわゆる存在詞相当と考えていいだろう。いずれにせよ、前者は関係語である格助詞を概念語で解くものであって、ここから助詞の認定基準を読み取ることは不可能である。

他の助詞では認定基準の読み取りは可能だろうか。ニをテニハとしながら、類義の助詞であるにもかかわらずテニハとしていない「ヘ」の扱いを見よう。そこには、「人ヲヨフ詞ニコレヘ　カシコヘナトイヘル　ヘ　如何　コレハフレヲ反セハヘ也　コレヘト請スルハ　アヒフル、ヨシ也」と奇怪な解釈を施し、さらに「又云　辺ヲハヘトイフハ　コノ辺ヘトイヘル心モアリヌヘシ」（二五）とある。「辺」の漢字音と関連づけており、和語「辺《へ》」の意味が抽象化して助詞に転じたとするわれわれの通説からは遠いところにあって、有益な手がかりにはならない。引用は省くが、やはり類義関係にあるヨリとカラも似たり寄ったりである。

それでは、テニハの解釈が全て荒唐無稽かというと、そうでもない。サヘを見ると、「サヘハシカウヘノ反　然上也…万葉ニハ副ノ字ヲサヘノ所ニカケリ　ソヘカサヘトイヒナサレタル歟トイハレテキコエ侍ヘリ」（六六七）と解いている。この「万葉」以下の記述は現代の理解のかなり近くまで来ていると言っていいだろう。かかる解釈に達したのはなぜか。それは、副助詞の多くが、概念語から意味の抽象化が進んで成立したと推定されるからで、関係語を概念語で解こうとする著者の方法が、この語の由来と偶然に一致しただけのことだろう。当然これがいつも有効とは限らない。現にマデを見ると、「マテハ至于トカキテハイタルマテ　及于トカキテハヲヨフマテナトヨメリ…万葉ニハ左右トカキテマテトヨメリ　左右ハ真手トイフ義也…左右ノ手ニテスル事カマテニテハアル心地也」（五五三）と、源順が石山寺に願掛けして読みえたという、かの萬葉集の表記に着眼しながら、その意味を理解することはできなかった。他の副助詞では、ダニはツラナミ、スラはソフレハ、サへはシカウへ、ノミはナヲマシの反などとそれぞれ解いており、やはり概念語に還元できるとしているのである。

もう一つ、著者がテニハとするテを見るとしよう。「ミテ　キ、テトモシテナトモイヘル　テ如何　トメヲ反セハテ也　心ノ心也　ハテ　ヲハル心也　トケヲ反セハテ也　遂ル義也」（一〇五）。複合助詞についての解釈もあって、つごう四箇所に記述があるが、一つ見れば十分。言わんとするところは、果て終わる意味、「遂げ」の反というのだろう。文脈によってはそのようにも用いるだろうが、特定の用法を文法的な意味とするのはもとより無効である。かかる方法の典型は疑問の助詞ヤに関する解釈だろう。すなわち「アリヤ　ナシヤノヤ如何　ヤハ乎也　哉也　耶也　イサノ反歟　シラサル義也　不審スル心地也」（八四）は、不審の意を表わす感動詞イサの反でヤの語源を解くのである。こう見てくると、著者の語の分類、なかんずくテニハの認定に確かな基準が存在したと認めることは、到底不可能だという結論にならざるを得ない。

かかるテニハ類については、何ゆえに助動詞の類が排除されたのかという問題もある。中学校の文法で扱ういわゆる広義の助動詞は、事柄の客観的なありようを表わす詞性の強い語から、話し手の認定を直接に表わす辞性の強い語まで各層の助動詞を含み、それは相互承接において用言からの距離と密接に関連する。經尊の扱いを具体的に見るとしよう。助動詞を一覧するには西田直敏（1988）の資料が便利である。

「詞ニトラル、　ヒカル、如何　答　ルハラルノ反　重テイヘハル、トナル也　又云　ラルレルノ反」（二一一）は、ル・ラルが同じ語の異形態であるらしいと感じながら、別語として解こうとする意図が見られる。そして、「カヘリテヨマル、　ラルノ字ノ心如何　被也」（四三三）の「字」は漢文に基づいて説こうとする。「シム」についても同様で、

「セシムノシム如何　シムハ令也」（七七七）とある。したがって、同じ詞的な助動詞でも、漢文を背景に持たない「サス」は「詞ニミサセ給　ツケサセ給ナトイヘル　サセ如何　答　シラシメヲ反セハサセトナル也」（七〇三）というような限界をもつのである。それでも、ル・ラル・シムについては漢文を意識するのだから、用言、なかんずく動詞から切り離した説明も可能であったはずだが、実際はそうならなかった。他の助動詞についての記述を見ても、その理由は明らかにしがたい。あるいは、助動詞とせずに動詞語尾の一部とする、「複語尾」説のさきがけと見るべきかもしれない。

関係語の個々について時に鋭い発言があることは、例えば助詞のノとガの使い分けと動詞ナメクをめぐる漆崎正人（1987）があり、助動詞キとケリの意味の違いを意識した記述については西田氏が指摘している。一般に助動詞の意味や用法の違いをうかがわせる記述は、この時代の人の言語意識を知るうえで貴重なものである。西田氏の一覧表には簡潔な解説が添えられて有益だが、中には肯じえないものもある。

アンナリ　ナカンナリノナリ如何　キ、ヲヨフコト　詞ノナリハニヤラシノ反　ニヤレリ同　ニヤトハサカトイヘル心ナリ　又ニアリノ義ヲナリトイヘル歟（四一四）

西田氏はこれを「ナリ（断定）」の項に入れ、次の「ナリ（伝聞・推定）」の項で次のように述べて例を挙げる。

終止形接続の「ナリ」は伝聞・推定の意とされているが、経尊は連体形接続の「ナリ」（断定）と区別していないようである。次の語例は終止形接続の「ナリ」である。

ミユナレ　キクナレ　キコユナレナトイヘル　ナレ如何　コレハニアレ也　又　ナレハニヤラセノ反（四一八）

確かに終止形に接続した三つの語例を挙げているのだが、反切「ニヤラセ」の「ヤ」が疑問の助詞らしいと判断しうることから、その語の意味についての経尊の認識をうかがう以外に術はない。それにひきかえ、アンナリの項の要点は「聞き及ぶこと」「ナリはニヤラシの反」「ニヤとはサカといへる心なり」にまとめることができるので、伝聞・推定の意味を明確に汲んでいたことを十分に知りうる。すなわち、ラ行変格活用語の撥音便形からナリに続くものを、伝聞・推定と処理しているので、終止形から接続するという規範がこの時代になお生きていたらしい節がうかがえるのである。ただ「ミザムナリ　キカサムナリトイヘル　サム如何　ミスアムナリ　キカスアムナリノスア反リテサトナル也サテサムナリ也　サル也ヲサムトイヘル也」（六八五）の傍線部の記述は、同じラ変のザリが連体形に接続したと解釈されるので、若干の問題を残すことになる。

著者は、テニハが漢文訓読に由来することも知っていたらしいにもかかわらず、助動詞の類いを含まなかったのはなぜか、諸氏の探索にもかかわらず不明である。その解明は後日を期するほかない。

二　孤例と初出例

名語記は語源解釈にはほぼ無効だが、語構成を考える手がかりを得ることはある。その点は前稿でも述べた。そもそも、日本語の系統が不明な現状で日本語の語の語源を解くことは本来無意味なことなのである。岡田氏が述べるように、本書の最大の価値は、鎌倉時代語の提供に置くべきだとわたしも考える。写本を作った北野氏が繰り返し称揚するように、本書によって日本語史上に初めて存在が確認された語は多く、本書が最古の用例を記載している語もまた多いのである。そうした視点から本書の特徴を検証しておこう。

『日本国語大辞典』（以下、『辞典』と略記）が本書からほとんど網羅的に採録したことは編集後記に述べられている。確かに、少し丁寧に読むと、出典として名語記の名が頻繁に目にはいる。本書によって鎌倉時代までさかのぼることになった語は相当な数に上るだろう。ここではその初出語の傾向を知るために、明らかな音象徴語、すなわち狭義の擬声語は除いて少し挙げてみる。著者の説明は省いたり、括弧内に通用の漢字（適当な漢字がないときはアステリスク）を記し、あるいは語性を示す。

タコ（胼胝）＝アラワサシタル手ナトニ節ノイテキタルヲタコノイテキタルトイヘリ如何（三四三）

ノサ（＊）＝ノサ也トイヘル詞ノノサ如何…ノサハ叙ノ字也　ノヒサマノ反ニサヲノサトイヘル歟（四八四）

ブナ（橅）＝サルナメリトイヘル木ヲハフナトイヘリ…ハタヌメ〱トアル也（五八五）

サコ（迫）＝山ノハサマヲサコトナツク如何　サコハセハクホノタニノ義ニ同歟（六九四）

ノサは今でこそ常用されないが、中世以後の民話などによく用いられた言葉であり、サコは俚言とは言えないくらい広く用いられる地形語である。そのようなごく普通の言葉の初出が本書までさかのぼるのである。

以下、今も生きている若干の語を簡潔な形で示し、『辞典』が本書の次に掲げる出典を見ると、コケル（痩ける）・コセコセ（擬態語）は史記抄、シナブ（萎ぶ）は浄瑠璃「心中宵庚申」、シビル（痺る）は洒落本「美地の蛎殻」、クスグル（擽る）は人情本「春色梅美婦禰」といったぐあいである。これらの語に、わたしは俗語の匂いが強く感じられてならない。少なくとも平安女流文学の語彙とは異質で、名語記が初出文献になるのも肯けるのである。さきのノサが「叙ノ字也」と説かれて「伸す」と同根と思われたのに、遂に漢字表記を獲得することがなかったのは、俗語性を払拭しえなかったからではないか。

次に、今は用いられない若干の語について『辞典』の漢字表記を掲げ、本書に次いで古い出典を挙げてみると、アクチ（＊＝日葡辞書）、ウナメ（牝牛＝日葡辞書）、オモクサ（面瘡＝運歩色葉）、クマム（隈む＝幸若舞「小袖乞」）、コダル（＊＝田植草紙）、コヅム（偏む＝史学大成抄）、シルシ（汁し＝日葡辞書）、スリノク（擦り退く＝仮名草子「悔草」）、セコム

（責む＝浄瑠璃「佐々木大鑑」）、ヒスラコシ（＊＝日本永代蔵）などである。その大半に対してわたしはやはり俗語臭を感ずる。なお、ウナメの項目を『辞典』が「又うしをうなめとなつく」とするが、「又」は片仮名の「メ」を誤読したのだろう。

右に挙げたのは初出の時代が本書によってさかのぼることになった語であるが、さらに積極的に、『辞典』に本書の用例だけしか挙げていない語、名語記の記載がすなわち文献上の孤例として扱われた語を少しばかり指摘しておくことも無意味ではあるまい。『辞典』の記述を主に引用し、名語記からの引用は括弧内に示す。

ネソ（四〇四）刈芝・薪などを束にするのに用いるクロモジの皮・マンサクの皮・フジヅルなどの総称。

ムタ（四四一）草の生い茂った沼。

ウツ（四六四）けものみち。

ヤイ（五二五）簗。

コツ（六一〇）打つ。ぶつ。

アマ（六四六）（民ノ家ノ火タクウヘニツレルタナヲアマトナツク）

モケナシ（八二四）会釈がない。挨拶がない。（人ノ会尺モナキヲモケナシトイヘル）

スケグチ（八四六）上唇よりも下唇の方が前に出ているもの。うけぐち。

メバチ（一〇六二）ものもらい。麦粒種。

セクル（一一三九）せきたてる。責める。（人ヲセクルトイヘル如何　答セメカスレルノ反シハセクル也）

クサメク（一二五一）人が集まって来て、その数が次第に多くなっていくことをいう。（カスシナミエケクノ反　人ノアツマリテクサメク心也）

右の語群を見て、孤例という指摘に不審感をいだいた人が多いに違いない。わたしにとっても例えば、ムタ・メバチは耳慣れた語なのだから。じつは、これらは『辞典』が名語記以外の用例を方言とした語なのである。方言あるいは俚言の認定は、たちばによって揺れるので、そのことを議論するのは無駄であろう。わたしが言いたいのは、名語記に登録された語には、このように方言として生きているものが多いということである。それは、さきに述べた、初出例の中に俗語とおぼしいものが多いことと照応するのではあるまいか。そのように見ると、なお一つの傾向が見えてくるようだ。

エラメカス＝エラハヱセラヤノ反（一三七二）　たいしたものでもないのに、偉そうに見せる意か。

ハラカス＝不審ナルコトヲハラカス如何（一一七三）　疑念を晴らす意であろう。

ヲラカス＝恐レカス也（一一九〇）

テテヤカ＝オホキナル物ヲテ、ヤカトイヘリ如何（一二六八）

ヅハシタナシ＝アラ、カナルコトニヅハシタナシトイヘル如何（六三）

初めの三語は、使役的他動詞を形成する肥大接尾語のカスが付いたものである。これは平安時代以来さかんな口語派生法で、現在も見られる。それらは臨時の語形と見なして辞書に登録することが少ないのだが、実際には多く行われたに違いない。本書では恐らく俗語への関心から、それらも積極的に収録した結果、今こうして見ることができるのだろう。基になった動詞を漢字表記して同類を挙げると、トリスヘラカス（取り滑る?）・アソハカス（遊ぶ）・フケラカス（耽）・アヤカス（＊）・へ、ラカス（＊）などである。

テテヤカは初めの二音節がエ列音であることも珍しいものだが、そもそもこのヤカという接辞も臭い。初出例の方にもタシヤカ（確）があるほか、タハヤカ（撓?）・ノトヤカ（長閑）・ニホヤカ（匂）などが見える。最後のニホヤカについては「コノニホハニホヒヤカトイヘル義歟」（一五三）とあって、本来ニホヒヤカであったとおぼしい。別に「シタヤカ　シタ、カナトイヘル　シタ如何」（七七一）という項目もある。いわゆる形容動詞語幹の形成の主たる接辞は「カ・ラカ・ヤカ」であるが、相互に侵蝕したことはよく知られた事実で、新しい語形が旧語形の地位を脅やかすこともあった。その地位を奪いえなかった語は遂には俗語、臨時的な語として消えさる運命にあった。それらの語が經尊によって書きとめられ、一時の存在を主張しているのだろう。

最後のヅハシタナシは、語義も語構成もほぼ明白である。ならば、語頭の「ヅ」は何か。ヅブトイ・ヅヌケタ・ヅナイなど、飛びぬけた状態を指し、あるいはペジョラティブを形成する接頭語と見ていいだろう。従来、かかる「ヅ」の初出文献に史記抄が挙げられてきたが、この用例が確かなものならば、二百年以上もさかのぼることになる。この接頭語は長呼されたヅウの形でも、ヅウヅウシイ・ヅウタイなどと用いられた。すると、ほぼ同義で用いられたド・ドウとの関連も考えられる。このド・ドウは十五世紀半ばの抄物までしかさかのぼれない語であった。それらの関係を考える準備も時間もわたしにはないので、これを指摘するにとどめ、それと二百年前の名語記の「ヅ」とを結ぶ材料が出現するのを待つとしよう。

以上、執拗なほどに卑俗な語や生業に関わる語を指摘したきたが、かかる語への著者の関心を端的に語るのは、下臈についての言及であろう。著者は下臈の詞や生活にかかわる語を三十ほど拾っている。

1　下臈ノ詞ニワサト、イフヘキ所ニヤクト、イヘリ如何（五三一）

2　下臈ノ詞　ニオホカル物ヲエラアルト云ヘリ如何（六三二）

3　下臈ノコレミロトイヘル如何（七四五）

これらは下臈の用いる言葉をじかに対象とするもので最も多く、十ほど見える。

4　下臈ヲヲレカトイヘリ如何（二一九）
5　下人ニ物イヒキカセムトスル時　ヨナトイヘル心如何（三二五）
6　下人ヲイフ詞ニナレ如何（四一八）
7　下人ヲヨハフニヤレコトイヘル如何（九一九）
8　下臈ノ髪ヲシ、ケトイヘル　シ、ケ如何（一一〇二）
9　下臈ノハキ物ニゲゞ如何（五七二）
10　下臈ノ足ニツク　コヒ如何（六二五）
11　下臈ノハキノマタラナルヲアマメノツキタルトイヘリ如何（一〇〇四）

4の「下臈ヲ」は「下臈ノ」の誤りで、自称詞「ヲレ」とも解しうる。このままで他称詞と解すると、6の他称詞「ナレ」との違いが分からない。とまれ、下人に対する言葉遣いがうかがわれて興味深い。

この類いは下臈の住居、持ち物、身なりなどに関するものである。10は垢を指すコビとおぼしく、今なお各地の方言として残っていることから推して、階層によって使用語がアカとコビとに分かれていたのかも知れない。アマメは『辞典』に名語記を孤例とするものだが、これも全国に広く分布する方言でもある。

1〜3にもどる。1・2は今も関西では用いられる言葉である。一方、3の「ミロ」とその類例「セヨトイフ心ヲセロトイヘリ　如何　答セロハ田舎ノ詞也」（八二八）は不審である。一般にサ変動詞と弱活用動詞の命令形には、西国ではイ／ヨ、東国ではレ／ロを付けると説かれる。著者の接することが多かった下臈の中には、あるいは東国にゆかりのある人もあったのだろうか。その下臈のいわば特殊な表現を一般化したのか、それとも日本の中央部にもそれが行われていたのか。かく言う理由はほかにもある。

12　下臈ノアラオカナトイヘル何事ニカ如何　コレハヲカシノ義也　オモ　カラ　ナヤノ反歟　カル〳〵シケナルヲ
　イフ事也（八八八）

活字本に「オカナト」とあるが、反切はオカナを対象にしているので「オカナト」に訂正した。アラに反切がないのは、これが「アラ－オカナ」という《感動詞－形容詞語幹》の構造だからである。その形容詞は当然「オカナシ」となるが、越谷吾山が『物類称呼』で「おそろしこはし…駿河辺より武蔵近国にてをつかないといふ」と指摘したように、これは東国方言とされており、文献上の所見とも矛盾しない。かくて經尊が下臈と呼ぶ人はあるいは特定の個人を指すことがあるのではないかと疑われ、本書の対象とした語の性質を考える際に留意すべき点だと言えるだろう。

『辞典』に方言という記述さえないもののうち、わたしが特に強い関心をいだいたものを少し挙げよう。これこそ紛れもない孤例ということになる。個々の語についての説明は省略する。

アエ人（肖人）　アクナ〳〵（くわしくいい聞かすさま）
アタニ（新たに）　アトム（物事を詳しく調べる）
キリム（速める・急ぐ）　クセブ（曲ぶ）
サイトイ（先日）　ススミチ（直道）
チナキル（中から断ち切る）　フハム（柔らかくふくらむ）
マナキル（擬する）　マヲ（真青）
ヤニヤニ（脂脂）

『辞典』は「スネキ（拗気）」という見出しで、名語記の例「人ノ心ノスネキ」（八四三）だけを挙げる。それとは別に「すねい（拗）」の項目を立て、文語形「すねし」として虎明本狂言を初出例とする。名語記ではキを気で解くこともあるが、スネキは形容詞の連体形と見て不都合はなく、スネシの初出例になるはずである。

右には、『辞典』に採録された語を対象にして、名語記の価値を称揚すべく紙数を費やしたが、この『辞典』にも漏れたのではないかと思われる語も少なくない。すなわち、初出例になるはずなのに採録されなかったものである。気付いた語の一部を掲げ、適宜私見を添える。

サチハヒ＝人ノ身ニサチワィトイヘル　サチ如何（六六九）

サチ（幸）の干渉による混交形か、訛りか。

秋サレ・冬サレ＝（六七九）

連歌用語。従来、宗砌あたりを初出とする。

シヘ＝ハレ物ナトノシヘタリトイヘル　シヘ如何（七六三）

四国では今も用いられる。

ヒスシ＝モノ、アチハヒノヒスシトイヘル如何（八一七）

人の性格に言う近世語のヒスシとは別語か。

セグ＝人ニセギカ、ルセグ如何（八三四）

『辞典』に、体で押す、混み合う、の方言として見える。

アヤツ＝小児ノヒタヒニカク　アヤツ如何　答犬也（一〇〇二）

何かのまじないだろう。

シハラクサシ＝シハラ　クサシトイヘル　シハラ如何　シトハラクサ也　小便ノ所也（一〇八〇）

ヤカナフ＝ヤカナフ如何　ヤカタナラハムノ反　屋形成ハス也（一二五四）

ヤに反切なく未詳の語。

コソハユ＝キモ　ソコ　ヒカヤクノ反（一二六五）

『辞典』は四河入海を初出とする。コソハユシか。

続いて、その語が項目としても立てられていないもの、すなわち日本語として『辞典』に見えない語のいくつか。これらこそ、本書の価値を最も高からしめるものであろう。もっとも、対象とする語の形態と意味が確定でき、望むらくは用例を得て初めて辞書に登録すべきものだろうから、『辞典』が採録しないのはそれなりに意味があるのかもしれない。しかし、一辞書の例だけで登録する語も多いのだから、これらの語を採録しなかったわけは明らかでない。

ネツ＝ネイリタル人ノクチヨリタルヲネツトナツク如何（四〇四）

「寝唾」の表記が可能な語だろう。

フテタリ＝コエフトリタル物ヲフテタリトイヘル　フテ如何（五八九）

「太たり」ということか。

人サリ＝人モナキ家ヲハ人サリモナシトイヘル　サリ如何（六七〇）

シラ＝双六ノカケサルヲシラトナツク如何（七七五）

コバフ＝人ニシタカヒ　ウヤマフヲコハフトイヘル如何（九五四）

「媚ぶ」の再活用形だろう。

コネル＝人ノアツマレル　マヘヲコネル如何（九六三）

「小練る」か。

ノレモノ＝人ノフルマヒニノレモノトイフ　ノル如何（四八〇）　ノレアリク（三六九）

放蕩を意味する「のら」とつながる言葉であろう。

以上、縷々並べあげた語はわたしの気付いたものの一部である。それでも本書が日本語史を考える上で有益であることは推察されるであろう。これらのほかに、何とも意味が取れない語はじつに多い。仮名遣いの混乱を反映するらしい語、濁点がなくて語形の確定しえない語も多い。それらは未詳ということで無視するのではなく、われわれの脳裏にしかと刻んでおく必要がある。いつなんどき具体的な用例を得て動き出すか知れないのだから。その意味でも、本書の活字本が体裁・索引の両面で、使いにくい本であることが悔やまれる。

けだし、名語記は鎌倉時代語の貴重なレキシコンである。

三　泥の如し

今年、わたしのゼミナールでは、九州大学萩野文庫蔵の『今昔物語抄』を読んでいる。その中の一つ「玄奘三蔵渡天竺給事」と題する話に、玄奘三蔵が天竺を遊行中に浸淫瘡を病んで死に瀕した人、実は観世音菩薩に出会って、体から滲みでる膿を嘗めとって救うくだりがある。そこに「身ノ様テ如泥シ」という記述がある。「様テ」の「テ」は誤写とおぼしい。教室ではその箇所の「泥」をどう読むかが問題になった。これはほぼ同文で『打聞集』にも見え、「身ノサマ泥ノ如シ」とある。この話は『今昔物語集』では巻第六の第六語に相当する。山田孝雄博士と三人の子息による〈日本古典文学大系〉の全五冊は、厳密にして詳細な校注で学界の絶賛を浴びたものである。その第二冊に当該箇所を見ると、「デイ」と読んでいる。そして、補注ではその訓の根拠をかなり詳しく説明し、終りに括弧書きで「この項の稿者は、俊雄」とある。わたしの記憶では、ほかに補注の文責を明記した箇所を知らない。過ぐる初夏のあるパーティーの席で、山田俊雄氏にゼミの話をしてその補注について尋ね、あの校注の仕事の一過程を知ることができた。氏によると、「どろ」という語の由来がいま一つ明らかでなかったことも、デイに踏みとどまった理由であったという。

『名語記』巻第三にその「どろ」が二回見える。活字本から左に引いて示すが、初めのトロには朱の声点があり、トは平声の位置に双点、ロは上声の位置に単点である。

水ノ底ノコミヲドロトナツク如何　答　土漏也　又泥ラヨノ義歟（一六六）

猪カ夏ニナレハカニクハレシトテトロニフシコロヒテ…（二〇四）

反切がないのでいま一つはっきりしないが、「ラヨ」は「ラヨ」の誤写で「ロ」を導くのだろう。それでも「ド」の音節は出て来ない。「泥」の漢字音「デイ」の第一音節「デ」を生かすべく、しかし反切にはならないので、「泥ラヨノ義歟」とおぼめかしたのではないか。それにしても「ラヨ」の反切は何のことか判然としない。そもそも、付属語以外にラ行音で始まる語がないのは固有日本語の頭音法則だから、ラ行音を概念語の反切で説明することは、どだい不可能である。それでも反切を挙げざるをえない著者はさぞ苦しかったろうと思うが、案外そのような感覚の稀薄な人だからこそかかる著作をなしたのかもしれない。本書のラ行音を解く反切の堂々巡りは、例えば、次の数条、特にその傍線部を見れば十分であろう。

オウキラカ　チヒサラカナト詞ノスヱニヲケル　ラカ如何　答　ラカハレハカナノ反ラヤカナ　ラヤキハノ反（四三三）

ウスラヤ　スキラヤ　フトラヤノラヤ如何　答　ラヤハラカヤ也　ラヤカナノ反（四三六）

ホコロフ如何　綻也　ヒロコルラヨハムノ反（一一七九）

ト、ロカ如何　ツヨ〳〵ラヨカナノ反（一一八一）

「泥」の文字についていえば、名語記の他の箇所にも見える。その一つは巻第五で、「水ノ底ニツ、ヰタル　コミ如何　答コミハクホミチノ反　窪満也　泥ヲハコヒチトヨメリ」（六二一）とある。コヒヂである。巻第六のヒの二字名語に「臂」と擬声語の「ヒチ」は取りあげているのに、泥の「ヒヂ」は見えず、この語の語性を判断すべき手がかりはないが、ヒヂの複合語ウヒヂ・スヒヂは記紀神話で神名に用いられた語でもあり、日本語史上で特に負の価値を帯びていた形跡はなく、平安和歌に「恋路」との掛詞がまれに見られる。したがってコヒヂは、經尊には雅びな語と感じられていたのではないか。そして、ドロが最も普通の語であったのだろう。

平安時代を通じて、語頭に濁音をもつ、亀井孝（1970）のいわゆる「濁音語」が次第に一般語彙にも現れるようになったが、その語に揺曳する表現価値はおおよそ二様に分かれた。「出す」「どれ」「奪《ば》ふ」など、語頭の狭母音を捨てて濁音語に移ったものはさほど負の価値を帯びなかった。それに対して本来語頭に狭母音や鼻音をもたず、語頭の清音が濁音に転じたものは負の価値を帯びることになった。今昔物語が書かれた時期、土・泥を表わす類義語に、雅語のコヒヂ・ヒヂリコを除くと、固有語としてはまず、ツチ・ヒヂ、陶土のハニ、漢語由来のデイの四つが考えられる。新生のドロがはたしていかなる位置にあったか、それが問題である。ツチは天（アメ）に対応する語として、あるいは大地・地面の意味で用いられるのが一般である。デイは金泥・銀泥のように仏像の彩色や経典の書写の場面などで用いられることが多く、むしろ高い価値を伴う語であった。ヒヂは中立的な意味で最も広く用いられただろう。わたしたちは庭仕事をして手に付いたものをツチと言い、あるいはドロと言う。しかし、雨上がりのぬかるみに転んで手に付いたものをツチとは言わない。いまいましい「ドロ」である。平安時代の人たちはそのようなとき、「いまいましきヒヂよ」と呟いたのか、「デイ」と言ったのか。ドロは汚れた醜いものとして負の価値を帯びて用いられるという区別が生まれていたのではなかったか。

濁音語はいかほど一般化していたのだろうか。本書の声点がいかなる基準で差されたのか、通読しただけのわたしには今のところ見当が付かない。語頭の仮名に濁点つまり双点が差された和語を、目に付いたもの、それに索引を手がかりに拾い出してみよう。オノマトペは除く。

アラ、カナルコトニヅハシタナシトイヘル　ツ如何（六三）

勝負ノコトニ持ヲドロトナツク如何（一六六）

不審スル詞ニドレソトイヘル　トレ如何（一七二）

武勇　異治メカシキ輩ノガタクルカラカマシトイヘルガラ如何（一七三）

ウスヤウ色紙ナトヲダム如何（三三七）

山ノタカキ峯ヲダケトナツク如何　タケハ嵩也（三四一）

モノヲダク如何　タクハイタク也　抱也　懐也（三三九）

シルヘモナクテ人ノモトヲタツヌルヲダテ曠涼トイヘル如何（三四五）

目ニミエヌ物ヲヅラトイヘル詞如何　イツラノイヲ略セル也（三八七）

ガラヲクル如何　カクラス　カクレルノ反　クル也　人ニコトハヲカクルヨシ也（五〇五）

母ヲゴヾトイヘル如何（六一八）

牛ヲシリサマヘユケト思時ハジリトイヘル心如何（七六六）

明らかな俗語や牛飼いの語彙は別に考えるべきかも知れない。ダム・ダケは、早く濁音語として日本語の語彙体系に座を占めた特異なものである。ドレソ・ダク・ヅラの類、すなわち元来語頭に持っていた狭母音のイあるいはウを失って濁音が露わになった語は、ほかにも多いはずで、差声なしに登載されたものに、ダのタス（出す）、ヅのツル（出る）、デの出・出羽・出歯・出居・出来・出湯・出目、ドのトコ（何処）、それにバに始まる「人ノモチタル物ヲ心モユカスシテトルヲハウトナツク如何　ソレハ　ウハフ也　奪ノ字也　ウヲ略シテハウトハイヘル也」（一三四）のハウ（奪う）がある。結局、名語記では濁点が明示された濁音語は、ダ行音が大半で、ガ行音が二つ、ジが一つである。濁点はないが記述から濁音語と判断されるのが右の「奪う」である。

これに対して平安時代末期の状況を、望月郁子（1974）を手がかりに類聚名義抄・色葉字類抄で調べてみると、やはり違った実態が見える。すなわち誤点とおぼしいものを除くと、バ（場）・バク（媚）・バケ（術）・バフ（簒）・駛（ブチムマ）・ベニ（經粉）・ボク（耄）と圧倒的にバ行音に偏り、他の行はガエンズ（肯）・グヾサ（蕪）だけである。語頭に濁音の露出することがバ行音に始まったことは疑いない。それは、語頭濁音を覆っていたのが唇を狭めて発音する母音ウであり、続くバ行音も唇音であったということ、つまり調音点がほとんど動かなかったからである。言い換えると、語頭バ行音の入り渡り音の機能を担っていた程度の母音であり、その脱落もさほど強く意識されることはなかったのだと思う。

かくて、現在のところ、ドロについても、名語記が日本語史上の確かな初出例を記録していることになるのである。『辞典』は、「どろ」の初出例に『大鏡』忠平伝の「泥をふみこみて」を挙げているが、これは、山田氏が大系の補注で、漢字表記ゆえ訓の根拠はないとしたものである。その批判にもかかわらず『辞典』があえてこれを挙げる本意は分からない。今昔物語集の成立は、その説話に表われる実在の人物の経歴を基にして天治年間あたりが上限と言われるので、名語記との隔たりは約百三十年。このドロという語形は、經尊が語源解釈書でその対象にしても違和感のないほど人々の口に上るものになっていたのだろう。しからば、今昔物語集が書かれた時代はどうだったか。

現在通行の注釈を比べてみよう。代表的な用例を大系によって掲げ、片仮名宣命書きはしない。

1　法師、寄リテ病メル者ノ胸ノ程ヲ先ヅ舐リ給フ。身ノ膚泥《デイ》ノ如シ。（六―六）

問題の箇所だが、日本古典文学全集（以下、「全集」と略記）はこの巻を収めず、新日本古典文学大系（以下、「新大系」）は未刊で比較できない。

2　（増賀聖人は乳児のころ、坂東に下る道で馬から落ちる。）狭キ道ノ中ニ、此ノ児、空ニ仰テ咲テ伏セリ。見レバ泥《デイ》ニモ不穢ズ、水ニモ不濯ズ疵モ无テ有レバ（十二―三十三）

このくだり、特に雨降りとも雨上がりとも書いてはいない。普通の街道と見ていいだろう。そのような路上に落ちた乳児の体や衣服に付いたものを、院政期の畿内でどう言ったのか。全集はヒヂと読む。新大系はデイと読み、「泥」の訓は後にドロが一般的になるが、この時代は未確認である旨を記す。これは大系の補注のたちばを継承したものと言える。

3　守、貞任ヲ見テ喜テ其ノ頸ヲ斬ツ。亦弟重任ガ頸ヲ斬ツ。但シ、宗任ハ深キ泥《デイ》ニ落入テ逃ゲ脱ヌ。（廿五―十三）

前九年の役で、安倍宗任が泥沼に落ちて助かった話。全集はドロ、新潮日本古典集成は付訓しない。

4　燈指、大長者トシテ一ノ泥《デイ》ノ像ヲ見ルニ、一ノ指落チタリ。（二―十二）

仏の塑像である。大系第一冊の補注に、次の5の「泥形」はドロカタの表記と考えられるとし、「かく読んでも格別新し過ぎるという非難は受けまい」としながら「今慎重を期して姑く後者に従う」としてデイの訓を採っている。

5　（犬が与えられた）飯ヲ皆泥形ニ踏ミ成シテ噉シラガフ音ヲ聞テ（十九―三）

第一冊で4の補注のように述べる大系は、この「泥形」には撰集抄・古今著聞集に見えるドロカタと揆を一にする旨を頭注に記すが、なぜか付訓しない。全集はヒヂカタと付訓し、「泥まみれ。泥だらけ」の頭注がある。大系は「泥」をデイと読むことで通したいように見える。

6（夫の殺意を察して沼に身を投じた女が）此ノ沼ノ上ハ泥《デイ》ノ如クシテ葦ナド、云フ者ノ生ヒ滋リテ、底ハ遙ニ深カリケルニ、…先ヅ陸ニ上ヌ。身ハ土形ナレバ、水ノ有ル所ニ寄リテ洗フ。（十六―廿一）

「泥」の訓、新大系も当然デイ、全集はドロ。大系は補注で「意訳すれば、泥人形のようであったから」と記すが「土形」には付訓せず、全集・新大系ともにツチノカタチ。

7 田ニ立テ検田スル間ニ、見レバ泥《デイ》ノ中ニ一尺許ノ地蔵菩薩ノ像、半バ泥《デイ》ノ中ニ入リタリ、（十七―五）

全集はヒヂと読む。ほかに、「泥塔」（十七―廿八）を全集がデイタフと一語で読むのに、大系がデイノタフと助詞を介在させた形で読むのも、大系がデイを自立語と見ていることを示すのだろう。それは「泥」の字をおおむねデイと読むことに繋がると思われる。

以上、今昔物語集における「泥」とその周辺の文字の訓をひととおり見た。全集はヒヂを基本としながら、ほぼ泥沼と断定できそうな3と6はドロと読む方針と見え、7の泥田はヒヂと読んでいる。ただ読み分けの根拠は明らかにしていない。大系はデイで通すように見えながらも、5・6の扱いは曖昧である。

わたしは、5の「泥形」と6の「土形」に解決の手がかりが求められるように思う。『日本書紀』神代上の神名「泥土」に付けられた訓注「于毗尼《うひぢ》」以来、高山寺本『和名抄』遠江国城飼郡の郷名「土形比知加多」、観智院本『類聚名義抄』の「泥ヒヂ」などによって、古代以来、この両字がともにヒヂの訓を持ち続けたことに疑いの余地はない。『古今著聞集』第二十巻に、縁浄法師が詠んだ歌「しろ馬はとろかたにこそなりにけれつちあしけとやいふへかるらん」があり、先立つ地の文に「あしけなる馬とろかたになりたりけるを」と見えるので、傍線部が「どろかた」の表記であることは動くまい。『撰集抄』の方は、松平本巻一の三「かしら面より始て足手とろかたにて気色浅猿きか」の傍線部が、書陵部本・静嘉堂本も同じである。成立時期と作者の点で問題はあるが、ともかく「どろかた」の存在は認められる。平安時代の日本語で泥まみれの状態はヒヂカタであったが、語頭濁音が殖えてくるにつれて、その不快感を表現すべく擬声語のドロを用いるようになったことは十分に推測できる。それでもしばらくの間はヒヂとドロが共存したであろう。今昔物語集はその時期に書かれたのだ、そうわたしは考える。今昔物語集の編者は新語のドロカタを用いることをためらい、まだ十分な活動力をもつヒヂカタを選んだのであろう。

固有の日本語に濁音語はなかった。この事実は動くまい。しかし萬葉集巻第五の貧窮問答歌で、山上憶良がかぜを引いた貧者の姿を「鼻毗《び》之《し》毗《び》之《し》尓《に》」と詠んでいるのは周知のことである。わずか一例に過ぎないか、これはオノマトペが頭音法則の外にあったことを雄弁に語っている。したがって、古代の日本人が、ほどよい柔らかさになった葛湯の状態と、道がひどくぬかるんだ状態を同じ擬態語で表現したと考えるのは現実的ではない。当然、語頭音の清濁の別によるトロトロとドロドロを使いわけたに違いない。「泥」がドロの訓を獲得するきっかけが何であったか、残念ながらそれは定かでない。濁音語が殖えて行く時代の趨勢に乗ったものであろうか。

結局、大系が「ドロの如し」と読まないのは正解であったと思う。しかし「デイの如し」の訓は、以上に述べたように同じがたいのである。なお、今昔物語集の表記原則からして、著者に新語のドロと読ませる意図があったら、「泥」と漢字表記せずに片仮名で書いたはず。大系の補注はそれをはっきり指摘すべきだったと思うが、自明のこととして省かれた点がいささか不満である。この問題をめぐって、山田氏には別に周到な論文（1958）があるからである。この不満が全集に対していっそう強いことは言うまでもない。

ちなみに、名語記巻第三の「ドロ」の項に続いて、「トロ」の項目が「心ノトロシトイヘル　トロ如何　コレモカタ

〱トモナクテ土漏ノヤウナルヲイフ歟」（一六六）と見える。人間の精神のありようを土壌の状態に類推して説明するものである。そして、トロメイタルの核となる動詞「とろめく」の解釈が巻第九にある。「トロメク如何　答　小手トロハトケラヨノ反　テロヲトロトイヘル也　又云　土漏ノ義歟」（一一八〇）。これらの記述を見ると、著者が擬態語トロと泥のドロの間にある種の関連を感じていたように思われる。

おわりに

泥にかかわる文字と言葉をめぐって、わたしには忘れられない三つの記憶がある。

十三年前、わたしは岐阜の町外れに小さな家を建てた。山裾の石だらけの土地であった。庭に芝生を貼りたいと思って業者に段取りを頼むと、これこれの日に「ドロを運んで行く」という連絡を受けた。泥を運び込まれるのは鬱陶しいことだと思ったが、当日運ばれてきたのは、綺麗に乾いた黄色い土で、地元ではサバッチと呼ぶものであった。そこでわたしは、岐阜では乾いていてもドロということを知ったのである。それは、古代人がヒヂという言葉で土の様々な状態を指し得たようなものであろう。

もう四半世紀の昔、公害という言葉がマスメディアを賑わしていた経済の高度成長期のこと、突然「ヘドロ」という言葉が飛び交うようになった。それはわたしには全く新しい言葉であった。きっかけは田子の浦港、工場排水に含まれていた汚泥が、長い年月にわたって沈澱したものをそう称したのである。ヘドロという言葉は、平凡社の『大辞典』に神奈川県津久井郡の方言として載る以外、普通の辞書には見られなかったものである。いま日本では、新しく生まれた言葉でもたった一日で全国の共通語になる、テレビジョンの電波に乗って。国語辞典をひもとくとヘドロはしっかりと市民権を得ており、『広辞苑』は第三版から載せている。『現代用語の基礎知識』は一九七一年版に初めてヘドロの語を載せ、翌年版から「公害問題用語の解説」の章を建てている。『日本国語大辞典』は、文献からは佐藤春夫「田園の憂鬱」の「へどろの赭土を晒して」を挙げ、『日本方言大辞典』によると、名古屋、神奈川県津久井郡、奈良県宇陀郡宇陀の方言としている。佐藤春夫は和歌山県新宮市の出身、田子の浦は静岡県、右の方言の行われる地域の近隣といっていい。ドロではまだ物足りない不快感を、擬態語のベトあるいは臭い物としての「へ」を被せることで表わそうとしたのだろうか。

寛政九年二月、出雲の藩主松平不昧に寵愛せられた指物大工小林安左衛門は、剃髪を命ぜられ、如泥の号を授かる。石川淳の『諸国畸人伝』によると、如泥の号は唐詩の一句「笑殺山翁酔如泥」に由来するという。その号のように、飲み方も酔い方も豪快だったのだろう。深夜ひとり仕事場にこもってひとの近づくを禁じ、銘をとどめず弟子とらず、工程の跡を残さぬその仕事ぶりは、わたしの最もあらまほしき職人の姿である。如泥の藝に接したいと久しく願いながら、わたしはまだ果たしていない。

この「如泥」という語は、泥酔状態の意味から来るのだろう、だらしないという意味で、古代後期から中世にかけて漢文日記のたぐいに見ることができる。この語はまた名語記にも見える。

下人ノ如泥ナル　マメナルナトイヘル　マメ如何（五五七）

下臈ノ如泥ナルヲ精好セラレテ　フチ〳〵トフチメク　フチ如何　フチハフツ也　フツノ所ニアルヘシ　但フチハハクタリノ反（五八〇）

いずれも下人・下臈に絡んで用いられているが、辞書的な意味の「怠慢、だらしない、ぐず」などがそのまま適用できそうである。不昧が安左衛門に如泥の号を与えたときは、もうこのような意味での用法は忘れられていたのであろう。如泥の極みのようなわたしも、その下臈のように人間《じんかん》で精好せられ、少しはふちめくべく努め、如泥のように後世に残るものを一つでも書きたいものである。もっとも、そのフチメクがまた他に所見のない語で、フツの箇所にも説明がなくて明解を得ないのだが。

文　献

漆崎正人（1987）「孤例の扱い・『名語記』の〝ナメク〟の場合から」（『藤女子大学国文学会雑誌』39号）

岡田希雄（1935）「鎌倉期の語源辞書名語記十帖に就いて　上中下」（『国語国文』第五巻11～13号）

亀井　孝（1970）「かなはなぜ濁音専用の字体をもたなかったか――をめぐってかたる」（『人文科学研究』12号）

工藤力男（1993）「名語記私解」（『岐阜大学国語国文学』19号）

中山緑朗（1985）「『名語記』の文法意識」（『立教大学日本文学』58号）

西田直敏（1988）「『名語記』掲出の助詞助動詞語彙」（『北大国語学講座二十周年記念論輯　辞書・音義』）

望月郁子（1974）『類聚名義抄　四種声点付和訓集成』

山田俊雄（1958）「表記体・用字と文脈・用語との関連――今昔物語集宣命書きの中の特例に及ぶ覚え書――」（『成城文藝』15号）

補　記　本篇は、千九百九十五年三月発行の『成城國文學論集』第二十三輯に掲載された。

〈位相〉考

はじめに

日本語そのもの、あるいは日本語で書かれた作品を研究対象とする者は、ことばに対して細心の注意を払っているのだから、自らがそれを使用するに際しても無神経でおられないのが道理であろう。が、現実は必ずしもそうではない。例えば、言語による創作品もそれを研究する営みも、ともに「文学」というのはシナ渡来の長い歴史との関わりでやむをえないとしても、文学史なり言語史なりの記述において、上代・中古・中世・近世・近代といった時代区分が罷り通っているのはどうしたことだろうか。中古と中世とはどこが違うのか、近世と近代とは同義語ではないのか、そうした時代区分の背後にいかなる歴史認識があるのか。あるいはまた、散文に対して韻文というが、日本文藝の歴史において、漢詩を除く藝術的な韻文の存在したことが果たしてあっただろうか。

日本語学の領域に限ってもこれに類似した、不可解な、あるいは再考すべき術語が少なくない。例えば、「言語地理学」については地図言語学に過ぎないという批判がすでにあり、いかにも正鵠を射た指摘だと思う。また、英文法で"object"の訳語に用いた「目的語」はあまり適切だとは思えないが、それに対する反省もなく日本文法に用いるのはいかがかと思う。かかる現象には、その原因がその術語にもともと内在するばあいと、研究者の恣意的な、あるいは迂闊な使用による、いわば外在するばあいとがある。田島毓堂（1992・1993）は、語彙論の分野の術語に厳密さを求める数少ない提案である。そのような術語を再検討して学問のありかたを考えるべく、手始めに「位相」を取り上げよう。

一

その専門の学科のある大学で、日本語学あるいは国語学の教員にとって頭の痛い授業科目がある。それは、たいてい必修か準必修になっている日本語学概論あるいは国語学概論である。工夫を凝らすことで少しは苦痛を和らげることも可能だが、それにも限度がある。かつての帝国大学では、概論は、学問の奥義を極めた学者の講ずべきものとして教授の担当する習わしであった、と我が師濱田敦（1972）は言う。いかにもしかあるべしとわたしも考えるのだが、なにせ駅弁以上に簇生した現在のあまたの大学ではそれもかなわぬ話。しかもその科目の担当教員はたいてい一人きりの小私学では、教授の助教授のと言ってはおられない。わたしも身すぎのために、学成らずしてこの科目を担当している。しかし、全領域について遍く話すことは不可能なので、教科書を持たせて講義の欠けたところを補わせたり、その中から宿題を出したりしている。が、ここにも新しい問題が出来する。学生は、自分が不正確に書き留めた教員の話よりも、活字に固定されたものを信じたり記憶したりしようとする。缺席でもしようものなら、それに拍車がかかる。したがって、採用予定書の記述を隅々まで点検した上でなければ安心して使えないことになる。編著書の名前に頼って採用しても、共著の多い近年の概論書には思わぬ落とし穴がある。それが学問の基本的な定義や概念だったりすると事は厄介だ。その一つが、語彙論の章に必ず登場する「位相」である。

わたしの前任校は二学期制で、「国語学概論」も十二三回しか講義できず、しぜん駆け足になった。音韻、文字、文法と来ると大抵学期末、急いで特に関心のある方言を扱い、語彙論は一回くらい話して、あとは自分で読んでおけ、と言って済ませることが多かった。現任校は通年制で、語彙論にも五回くらいは割けるので、改めて教科書を丁寧に読むことになった。そこで蘇ったのが「位相」の問題である。

手もとにある概論書のうちから、「位相」に関する記述を引いてみよう。近年の概論書は大抵共著の体裁をとっているが、本稿の意図は著者を批判することにはないので、本文には刊行年（キリスト暦）だけを洋数字で括弧書きし、書名などは文献注記に回す。

Ａ　同じ言語でも、話し手の性別・年齢・職業・階級その他によって種々の異なった姿を呈することがある。これを言語の「位相」という。（1964）

原著にはない傍線を施して右に掲げたが、「その他によって」はやや不透明さを残す。ここに挙がっている条件は、その話し手にほぼ固有のものであって、性別は生来変わらず、年齢は一年に一つしか加わらないし、職業・階級も臨機応変とはいかない。したがって、著者の含意するところが、そうした条件なのか否かこれだけでは明らかにならないからである。現在これを読むと、なんとも言えない違和感を覚える。以下、ほぼ十年ごとに概論書の記述をたどってみる。

Ｂ　ことばは同じ話し手でも、相手や場面に応じて違った話し方をすることがある。たとえば、口語・文語・雅語・俗語・歌語などである。また、話し手が属する地域・性別・年齢・職業・身分などによって、ことばが異なることがある。すなわち、方言・男性語・女性語・児童語・老人語、それに武士語・町人語・遊女語・泥棒語・学者

語などがある。(1973)

右は、その節の冒頭三行の全部である。今回数点の概論書を比べてみたが、この記述はかなり異色である。先ず、節の標題に「位相」の語があるだけで「位相」の定義がない。あえて定義するまでもないと判断したとすれば、いかにもこの術語の発祥地の人たちの分担執筆になる書らしい。次に、Aでは直接挙げなかった多くの条件が示されている。すなわち、一般に文体を論ずるときに挙がってくる口語・文語・雅語・俗語・歌語も見えることである。さらに、方言も含まれているので、極めて幅広くとらえていることが知られる。

C　このように言語が性、年齢、特別の集団や場面等で異なる様相を示している現象を言語の位相と呼び、それぞれに特有の語を位相語という。(1983)

これは、Aとほぼ同じ記述に「位相語」の説明を加えたものと言っていいだろうが、Aには直接は見えなかった「場面等」という条件が明示されている。この「場面等」はかなり広い範囲を覆うことができるので、Bの記述になにほどか近付くことになるだろう。

D　実際の言語活動における単語の使用はさまざまな様相を示すが、このような現象を位相という。位相には、話し手や書き手といった表現主体による違いによる場合、どのような内容を表現するかという内容の違いによる場合、口頭で行なうか文章で行なうかといった表現様式の違いによるばあい、あらたまった場面かくだけた場面かといった場面の違いによる場合などがある。(1993)

傍線部の記述は漠然としているが、付加説明によると、その範囲はCに近いと言えようか。

以上、いささか繁雑になることを承知して、あえて長い引用で概論書の現状を示した。記述には少しずつ相違のあることが分かったが、いずれによっても、わたしの違和感は消えなかった。本年度使用している教科書には次のようにある。

Ｅ　年齢・性別や職業など、特定の社会集団に属する人だけが使う語彙がある。そのような現象を言語の「位相」と呼び、その特有の語彙を「位相語」と呼ぶ。(1984)

これらの記述に対するわたしの違和感を教室で話して学生に感想を求めたが、答は一つも返ってこなかった。学界でもこの点について話題になったと聞いたことがない。この違和感は自分だけがいだくものなのだろうか。その由来を突き止め、できたらそれを解消させたいと思う。

二

前節に述べたわたしの違和感の原因は「位相」にある。この語がわたしに喚起する意味は飽くまでも静的な体言ないしは状態語であって、Ａの定義「種々の異なった姿を呈する」といった動的な意味を喚起することがない。漢語は、本来の語構成による解釈で用いられるとは限らず、日本語の論理による解釈でも用いられる。例えば、「落下」という語は体言だが、落・下ともに動詞と判断されるので、サ変動詞「落下する」と用いることになる。「落涙」は静的な「落ちる涙」とも、動的な「涙を落とす」とも解釈できるので、「落涙する」と用いることに抵抗感はない。「落日」は「落ちる日」という体言としての意味を喚起させるので、漢語の語構成「日落つ」を知ってはいても、「落日する」は一般に用いられない。「位相」がわたしに喚起する意味のありかたは、この「落日」のそれよりも遠い。このように、わたしたちは、漢字の熟語に対するとき、無意識にその語構成を判断して、名詞に、あるいは動詞に、あるいは状態表現に類別しているのであろう。「位相」が、右に再度引いたＡのような意味での術語であったら、サ変動詞

「位相する」が可能なはずだが、わたしには、それはこのごろ耳にする「青春する」や「学生する」、あるいは「左翼する」よりも不自然に感じられる。

日本語史において、「位」「相」がここに用いた意味を表わしうるような動詞の訓で用いられたことがあるだろうか。それを確かめるために、平凡だが、先ず多くの訓が拾える観智院本『類聚名義抄』から重複を避けて掲げると、「位」には「クラヰ　イカタ　タ、　ヒラ　ヨシ　タ、ス」（仏上三、法上九二）、「相」には「タスク　ミル　ツチシロ　コモ〱　ミチヒク　アフ　マサリカホ　マコト　キク　カタチ　ニル　タガヒニ　トヲシ　ハケム　トフラフ　イフ　ヲサム　ハカル　タカシ　マサ　スケ」（仏中七六、仏下本一一三）がある。
『字鏡集』でも大きな変化はない。『倭玉篇』になると掲出される訓は激減し、割に多くの訓を載せる『拾篇目集』でも、「位」に「ヨシ　タ、　ヒラ　クラヰ」、「相」に「アフ　カタチ　マフテ　ミチヒク　タスク　キク」である。キリシタン版『落葉集』（京都大学国語学国文学研究室複製本）では、「位」には「くらゐ」の訓しか見られず、六箇所に登載される「相」では、傍訓「あひ　あふ　かたち」、字下注訓「みる　あふ　たすく」と減少する。山田俊雄（1971）は、傍訓を定訓と見なしていいという。

近代の状況を見よう。漢学者の編纂した辞典はさすがに違って、例えば石川鴻齋編『新撰日本字典』（1892）は、「位」に「タヾシ　ノゾム　ツラナル　クライ　トコロ」の五つ、「相」に「カヘリミル　トモニス　アヒ　スガタミル　タスク　ミチビク　ツトム　アシラフ　ヲサム　エラブ　キネウタ　ガクノウツハ」の訓を掲げる。しかし、一般の国語辞書『ことばの泉』（1899）は、「位」に「くらゐ」、「相」に「あひ　サウ　シャウ」を掲げるのみである。「位−相」の文字列に沿って右に見える訓から拾い集めて連ねても、先に見た概論書A・C・D・Eの傍線部のような意味を喚起せしめる訓を引き出すことができない。わたしがこの二字によって喚起される意味を右の訓に求めると、クライ—カタチ、またはクライ—スガタである。「位」については右に挙げた『落葉集』段階であり、それを上字にもつ二字熟語を思い浮かべても、位置・位階・位牌どまりである。この字にクライ以外の訓を思い浮かべることのできる人はよほど漢字に詳しい人ではなかろうか。「相」の訓として、わたしはカタチよりも先にスガタの訓を思い浮かべる。これは一種の職業病、日本語動詞のヴォイスやアスペクトを論じて、「所相」「中相」、あるいは「継続相」「完結相」などと用いるからかも知れない。「相」を下字とする二字熟語で先ず思い浮かべるのは、手相・人相・家相・様相・形相のたぐいである。これらの「相」がみなカタチ・スガタの意味であること言うまでもない。結局、わたしが考える「位相」の意味は、「クライのスガタ」なのである。

さて、先に見た概論書の記述がおおむね類似しているのは、もともと出所が一つなのだから当然のことである。そこで、その出所に立ち返って考えてみよう。これを語彙論の術語として学界に提出した菊澤季生（1933）の言に聞くことが最善の策であろう。菊澤は、国語の分析的な研究を、音韻論・語義論・文法論の三つに分けたうえで、音声と意味との綜合的な研究の必要性を説いて次のように述べる。原著にはない傍線は、やはりわたくしに加えた。

水は固体である時は氷といひ、気体と化せば水蒸気とか湯気とか唱へられるのでありますが、物理化学的に見ますとこれは全く同一の物質でありまして、たゞ位相（phase）を異にするに過ぎないと認められてゐます。この「位相」なる術語を国語学にも採用致しますならば、言語は社会が位相を異にする毎にその位相を異にし、国語学者は、この様に国語が位相を異にする毎にこれを研究する必要があるといふ事になる訳であります。国語学の綜合的研究の一面にはこの位相の相違による特殊の事実を認識し、位相の相違による変化の状況を究め、その間にはたらく法則を見出すべき方面の存する事が分るのでありまして、この様な研究部門を名づけて位相論（英語にすれば Phaselogy）と唱へようと思ふのであります。

この記述を先のA・C・D・Eのそれと比べると、なにびとも明らかに重大な相違のあることに気付くだろう。この語の由来からも分かるように、菊澤は、「言語は社会が位相を異にする毎にその位相を異にし」（傍線部）と言っているのであって、言語表現が異なることを「位相」と言っているのではない。ここの記述から先に見た概論書の記述は出てくるはずがないのである。このことは極めて重大な事実だということをまず確認しておきたい。

菊澤は位相論を様相論と様式論とに分け、その様相論も、社会的・心理的な側面からの「階級方言・特殊語」、地域的側面からの「方言」、生理発達的側面からの「児童語」に三分されるとする。先の概論書Bの記述が他書と異なって方言も含むのは、ここに由来するのではないかと推測される。これらを敷衍した菊澤の説明を見ると、「位相」の意味がもっと明瞭になる。例えば、「第一種の社会心理的な位相が相違する結果は、従来階級方言（class dialect）又は特殊語（special language）と唱へられた種類の言語を生み出す」に見るように、位相が相違する結果として各種の言語が生まれる、と言っているのである。これらの記述の「位相」に、先の概論書のうち、例えばCの定義「言語が性、年齢、特別の集団や場面等で異なる様相を示している現象」を代入すると、全く不可解な文になることからも、これらの記述の不当さが知られるだろう。

わたしの違和感の淵源がだいぶはっきりしてきたが、あるいは菊澤の提唱も変化したのかも知れない。初めの論文を取り込む形で著わされた菊澤（1936）に就いて見よう。

言語社会全体の位相の相違に応じて現はれる言語の相違に着目して研究を進めるべき位相論は、地域階級的な社会的位相の相違に応じたもの（方言又は特殊語）、生理発達的な段階の各社会に応じたもの（幼児語・児童語）等に二大別する事が出来る。（第一章）

元来言語には、それ自身に独特な生命が存するものではなく、全くその言語を使用する言語社会の精神思想を反映したものであつて、一定の言語社会は、その言語社会に所属する各個人に通ずる通語を有するものである。而も此の言語社会は種々な位相を有するため、それに応じて通語も種々な位相を示す事になる。此の通語の種々な位相を考察して、これを記述し説明するのが位相論の任務でなければならない。（第一〇章）

これによると、様相論の三分から二分に変わっているが、「位相」そのものに関する菊澤の見解は変化していないと言って良いだろう。ただし、その後については知らない。

三

菊澤の著書『新興国語学序説』が刊行された時期、出版界は決して恵まれた状況にはなかったようだ。我が勤務先の図書館所蔵本は、その奥付に「新興國語學序説　出版會承認番號（庫）四一二七　部數　二〇〇〇部」とある孔版刷りの紙片が貼られている。この数字どおりの発行部数で、しかも戦火に遭ったものも少なくないとすると、戦後の研究者がどれほどこれを実見しえたか、はなはだこころもとない。現行の概論書の多くは孫引きで書かれているのではないか、と疑われるのである。もしわたしの想像どおりだとすると、何から引いているのか。その種本を突き止めることはできないが、戦後十年にして刊行された『国語学辞典』ではないか、とわたしはにらんでいる。

位相論　ことばの位相に関する論。元来、原始的な社会では単一なことばが用いられていたに違いないが、社会が複雑に分化するに従って、それらの社会に独特のことばができ、その社会に属するものは、そのことばを使って生活するのであるが、それらのことばを他の社会のことばと比較すると、違ったすがたをしている。これがいわゆる位相である。

文言は異なるが、ずれ方は同じである。不幸なことに、この類の大きな辞典・事典はすべて似たようなもので、『国語学研究事典』の「位相」の項には、「言語の使用者の所属する社会集団の違い、言語を使用する場面の違いなどによって、言語がいろいろな形をとることを言語の位相という。」とあり、『国語学大辞典』の「語彙の位相」の項には、「ことばが種々の事由によって異なったすがたを生じている現象を位相という。」とある。わたしの想像どおりであったとしても、わたし自身日ごろ犯していることなので、他人を批判できる柄ではない。大部の書物というだけで信頼して引いてしまいがちだからである。まして、権威ある国語学会の編纂に成る辞典では、その記述を疑えというほうが無理というものだろう。

現行の概論書の「位相」に関する記述が菊澤の用い方からずれているのではないか、というわたしの疑問は決して根拠のないものではなかった。このような術語のずれが、その使用が広がるにつれて生ずることはある意味で避け難いことなのであろう。

さて、「位相」におけるかかる理解のずれはなぜ起こったのだろうか。先の菊澤の論文には気になる記述がある。まずその引用部の冒頭、「水は固体である時は氷といひ、気体と化せば水蒸気とか湯気とか唱へられるのでありますが、物理化学的に見ますとこれは全く同一の物質でありまして、たゞ位相（phase）を異にするに過ぎない」の箇所である。これでは、H_2Oなる一物質の形態が異なると言うのか、そのような形態をとる温度域が異なると言うのか、判然としないのである。菊澤としては、“phase”の訳語を借りることを提案するのだから、後者であること言うまでもない、と考えて厳密な表現をしなかったのかも知れないが、二義性を許容するごときこの記述は、以下に指摘するように長く尾を引くことになる。

「言語は社会が位相を異にする毎にその位相を異にし」の傍線部は、語順と助詞を一つ変えて、「社会が位相を異にする毎に、言語もその位相を異にし」とする方が分かりやすいだろう。つまり一つの「位相」という語を二回用いており、概論書の言うようには書いていないのである。ここに見える二つの「位相」に「位相[1]」「位相[2]」と番号付けし、議論を単純にするために身分社会を想定すると、「位相[1]」は「階層」に置き換えることができる。また「位相[2]」を「言語のすがた」と置き換えると、「社会が階層を異にする毎に、言語もそのすがたを異にし」となって意味がすっきりと通る。かくて、「位相[1]」は上字の「位」に、「位相[2]」は下字の「相」に意味の重点があったことが分かるのである。

このように解釈する手がかりは、じつは先の論文からの引用に先立つ記述にあったのである。そこに見える五つの「様相」に、出現順に番号を付けて引く。

国語を支配する所の国民の言語社会は、必ずしも一定の姿を持つてゐるものではなく、様々な様相[1]を以てあらはれて来るものでありまして、その様相[2]の異る毎にそれに支配されてゐる言語もまた様相を異にするものであります。固より、我が日本語におきましても、否むしろ我が国語に於ては特に著しく、この様に様相[4]の異つた種々の姿が見られるのでありまして、これら種々の様相[5]に於ける国語も夫々我々の科学的研究の対象とならなければなりません。

この論旨をたどるとどうなるか。様相[1]・様相[2]・様相[5]は同義であり、成員や構造によって分化した社会を指し、様相[3]と様相[4]はその分化した社会に現われる言語の実態を指している。菊澤の論文からの二つの引用部分①・②と、それに対応する著書からの引用部分③を並べると、その経過が明瞭になる。

①その様相の異る毎にそれに支配されてゐる言語もまた様相を異にするものであります。

②言語は社会が位相を異にする毎にその位相を異にし

③言語社会は種々な位相を有するため、それに応じて通語も種々な位相を示す事になる。

菊澤としては、前項の「位」を重んずべくあえて新語を借りたのだろうが、用語だけで見ると、「様相」が「位相」に変わっただけに過ぎない。かくて、「位相」は初めから二重の意味を負うて名付けられたことが明らかである。

第一節来縷々述べてきたわたしの違和感は、右のように解釈しえて初めて解消したような気がする。結局、菊澤は言語主体の属性、所属する社会集団の違い（初めは地域差も）と、それによる言語の違いをともに「位相」一語に籠めてしまったところに誤解の原因があったのである。さらに、日本語社会において、「位」の差異によって「相」にも差異が見られる現象に関する研究を「位相論」と称したために、その現象を「位相」と称する、『国語学辞典』以来の混乱が生まれた、というのがわたしの解釈である。前半についての責任は菊澤に問うていいだろう。後半については、混乱を放置した責任を『国語学辞典』に問うていいかも知れない。

真田信治（1993）は、「それまで全体像を把握する術のなかったこの領域に明確な枠組みを与え、言語の社会差を捕らえることを提案し、社会言語学の先駆とした菊澤の功績は偉大である。わたしたちは、その意図を誤ることなく受け継ぎ発展させていかなくてはならない」という。わたしもこの分野における菊澤の業績を高く評価することにやぶさかではないが、いささか腑に落ちないことがある。年齢、性別、職業、地域、身分、場面、文体などによって語の形態が異なるのは、何も日本語社会に限られるものではなく、世界のいずこにも見られる現象である。日本語学は術語の多くを西欧の言語学に依存してきたのに、この分野だけ自前で行くほどに特殊な現象なのか、という疑問である。その点はいかに考えたらいいのか。

この領域に関する言語学書の説明を並べる手間を省いて、新刊の『言語学大辞典』術語編をひもといてみよう。これには「位相」の項目を立てないが、和文索引には、「位相（phase, social styles）」が七箇所に、「位相語」が二箇所

に見える。その一部分を引くと、

> 語も、この表現様式の違いによって、異なった形で現われる。1言語の語彙は、このように社会的様式（social style）（または位相 phase とも）の多層性によって構築されている。（p.513原文は横組み）

とあり、他の箇所もほぼ同様である。菊澤が、先の引用にもあった「階級方言（class dialect）」あるいは「階層」を避けて「位相」を用いたのは、社会階層の分化の少ない日本の現実、「方言」の字に付きまとう「地方」の意味などが原因だったろうか。究極のところは知り得ないが、菊澤は自分の学んだ化学工学に用いられている「位相」という新しい革袋を選んだのだ。

その意味で言うと、田中春美他（1978）に、「地域方言」（regional dialect）に対して、上流階級と下層階級の違い、職業による違い、年代による違いなど、「位層」による違ったことば使いは、「社会方言」（social dialect）と呼んで区別される、と述べているのは、「位層」という同音語をあえて用いて、菊澤あるいは日本語学を批判しているように思われてならない。また、菊澤を大いに称揚した真田氏は、真田他（1992）の第二章に「属性とことば」と題して、年齢差、性差、階層差、生業語、職業語、専門語、術語、隠語を論じながら、なぜか「位相」の語を一度も用いていない。

菊澤が日本語語彙論に導入した「位相」というしゃれた術語は、結果として、言語学一般との繋がりを絶ち、日本語は世界でも特殊な言語であるかのごとき錯覚を与えてしまいはしなかったであろうか。菊澤が提唱した位相論は、いま社会言語学として研究領域を著しく広げて活発に論じられている。J. Coates（1986）は、社会的文脈による言語研究は、まず何よりも、linguistic variation（吉田正治訳「言語変異」）の研究だとし、その内部を、social variation（社会的変異）、stylistic variation（文体変異）、vernacular（土地言語）などに分けて論じている。これらの術語は中立的でまことに好ましい。こうした視野に立てば、何も日本語学の世界に閉じこもる必要はなかったのである。

四

語彙論の術語としての「位相」の問題点については以上でほぼ覆いえたと思うが、近年しきりに目にするこのことばの、日本語社会一般における実態を一瞥しておこう。

福島邦道（1973）によると、物理学などの術語であった「位相」は、菊澤が国語学の術語として用いるまで、『大日本国語辞典』や『大言海』にはなかったもので、『大辞典』がこの語を初めて辞書に登載してから広く用いられるようになったと言う。その拡大する様子についてはのちに述べるが、じつは物理学以前に数学界が“topology”（以下、英語で表わす）の訳語として「位相幾何学」を用いていることを確認しておきたい。日本の数学界が topology の導入に当たって何ゆえに「位相」の語を用いたのか、その経過自体が興味ある問題だが、本稿にはそこまで踏み込む意図はない。ただ、従来指摘されることのなかった「位相」の出自に言及する辞典が、近年ようやく現われたことについて触れておきたい。

それは『講談社　カラー版日本語大辞典』（1989）で、初めて「仏教語で、様々な修行の段階・境地における特徴の意から」と書いている。その当否を判断することはわたしにはできないが、原典に当たってみようと思う。「仏教語」とはあるが、管見では中村元氏の『仏教語大辞典』にしか見えない。すなわち「修行の位のすがた、修行の位の特質〈五教章〉」とある。唐の法蔵の著述『五教章』は、『華厳五教章』の名が一般的で、「位相」の語は数箇所に見える。大正新修大蔵経本の巻第一から訓読して引くと、「七は位異なり。謂く此の一乗は有らゆる位相、上下皆斉し。

仍りて一一の位の中に一切の位を摂す。」とある。「（修行の）位のすがた」という意味は、第三節に述べた「位相」の意味に適う、「位の相」なのである。

さて、日本語学者の文章には次のように用いられる。

新しい、外来語的要素の受入れ当初に於いて、特に顕著に見られることは、受け入れ手の階層乃至位相の違いであろう。（濱田敦1971）

ここで「階層ないし位相」とするのは、「階層」がある種の価値判断に基づいた排列、ヒエラルヒーを含意するのに対して、「位相」はそうした価値判断を伴わないからであろう。この語の由来を知る日本語学者らしい用法である。それに対して、文学研究者の用法は雑多である。

日本文学協会の機関誌『日本文学』は、三年前の五月号に〈伊勢神宮の位相学〉という特集を組み、その位相学に「トポロジー」の読み仮名をつけている。このように、術語を正確に用いようとする人が存在する一方、およそ恣意的としか言いようのない用い方をする人もいる。私見では圧倒的に後者が多い。先年その同じ協会が編集した「日本文学講座」十三巻の目次を見ると、「位相」の語を標題あるいは副題にもつ論文五編を拾うことができる。それを読むと、この語の用法のまちまちであることが歴然とする。

「正岡子規の位相」（坪内稔典　第十巻）は、初めに、子規の写生と共同性のかかわりの検討を通して、近代の初期を生きた子規の文学の独自性を考えていきたい旨を述べる。が、文中に一度も「位相」の語は用いられず、標題が何を意味するのか、わたしには想像さえできなかった。

「宇津保物語『初秋』の位相」の副題をもつ「長編物語の構成力」（高橋亨　第四巻）は、この物語を、聖と俗の対立の視点から見る論で、「その基底に持続するもの（マツリゴト）をふまえたうえで、物語世界内での位相を測るべきである。」、あるいは、「すでにあて宮が東宮妃として入内してしまったことにより、あて宮求婚譚は終焉してしまっている。その位相において、初秋の巻に描かれた二人の交流が、もっとも親密であるのはなぜか。」と用いられる。前者は「基底」とか「位相を測る」とかあるので、「位置」の意味のようにも思われる。後者は「段階」の意味であろうか。究極のところは理解できない。

「物語りの話者の位相」の副題をもつ「伝承者の系譜」（廣田収　第五巻）では、フルコトを語る一次的な語り部と、フルコトを聞き伝えたこととして語る二次的な語り部とを設定して、「二つの伝承者の位相」とする。一次的な話者は、例えば閨室の会話を聞き取り伝える古女房の視座であり、光源氏伝承をどう語り、何を引き出してくるかというところに二次的な話者の位相は自ずと決まるという。ここまでは単純な話だが、古女房の視座は「隅の間」や「物の隈」において示され、「これは俗なるものがよりおとしめられることにおいて、さらに聖なるものへと転換をとげるという循環構造において、いわば負の位相にある。」という記述では、「位相」の概念が明らかに異なるようだ。さらに「隅が全体を見渡すにふさわしく他から意識されにくい場所であるところに話者の位相が示されている。」などの記述に見る「位相」は、単に「場所・位置」の言い換えにすぎない。

「風土記における伝承の位相」（駒木敏　第三巻）からは十六個の「位相」が拾えた。「風土記のクニの位相」は、続く記述からクニの「範囲」を指すとおぼしい。「クニの名辞と神の名辞が未分化で同一の位相にある」「枕詞と呼ばれるものの始原的位相」「重層的に編集されてある風土記の位相」「基層の上に増幅された位相」「国引き伝承については……それ自体、幾重もの位相を有している」「伝承の表層的位相」などと見え、そのいくつかは「階層・段階」の意味で理解してよさそうだ。しかし、「基層の上に増幅された位相」「昔話への位相」「言向けの征討と開拓、農耕の二つの位相」の意味するところは見当が付かない。

笹淵良一と三好行雄の論争を踏まえた、「露伴の位相」（平岡敏夫　第六巻）は興味ある論文である。なぜなら、氏はその論文の冒頭を、「露伴の位相――日本の近代文学の中にどのように露伴を位置付けるかが、ほとんどあがってもこないという今日の現状」と始めて、「位相」を文学史上の「位置付け・評価」のように用いているからである。また「右の問題を取りあげつつ、露伴の位相に言及した拙稿『幸田露伴の評価基準』を参看していただきたい。」とあって、以前に書かれた論文との対比が可能だからでもある。「ここではもう少し、出発期からの露伴の位相をたしかめるべく、透谷との関連のもとに、一、二論及してみたい。」「はじめから別系統としたり、のちに東洋的に傾いたといった評価でなく、かんじんの出発期から、こういうアクティブで暗い露伴の位相を見きわめておくことが必要なのである。」と見える。すなわち、文学の方法・主義・流派などの位置付けという解釈で理解することができる。一方、同氏が参看を希望した平岡（1965）を見ると、ここには「位相」の語を見いだすことはできない。その論文は、「こうした露伴の魅力をあまさず分析し得る方法それ自体が露伴評価の機軸であること、それは実に近代日本文学史評価の機軸にほかならないことを再度くり返してこのノートをおきたい。」という文で終わっており、やはり「評価」を問題にしていることが知られる。平岡氏ほどの大家でもはやりの衣裳は着てみたいものらしい。

近年の枕冊子研究者、特にテクスト論者は位相が好きらしく、「枕草子〈～もの〉章段の位相――〈もの〉の裂け目――」「清少納言と和歌――枕草子日記的章段の位相――」「枕草子への一視点――日記的章段の位相――」など、標題にその文字を含む論文が多い。その一つ、田畑千恵子（1983）を見ると、はしがき相当部分にある「その構成や表現の特質を分析することによってその段の性格を明らかにすると共に、日記的章段といわれる章段の中でこの段のもつ位相を考えてみたい。」では、単に「意味」あるいは「位置」と置き換えて理解できそうだ。この語は第2節にもう一度だけ見える。縁に片足をついて御簾に寄った斉信の姿について、「最大級の讃辞を与えられるが、『絵にかきたる』『物語にいひたる』という表現も、枕草子の中では特殊な位相をもっている。」も同様ではないか、とわたしは考える。

『国文学　解釈と鑑賞』は、昨年十二月の別冊「柄谷行人特集」で、数編の論文を〈柄谷行人の位相〉としてまとめている。すなわち、「柄谷行人と現代文学」「柄谷行人における翻訳」「論争家としての柄谷行人」「柄谷行人における切断と反復」「エディターとしての柄谷行人」「柄谷行人とアメリカの発見」など。これを見ると、柄谷氏の多彩な活動ぶりを指しているようだ。それなら「柄谷行人の諸相」とでも題すべきなのである。

これらの用法は「位相」本来の意味とは無関係だと言っていいだろう。一つのことばを思い思いに用いてこのように議論ができる文学研究とは、不思議な世界である。

先日、勤務先の修士論文の口述試問の際、谷崎潤一郎を論じた学生の論文要旨に「この方法は『痴人の愛』の人物設定、プロット、表現、語り等の異なる位相において用いられ、テクストを構成し、揺さぶりをかけることで物語を動かし活性化させている。」という記述があった。わたしは、意地悪い質問であることは承知の上で、この「位相」を小学校四年生に分かるように別の言葉で置き換えるとしたらどう言うかと尋ねた。学生はしばし考えて「レベル」と答えた。現在の日本の小学校四年生なら、レベルという外来語は理解できるかも知れない。ただ、そこに挙げられた項目が一つの基準線上に並べることができるとは思えない。学生としては、だから「位相」の語を用いたのだ、と言いたかったのかも知れない。それなら、先の枕冊子論や柄谷行人特集の用法よりましである。

当然、「位相」は文学論以外の文章にも見られる。偶然、藤田敬一編（1994）で目に触れた二例を掲げる。

舞台が変われば差別され、抑圧されたものが差別者、抑圧者として立ち現れることがあるのは歴史の教えるところだ。位相が変われば差別と被差別の立場が逆転することも経験的によく知られた事実である。（藤田敬一「人間と差別について考える」）

自分のことば（人間）をさがすということは、相手のことば（人間）とどの位相でおたがいのくもりない関係をつくりだしていくのかが枢要なこととしてあるように思える。（大沢敏郎「ことばの原風景試論」）

前者の用法は分かりやすいが、後者の意味するところをわたしは明確にとらえることができない。

右に見たように、この語は明らかに専門語の世界から一般社会に広がっているのである。にもかかわらず、日本語社会にその意味について共通理解が成立しているとは思えない。人それぞれが恣意的に用いていると言っていい実情である。現行の多くの日本語辞書では、この語の意味あるいは用法として、①数学の“topology”の訳語、②物理・化学などの“phase”の訳語、③日本語学の語彙論の術語、ここまでしか載せていない。もとより、辞書が日本人の言語使用を規定するものではないが、かくも恣意的な使用がはびこっていては、辞書の編集者としても登録のしようがないだろう。これは決して好ましいことではない。

しからば、人々は「位相」をどこから手に入れたのだろう。平凡社『哲学事典』によると、①が心理学にまで広がっていることが知られるし、英和辞典の“phase”の項には②の訳語として、天文学や生物学の位相も見える。かくも広い諸分野に用いられては、人々がそのいずれから学んだか突き止めることは不可能である。とまれ、一つの術語の用法が、他の諸科学と日本語学とで乖離することも不幸なら、専門語と一般語のあいだで切れていることもまた不幸な事態と言うべきである。

おわりに

菊澤が「位相」の原語として借りた“phase”は、物理学や化学の術語としては、周期運動の一点における変数の値を指すときは一義的であるが、全過程における現象の状況を指すときは両義性を帯びる。菊澤が例に挙げたH_2Oなる化学式で書き表わされる物質は後者であった。氷、水、水蒸気という三つのphaseは、物質変化の段階である温度域を三分しうると同時に、その物質の状態をも表わしうる。同じように、医学書で言うphaseは、症状を区分すると同時にその段階の症状も意味しうる。例えば、ストレス病の進行について、精神的段階、心身相関段階、身体的段階、臓器段階というように。これらは、温度とか症状とかいった一つの基準で排列されうるからである。

それが言語の研究にそのまま適用しえないのは、例えば、女学生の言葉、幼児の言葉、漁民の言葉、この三つを並べてみると分かる。これらはある一つの基準で階層をなしているわけではない。菊澤はこれを、性、年齢、特別の集団などと区別しながらも、第三節で指摘したように、二分すべき「位相」を同じように用いて記述しているのである。結局、そうした記述のありかたが、本稿の出発点になった現在の概論書の記述につながる誤解を招いたとわたしは考えるのである。

文学研究者は、もっと厳密な概念規定のもとに術語を用いるべきである。彼らが文学研究の術語として「位相」をどこから採って来たのか断定はできないが、どのみち、先に実例で見たように、その多くは誤用というほかないものである。もし語彙論の術語に発しているなら、まずその原義の由来を明確に把握して用いるべきであろう。彼らに正確な使用を促すためにも、日本語学者は正確な使用を心がけなくてはならない。

ことばを研究対象とする者は、よし、ことばの川が濁ろうとも、おのれの足を洗わない潔癖さを固く持すべきである。

文献

A　築島裕著『国語学』第四章「語彙」第五節「位相」東京大学出版会
B　佐藤喜代治著『新版国語学要説』第四章「語彙」五「位相」朝倉書店
C　佐伯哲夫・山内洋一郎編『国語概説』第五章「語彙」第四節「語彙の位相」和泉書院
D　工藤浩他著『日本語要説』第3章「現代語の語彙・語彙論」8「単語の位相」ひつじ書房
E　宇野義方編『国語学』第四章「意味・語彙」第七節「位相」学術図書出版社
菊澤季生（1933）「国語位相論」（『国語科学講座』明治書院）
菊澤季生（1936）『新興国語学序説』（文学社）
Coates, Jenifer（1986）“Women, Men and Language”（吉田正治訳（1990）『女と男とことば』研究社）
真田信治（1993）「社会言語学」（工藤浩他著『日本語要説』ひつじ書房）
真田信治他（1992）『社会言語学』（桜楓社）
田島毓堂（1992）「語彙論の課題　集団的規範と個別的実現」（『名古屋大学国語国文学』71）
田島毓堂（1993）「語彙論における集団的規範と個別的実現――付、語彙論の用語に関する提案――」（『東海学園国語国文』43）
田中春美他（1978）『言語学のすすめ』（大修館書店）
田畑千恵子（1983）「枕草子『かへる年の二月二十余日』の段の位相」（『国文学研究』80　早稲田大学）
濱田　敦（1971）「清濁」（『国語国文』40－11）
濱田　敦（1972）「解説」（『新村出全集』第二巻　筑摩書房）

平岡敏夫（1965）「幸田露伴の評価の基準」（『國文學』11－5　學燈社）
藤田敬一他（1994）『被差別の陰の貌』（阿吽社）
福島邦道（1973）『国語学要論』（笠間書院）
山田俊雄（1971）「漢字の定訓についての試論――キリシタン版落葉集小玉篇を資料として――」（『成城國文學論集』四）

付　記

一　『華厳五教章』について、聖母女学院短期大学（京都）教授、星宮智光氏の教示を受けた。
二　本稿は、本年度、成城大学特別研究助成による成果の一部である。

追　記

投稿後、編集委員の宮崎修多氏の教示で、呉智英『言葉につける薬』（1994　双葉社）に「位相」への言及があることを知った。野外彫刻展覧会の、地層を意味するらしい作品の題名「位相――大地」をめぐって、本稿第四節の結論に近い趣旨を、二ページ弱で述べたものである。呉氏の筆は鋭く快い。わたしも二ページで済ませたいのだが、それに数倍する紙幅を費やしてしまった。評論との違いとして、読者よ、諒とせられよ。

なお、『國語學』第百五十四集（1988）の短信欄に、真田信治氏の「位相という用語について」という文章が載っているが、本稿の視点とは異なる発言で、直接には関わらない。

補　記　本篇は、千九百九十六年七月、『成城文藝』百五十五号に「語彙論の術語〈位相〉考」の題で掲載された。本書に採録するにあたって標題を変えたのは、語彙論という限定付きでは、他の分野の人々に読まれることが期待できないからである。

語源俗解考

一　はじめに

前稿、工藤（1996）において、わたしは、日本語語彙論の術語「位相」の成立事情を探り、その定義と用法に関する若干の問題について考察した。それは、日本語学・国語学の多くの概論書に見られる記述への拭い難い違和感に発し、学術用語は厳密かつ正確に使用すべし、文学研究者もほしいままの使用を慎むべしという、極く当然な主張を述べたに過ぎない。かかる概論書には、さらに強い疑念を覚える記述もある。「語源俗解」がそれである。

ヨーロッパの言語学から借用したこの術語は「位相」よりも歴史が古い。そこで、まず日本の学界における記述の実態を一瞥し、欧米の言語学界における記述を確認し、日本における受容と記述の足跡をたどる。そうした作業によって、前稿と同じように、日本における理解の淵源と経過を明らかにし、そのずれの原因を考え、記述の修正を提案したい。

標題の「語源俗解」はもとより、ドイツ語“Volksetymologie”、英語の“popular etymology”などに該当する術語として便宜的に用いたもの。引用以外はこれによるが、「民衆語源」「俗語源」など、他の呼称を排除するものではない。いずれによっても誤解を招きかねない概念であることも示したいと思う。なお、引用には「源」ならぬ「原」の字も見られるが、誤植ではない。

二　日本語学概論書の記述と問題点

わたしが概論書の記述に疑念をいだいたのは四半世紀前、大学で初めて国語学概論を講じたときのことである。そこで、その書を初め、手もとにある数点の概論書の記述を掲げることから始めよう。ただ、最近の概論書の著者や編者はこの概念あるいは現象に関心が薄いようで、項目に掲げない書も多い。なお、本稿の目的は概論書の著者を批判することにはないので、書名はA～Eの符号で示して、キリスト暦による刊行年だけを括弧内に洋数字で表記し、他の事項は文献注記に回すこと、前稿と同じである。

A　従来の語源探求の結果が、多く俗間語源説といはれる類に属してゐるのは、語源探求の予備行為ともいふべき原義の発見に不注意であるに本づいてゐるものが多い。(1931)

手近に見ることのできた概論書のうち、この術語を説明するものとして古い方に属する。ずいぶん漠然とした記述で、「従来の語源探求の結果」が何を指すかよく分からない。「俗間語源説といはれる」も同じだが、以下の他書にも見える、地名起源説話や江戸時代に盛行した語源解釈などを指すのだろう。ならば、第五節に引く東條操『国語学新講・新改修版』(1965)の同類となる。

B　日本では、古くから語義についての関心が深く、特になぜこのものは、こうよばれるのかということに興味が集中した。たとえば「ねこ(猫)」とどうしてよばれるのかについて、「ねずみをこのむ」からとか、「ねるをこのむ」からといわれたのである。こういうこじつけの解釈は、「民衆語源」などといわれるが、こんなことが江戸時代には真剣に考えられたのである。(1973)

Aの記述を具体化したようなこの記述に対する強い違和感がわたしの最初の経験であった。この本文に対する脚注では、貝原益軒の『日本釈名』の当該条を示して次のように補足する。

民衆語源は英語で folketymology という。地名伝説で、「吾妻はや」といったので「東」というとするのも、「一所懸命」を「一生懸命」とかえたのも、民衆語源によってである。

のちに詳しく論ずるが、ここに見える、「ねこ」の語源説明、古事記に見える地名「あづま」の起源説話、「一所懸命」という語形が「一生懸命」に変わったこと、この三つは果たして言語に対する同じ態度と言えるだろうか。

C　民間語源や誤った類推、誤読などによっても、新しい語形が生まれることもある。「四角い」「一生懸命」「病コウモウ（膏盲）に入る」などである。(1980)

民間語源、誤った類推、誤読を並列し、続く挙例がいずれに該当するか明らかでない。あえて区別するに及ばずとの判断かと思われ、それも一つの見識で、A、Bとは異なる説明である。

D　「ねこ」の「ね」は鳴き声からきているとか「寝」からきているとか言うのも語源である。ただし、その科学的な証明は難しい。また、一般に行われている非科学的な語源解釈のことを「語源俗解」または「民間語源」と呼ぶ。「あ（足）」に「かがり（皸）」がついてできたものから変化した「あかぎれ」を「垢切れ」と解釈するのがその一例である。(1984)

これは昨年度の講義に用いたものである。「ねこ」が「寝」からきているという説明は俗解に当たるのか明らかでない。後半の記述で、「あかぎれ」という語について、切れて血の滲む手をまのあたりにした人は、「赤切れ」と解釈しやすいだろう。げんに北国の秋田市で育ったわたしには、「あかぎれ」は「赤切れ」以外の何ものでもなかった。この筆者は「あかぎれ」を「足皸り」と解釈しえたのだろうか。記述の順序が少し納得できない。

E　語形変化は、純粋に言語内の要因によるものと認められる。ただし、誤った語源意識（民間語源）による語形の変化や、他の語との類推・意味の混同による語形の変化などは、心理的な要因とも関連している。（1993）

この記述は、語形変化に限定して明快である。

以上のように、この術語の説明のさまざまであることが分かる。これをまとめると、まず、中世から現代まで少なからぬ人々の著作に見え、松永貞徳『和句解』に見える、稲はいのちの根《ね》、ねずみをこのむから猫、うろこと尾《を》があるから魚《うを》のたぐいを典型とする。これを《分解型》と呼ぶことにしよう。語を拍に分解はするが、合理的な思考によるのではなく、いわゆる〈延約通略〉を駆使して説明するものである。次に、古代の地名や語の起源説話に見えるもので、言語の歴史性に留意せず、現にある語を当時の言語で説明したもの。ただし、すでに当事者の関与しえない伝承の世界のことゆえ、これは《伝承型》と呼ぶことにしよう。最後は、「一生懸命」や「あかぎれ」の説明などに見える、語形変化の経緯がたどれるもので、これは《変化型》と呼ぶとしよう。すると、Aは《分解型》、Cは説明が簡単過ぎるが《変化型》としていいだろう。Eは最も明確な《変化型》である。Bはこれら三つをすべて含んでいる。Dは若干不明瞭な点があるが、《分解型》《変化型》としておこう。文言から推測するに、恐らくBの著者はそれを自覚していないだろう。

術語としての「語源俗解」は本来、《分解型》《伝承型》《変化型》のいずれなのか、これらの二つあるいは三つを含むのか、それともこれらとは異なる定義が必要なのか。

三　本邦語学辞典の記述と問題点

概論書の外に視野を広げて、いま日本で行われている語学辞典の記述を見よう。手初めに『国語学研究事典』(1977)から「民間語源説」の項の初め三分の一ほどを引く。

学問的に承認されない、多く民間に見られる素朴な語源説。(中略)語源学は、少なくとも近親語との比較研究や語構成の見地から考えられなければならない。語形については音韻史を考慮し、文字との関係に留意しなければならない。民間語源説は、このような学問的配慮・手続きを抜きに、共時点観点から単語の元の意味や語形を考えるものであり、その考えに基づいて語がつくられることもある。その説明は一通り理に適っているところがある。語源といわれるものに対しては、語形が変わったり、同音異義語にすり換えられたりしていることが多い。ちょっと着るから「チョッキ」。実は、jaque(オランダ・フランス語)が語源。土曜日を「半ドン」と言ったのは、昼にドン(明治の時代、東京で昼に午砲が鳴った)が鳴ると半日で帰れるからといった類。実は半分のドンタク(zondag　オランダ語の日曜日)の意。(以下略)

掲出部冒頭に言う学問的な承認と呼応するように、この項は「どこまでが学問的に承認される語源説で、どこからが民間語源説になるかは決め難い場合もある。」で終わっているが、その識別が不可能ならば、この定義自体に無理があるのではないか。「語源学」は近親語との比較研究以外にありえないのだから、近親語の証明されない日本語において語源を論ずることは無意味になるだろう。しかし、担当筆者はそこまで踏み込まず、共時論的な説明を「民間語源説」と称している。これは、前節で見た、『日本釈名』や古代の地名起源説話の語源解を指すものと思われる。これすなわち、前節の分析型、伝承型である。チョッキや半ドンの説明は、語形が変わることを条件とするので、いちおう前節の変化型に該当すると言えそうである。つまり多義的な説明なのである。

「チョッキ」に関するこの説をはっきりと否定することは不可能だが、極めて訝しいと思う。『日本国語大辞典』は慶応三年以降の資料から「袖無し《チョッキ》、胴衣《チョッキ》、中単《チョッキ》」を挙げる。新刊の『漢字百科大事典』によると、明治初期には「胴着、背心、胴服」、明治半ばには「胴衣」が行われたようだ。通行の国語辞典は外来語の訛りとするたちばで、俗解説にはくみしていない。わたしはチョッキの原語を知らなかったが、ちょっと着るからチョッキだと解釈した日本人がいたとも、その解釈でこの言葉が普及したとも考え難い。仮にこれを語源俗解と認めるとしても、先の分類に比べると、変化型には違いないが、近代、外来語借用の際に生じた変化なので、これを先の三つと区別して《借用型》と呼ぶことにする。

「半ドン」の説明は、わたしにはさらに受け入れ難い。東京の多くの人が果たして半日で帰れる午砲《ドン》と解釈したのだろうか。もはや確認する術はないが、ドンタクは明治の極く初期から用いられたばかりでなく、休日、日曜日、仕事の無い日などの意味で全国に広く分布する。そこから「半休日《ドンタク》」の意味の「半ドン」を生み出すことは極めて自然である。したがって、土曜日に東京の一角で午砲が鳴ったくらいで、半日休暇の午砲《ドン》という解釈が全国に広まったというのはいかにも非現実的である。「半ドン」が広まったのち、原語の意味が忘れられてから、午砲が鳴るという事実に合わせて、誰かがまことしやかに言い出したのではなかろうか。仮にそう解釈した人があったとしても、「半ドン」の語形には何の変化もなかったのである。幕末から明治にかけて輸入された外来語の日本化について、この手の俗説が多いのではなかろうか。

『国語学研究事典』に先行する『国語学辞典』(1955)の「語源俗解」の項を見よう。

非科学的な語源説で、（中略）民間語源などとも言う。ちょっと着るからチョッキ、ずぼんとはくからズボンの類。その実チョッキはE. jack（袖無し・肉衣）、ズボンはF. jupon（下袴）である。また地名起源伝説を生じたり、民間信仰を作り出したりすることもある。（中略）学者でも正しい語源のつもりで俗解に陥っていることがある。契沖が『円珠庵雑記』で「ねこ」を「ねずみの子をまつ」意の「ねこま」の略としたのや、貝原益軒が『日本釈名』で「ねずみをこのむ」だと解したごとき、また現代の名著『言海』の「おもしろ」は日の神が天の岩戸を出られた時、天晴れ、衆の顔みな白きを喜び、「あはれ、あなおもしろ、あなさやけ」と言ったことから起ったと説くのも、この種の素朴さである。（以下略　金田一京助執筆）

先に『国語学研究事典』の説明について指摘した、学問的な承認、学者語源と民衆語源の判別の無意味さが、ここには明確に露呈し、契沖も益軒も大槻文彦も学者とは言えないことになる。また、原語が蘭仏と英とでずれているが、挙例のチョッキが一致するのも偶然ではあるまい。この起源は果たしてほんとうか。物と言葉が日本にはいった経過を正確にたどることは不可能であろう。執筆した両氏はそれを知ることができたのだろうか。ズボンの表記をさきの辞典と事典で検すると、『西洋道中膝栗毛』に「ズボン」が登場し、ほかに「ヅボン、窄袴、洋袴、細袴、股下、下袴、袴服、穿袴」などが見える。金田一の定義は先の借用型と分析型に該当するが、この項の終りで「一所懸命＞一生懸命、出発＞出立《しゅったつ》、上臈＞お嬢さん」のたぐいを挙げている。これは変化型だから、金田一の説明も多義的なのである。

新たに接触した言語が借用されるとき、何らかの変形を受けるのは当然で、それも語ごとにさまざまである。英語からの借用で言うと、ground＞グランド、bulldog＞ブルドック、jelly＞ゼリーなどは、彼我の音韻構造のずれによる自然な変形で、その過程も透明である。しかし、明治時代に行われた借用語の漢字表記、club＞倶楽部《クラブ》、catalogue

＞型録《カタロク》、concrete＞混凝土《コンクリート》などに素朴な言語意識を読み取ることは危険である。ここに籠められているのは、かなり高度の洒落であり、遊びなので、これらを通俗語源による変形と見うる根拠は極めて乏しい。

かくて、借用語においては二つのばあいが考えられる。一つは、借用時に語源解釈がはたらいて原形から著しく離れたもの、いま一つは、ひとたび日本語にはいったのちに、意図的な用字や語呂合わせなどによる変形を被ったものである。表記に着目すると、その経過を跡付けることができなければ、軽々に「通俗語源」と称すべきではあるまい。

『国語学大辞典』（1989）は、大項目主義の方針から「語源」の項で説明しており、その項の終りに、「正しい語源」との対比で次のように記す。

> これらの条件に明らかに背馳し、客観性を持たない恣意的解釈と認められるものを、民衆語源とか語源俗解とか称する。古く『万葉集』の用字法や、『風土記』の地名起源説話以来、近くは、「時計」や「型録」などの語にいたるまで、その例は夥しい。いわゆる宛字として固定化されることによって、既に人々の語源意識に根を下ろしてしまっているものも多い。（以下略　阪倉篤義執筆）

ここでは、「一往その語の正しい語源」と限定して慎重に記述しているが、伝承型の記述に続けて、変化型・借用型も挙げており、『国語学研究事典』『国語学辞典』と基本的に変わらない。ここでいう「『万葉集』の用字法」が具体的には何を指すのか分からない。同じ辞典の「あて字」の項には、「その語を分析的に表記する場合、往々に語源俗解に従うようなこともあり、また戯書とでも称すべき表記を行うこともある。」とある。執筆者が違うので一つには括れないが、そこの戯書の例「山上復有山（出づ）」は確かに当て字であるが、漢詩に発する「字謎」という高度の技巧であって、これを俗解としては失考を犯すことになる。

すでに見たように、多くの日本人研究者は古代の地名起源説話を語源俗解と言うが、具体的にそれを挙げることはほとんどない。阪倉も同様だが、それはほんとうに語源の名に値するだろうか。実例を一つだけ挙げよう。『播磨国風土記』神前郡の条、大汝命と我慢比べをした少比古尼命が耐えかねて屎《くそ》をまると、「小竹《ささ》が其の屎を弾《はじ》き上げて」、衣服に着いたので、そこを「波自賀《はじか》の村」と名付けたという話。古代人たちは真にこれを信じていたか。わたしは、この話の背後に古代人の哄笑を感じこそすれ、探求心の営みを読み取ることはできない。現代、観光地で聞かされる、弘法大師の杖突き石や弁慶の草履の話と変わらないと思う。

地名の説明が事実を伝えることはある。例えば、『播磨国風土記』飾磨郡漢部《あやべ》の里は、讃岐国の漢人《あやひと》等が来て住んだので、漢部という部の名で呼んだという文化史的な由来であり、菅生《すがふ》の里は、菅原があったので普通名詞の菅生をここに適用した自然誌的な由来を伝える。これらはある言葉を、その土地に当てた経緯を語るに過ぎず、語源を語るものではない。とまれ、これらは泰西の言語学の〝Volksetymologie〟とは無縁の事柄ではなかったか。

『日本書紀』神武天皇前紀の戊午年二月に、天皇が難波碕の辺りで速い潮流に会ったので、浪速国《なみはやのくに》と名付けたと記し、難波《なには》というのは訛りだという。これを語源俗解とする人がいるのだが、浪が速いから浪速《なみはや》と言うのがどうして俗解であろうか。川のほとりの地を川辺《かはべ》と称するのと同じく正当であって、これを俗解と言うのはぬれぎぬであろう。ナニハと呼ばれていた土地が潮流の速い所だったので、いつの間にかナミハヤに変わったとき、そこに俗解の意識を見るのである。本末を顛倒させてはいけない。簡単に図式化すると左記のようになろうか。

Ⅰ　（未名）→（浪の速さへの着目）→ナミハヤ……　［命名］

Ⅱ　ナニハ→（浪の速さへの着目）→ナミハヤ……　［変化］

わたしの知るかぎり、古代の地名起源説話はすべてⅠすなわち命名であって、Ⅱすなわち変化の例はない。

日本語の語構成論の推進者であった阪倉には阪倉（1978）があり、語源俗解にも紙幅を割いている。

個々の語に対する自分なりの理解に基いて、人々はその言語生活を営んでいる。その一つの場合——その語の本来の構成からすれば明らかに誤解ではあるが、しかし、それなりに一往のこじつけ的解釈が成り立っている場合が、いわゆる民衆語源と呼ばれるものである。

そして「呼ばひ∨夜這ひ」「目だくな∨目だうな∨めんだう（面倒）な」「勝事∨笑止」などの例を挙げてこう補足する。

いずれも、本来の語の使用が稀になって、その意味が忘れられたり語形（発音）が変化したりしたものを、当代の言語意識から納得できるように、新しく解釈し直したものである。この場合は、本来の、いわば学者語源とも称すべきものが客観的に判明している（とされている）から、こういう主観的解釈は、民衆語源だの語源俗解だのと貶められる。

いま傍線を付けた部分は、括弧書きを添えるなど、いかにも苦しそうだ。たびたび言うが、そもそも本来の語源だの学者語源だのという評価を、いったい誰が下すというのだろう。「面倒」の表記に意味が籠っていると感じたことはわたしは一度もないが。

阪倉のこの記述は、同系の言語を得て、規則的な音韻対応、語構成様式の歴史に立脚して初めて語源研究は成り立つのだ、という泉井久之助の揚言を受けてなされている。いわば、比較言語学の文脈においてのみ有効な言説であって、語源俗解について言及すべき場所ではなかったのだ。我々は、学者語源と民衆語源を対立させてとらえる誤謬から解放されなくてはならない。厳密な系統論に立脚した語源の探求は、厳しい研鑽を経た研究者しかなしえないのだから、学者語源という概念は無意味である。語源俗解は、語源論とは異なる範疇に属するものである。

この『国語学大辞典』には、「言語地理学」の項の「推定の手がかり」にも「民間語源」の名で見える。

言語地理学が地理的分布を手がかりに言語の変遷を推定するということは、言語の変遷を言語外の情報によって説明するということである。（中略）話者ひとりひとりの心理的条件も情報として集め、推定の手がかりとする。すなわち、語に対する好み、いいことばか否か（威光を感じるか否か）、忌詞、民間語源などである。（中略）民俗学は、名もなき常民からの聞書に信頼を置くが、言語地理学も、民間語源（語源俗解）のような、学のない話者から聞き出す心理言語学的情報も重視する。（以下略　柴田武執筆）

語源俗解を言語変化の原理としてだけ見て明快至極である。

四　欧米の言語学書の記述

第二節に書いたように、わたしがこの術語の記述に疑念をいだいたのは、大学で初めて国語学概論を講じた時のことであった。それは、学生時代に言語学書で学んだ記述との違いを意識したからである。柴田武（1967）によると、これに初めて言及したのはドイツの E. Förstemann（1852）だという。それが、どのように理解され、使用されてきたか、その経過を若干の欧米の言語学書の記述から探ってみたい。

ソシュール（1916）の “étymologie populaire” の章では、類推とほとんど区別がつかないが、類推ほど合理的でないとして、主要な型を二つとする。そして、語が形態を変えられることなく新しい解釈を受ける第一のばあいとして実例を五つ示すが、「たいていのばあいは、見覚えのあると思われる要素にばつを合わせようとして、語を奇形化する」と言う。新しい解釈を受けたら、それが形態にも反映するのが自然なので、大半が第二の型だというのは、十分に予測されることである。第一の型の少ない実例の一つ、laisser の動詞状実体詞である lais を、leguer のそれと見て legs と書くが、le-g-sと発音する人もある、という。これは、すでに形態にも変化の生じていることを示す何よりの好例であろう。語の意味は絶え間なく変化していくので、そこに使用者のさまざまの意識が関与するのは当然である。それをいちいち語源だ俗解だとあげつらっていては、際限ないことだろう。

日本語でこの型を考えてみると、例えば「雨催ひ」は、「ひ」の子音の有声化ののち、語末の長音化によって「雨催う」となったときから意味変化は始まったに違いない。モヨウが「雨の降りそうな状態」の意から「雨の降っている状態」へと解釈が変わると、人々は「雨模様」の表記で固定させ、さらに「空模様」の語も作り出した。これはソシュールの挙例によく似ている。

パウル（1920　第五版）は、「新しい集団の形成」の章で、「語の派生」の節に続けて、「上述の現象と区別すべきは、さらに複雑な様式の語源俗解である。この種の語源俗解は音韻形態を変じるもので、これによってある語が偶然に類似の響きによって他の語を連想させ、更にこれに同化されるのである。」と述べ、形態変化に限って明快である。

ソシュールの『講義』に少し遅れて書かれた、ヴァンドリエス（1921）は、第五章「形態変遷」でこれらの実例を多く挙げながら「類推」として扱っている。

この類を多く見るにはイェスペルセン（1922）が最適だろう。popular etymology の例としては、乳母が neuralgia「神経痛」と言うのを、new ralgia と分析して old ralgia と言った四歳の男子、たびたび耳を irrigate「洗浄し」てもらっていて、たまたま鼻を洗ってもらったときに nosigate と言った七歳の男子、whirlwind「旋風」を worldwind と言うことなどを挙げている。これらはいずれもある時、子どもが実際にそう信じて用いた語形である。すなわち、そこでは語源を解釈した子どもによって、普通とは異なる語形で実現したり、新しい語形が生まれたりしたのである。

イェスペルセンに拠るまでもなく、日本にも子どもこそ言葉の発明者だと繰り返し述べた柳田國男がいる。昨年一年間、高橋顕志氏は『月刊言語』誌に「子供の語源」と題する連載で最近の事例を多く報告した。その第一回で、言語変化の一つの契機として「民衆語源」を正当に位置づけたのが言語地理学であったことを述べ、子どもに民衆語源と同様にはたらくメカニズムを、あえて「幼児語源」と呼んでいる。最終回では、その観察の根底に柳田國男があったと述べている。

ブルームフィールド（1933）は、この現象を「類推的変化」の章で扱い、語の単なる解釈としてではなく、その結果としての語形変化に関わる概念ととらえている。それは「規則的新形成《regularizing new formations》――（史的研究者が見出すように）その形式のヨリ以前の構造とは一致しないところの――は時に、通俗語源（による）(popular etymologies）と呼ばれる。」の記述からも明瞭である。

ウルマン（1959）は「史的意味論」の章で、通俗語源には二つの局面があって、語形に影響することも意味に影響することもあるという Nyrop の説を引く。そして、これを分けようとする Kroesch と Stern を紹介し、Hatzfeld は、音声的語源癖と通俗語源とを区別すべきだとして後者を形式の影響だけに限っているが、かかる分離が実際にはできないことが多いことを認めているという。ウルマンは、はっきりした境界線を引くことは、通俗語源のような現象にとっては不適切だとの見方を採っている。

ウルマン（1962）ではさらに詳しい論を展開し、「透明語と不透明語」の章で、民間語源を意味論の視点から四つに分ける。

1　意味には影響するが、語形には及ばない。

例、*F.* jour ouvrable「店や役所だとかが開いている日＜労働日」

2　語形は変わるが、意味は変わらない。

例、*E.* bridegroom＜brydguma「花婿」

3　語形と意味の両方に影響する。

例、*D.* Sündflut「ノアの洪水」＜sintvluot「世界中の洪水」

4　書き言葉のみで、発音には及ばない。

例、*F.* legs＜lais「遺産」

そして、多くは3であると言う。4には発音と一致しない綴りの体系をもつ言語という条件を付けており、そこの挙例はソシュールも挙げた、まことに興味あるものである。

先にソシュールの説明の箇所でも一言したのは3に該当するが、いったい、人々の解釈つまり通俗語源によらざる意味変化というものが考えられるだろうか。意味だけ変化した1に該当する日本語として、「うつくし、おとなし、やさし」などの情意性形容詞がある。これらの語幹に形態変化はないと言えるが、意味は大きく変わっている。それは、日本語社会に生きた人々の毎日の使用の結果として、微小な変化が堆積したものに違いない。そこに人々の解釈が関与しなかったと断定することはできない。現在、「情けは人の為ならず」という諺の意味変化が進んでいることは周知の事実である。これとても形態には変化が起こっていない。かく見ると、意味変化のほとんどが俗解と言えるのではないか。発音と綴りのずれが小さい日本語で4の実例を挙げることは難しいが、やはり近年話題になる諺「袖触れ合うも他生の縁」の意味変化も、「他生」を「多少」と解釈することによる。これは音声としては何ら変化がなく、表記の上に初めて露わになるのである。

ウィンフレッド（1962）は、「文法体系の変化：類推変化」の章で、*F.* sur-loin を語源としながら、ラテン語 super ‘upper’ から派生した sur が英語の複合語に多く見られないゆえに sirloin に変わった現象を、「面白い現象」「無責任な修正を表わす新しい形成」とし、この「通俗語源においては、空想の入り込む余地の少ない類推におけるよりも、個人が言語を勝手に改ざんするとか、仲間に気に入る、気に入らないとかの要素が明らかである。」と述べて、形態変化の心理的な背景を説明している。

シェーラー（1977）は、「混合語彙」の章で、「借用された語が透明さを欠いていることへの反発として、民間語源の形態で通俗的な再造語がより頻繁に起こってきた。」と述べており、中世ラテン語に由来する〔a〕sparagus から sparrow-grass「アスパラガス」が生まれた例などを挙げている。さらに、ライズィの説を引いて、民間語源は「独断による語の解釈である。それは語源的に理解されなかった借用語のみならず、有契性を失っている本来語に関しても起こる。」として、古英語 wermōd から変化した wormwood「にがよもぎ」などを挙げている。

以上、わたしの見ることのできた狭い範囲ではあるが、語源俗解に関する欧米の言語学書の記述は、最近のエイチソン（1991）まで、基本的に変わることがない。つまり、言語の歴史性を無視した説明、わたしの言う分析型・伝承型を指すものは一つも見られず、語の変化について言う、わたしの変化型・借用型に限られるのである。

ヨーロッパでは、方言の衝突もさることながら、異なる言語がある日突然干渉し合うという事態が多く生起した。その結果として、自らの言語や方言で解釈しようとして形態や意味を変えることがしばしば行われたようである。言わば言語の接触によって起こった現象である。日本では明治時代に多くの外来語が入ってきたが、これは構造を異にする言語であったので、ヨーロッパにおける事情とは大いに異なる。したがって、彼土のばあいの多くは〈接触〉と言いうるが、本邦のばあいはやはり〈借用〉と呼ぶがいいだろう。一方、日本でも著しく分化の進んだ方言の世界では、ヨーロッパにおける接触によく似た言語変化が多く起こった。それを説明する原理が〝Volksetymologie〟と名付けられたのである。方言学者の使用に欧米の言語学者とのずれが殆どないのはそのためだろう。とまれ、西洋の言語学において、〈語源俗解〉という術語は、誤れる類推による形態（時には意味も）変化に限って用いられている、と言っていいのではなかろうか。

五　本邦における記述の系譜

第二～四節で見てきたように、日本語学界にかなり広く行われているこの術語の記述と、欧米の言語学界に行われている記述とは大きくずれているらしいことが明らかになった。泰西の言語学に発した語源俗解が、欧米では百五十年を経ても混乱することがなかったのに、日本では何ゆえに混乱したのだろうか。

この概念を日本に導入したのはガーベレンツに学んだ上田万年らしい。その上田の東京帝国大学での講義録、上田（1896～98）は、第三篇「Sprachgeschichte（言語の歴史）」の ANALOGY の節で、「Ⅳ）Volksetymologie : Popular etymology」を三つに別けて説明する。新村出のノートから、要所を引こう。

1）Resemblance of Form suggests a possible Resemblance or Likeness of signification

O.E brydguma（man）

——groom

Deut. Beispiel〔たとえ〕（Gospel）

Bei-spel…story, narrative

ネズミ……ネズニ見テヲルカライフ。之モ本気ナラバ Volksetymologie ナリ。

2）Resemblance of Form suggests a possible Likeness of Function plaisir (fr.)〔楽しみ〕ガ，英ニ入リ　plaisir-sure

measure, nature

語原ガチガフニモカカハラズ，音ノ似寄〔リ〕ヨリシテカクノ如キ事ヲナス。

parable, constable ヨリシテ syllable トイフ語ヲ作ル。sy. ハ sillabe ナルヲ able ニ引ツケテシマフ。

3) Likeness of Form suggests a possible likeness of signification

形態の類似が意味の類似を示唆した結果としての変化という1の項に、日本語のネズミの説明を挙げることは果たして妥当だろうか。「言語変化」の原理を説明するこの節にネズミを挙げるには、齧歯類の小動物たる「鼠」が、日本語史上にネズミ以外の形で存在したことが明白でなければならない。十二支の第一の「ネ」という特殊な慣用以外、鼠は古来ネズミであって、上田が言うような解釈で変化した形跡は皆無である。

その上田に学んだ新村出の語源俗解に関する多くの記述から、ここには二つを引いてみよう。新村（1903）は、「日本語ノ音韻組織」の節で、「同音語又ハ類音語非常ニ多キガ為メニ」として、

又一方ニハ語源俗解ヲシテ容易ナラシム。同音語ノ連想、極メテ強ク、容易ナリ。故ニ形ノ上ノ類似ヨリシテ、既ニ知レル語ニテ似タ音ノ語ノ意味ヲ以テ解釈スルノ傾向甚ダ多カリ。ソノ結果、言語ニ由テ神話、俗説ヲ産ムコト多カリ。語源ヲ俗解スル作用ハ、意識的、半意識的、又ハ無意識的イヅレニテモヨケレド、神話、伝説ノ起ルヤ、コノ無、又ハ半意識的ナル場合ニ多キガ如シ。

産霊《ムスビ》神→結ブノ神　火止ル→人生

penikkeu（山岳ノ蟠リ）→弁慶崎

カクノ如ク、名ニヨリテ附会スルコト非常ニ多シ。

と述べている。神話、伝説には無意識または半意識的なばあいが多いとして挙げた例は、それぞれ、ムスヒから転じたムスビを連用形名詞とみなして終止形ムスブを造語し、火トマルを異分析して人生マルとし、アイヌ語地名を日本語に合わせて変形したものである。いずれも典型的な語源俗解の例とわたしは解する。

新村（1934）では、「金巾《かなきん》」「更紗《さらさ》」「甲斐絹《かいき》」を例に引いて、「言葉が割合新しい場合は本道の語源か、民衆語源か、分るのであるが、文字のない場合には、其れが分らない。」「昨今段々進みつゝある方言の比較研究によつて、語源の解つて来る事は多々あるが」と、比較言語学の領域での語源研究について述べながら、「真の語源として、学者が沢山の方言と比較したり、又近隣の民族の同系統の語を比較したりして云ふ所の、其の学問的の語源説と、民衆語源とが、こんがらかつて分らなくなる事がある。」と述べているのは紛らわしい。比較言語学の文脈で論ずべき語源説と民衆語源が混同するというのは、すでに述べてきたように杞憂である。ポルトガル語 saraca に当てた「更紗」などは意図的な表記であって、ソシュールの所で見た〝legs〟とは事情が異なる。

柴田武（1967）は、この問題を正面から論じたものである。そこでは、この「術語が日本で特別な目で受け取られている」として、次の三点を挙げて疑念を表明している。

1　民衆語原はまちがったものだという考え。例えば「学者でも正しい語源解のつもりで俗解に陥っていることがある。」（『国語学辞典』）

2　民衆語原はとりあげるに足りない、つまらないものという考え。例えば「江戸における語源または本義の研究を見ると寛文の松永貞徳の〝和句解〟が最初のものであるが、これは猫は鼠を好むの略、鼠は寝澄む義という程度のいわゆる民間語源説にすぎない。」（東條操『国語学新講・新改修版』）

3　民衆語原は危険なものだという考え。例えば「この種の不規則な語を、民衆語原や類推で説明してしまうこと

はもっと危険である。」（『ドーザ・フランス言語地理学』松原秀治・横山邦子訳書）

3の記述は、系統論に属すべき語原探索の過程に、民衆語原や類推による解釈を紛れ込ませることを危険だと言うのであって、民衆語原そのものを危険だと言うのではない、念のため。

氏は、「民衆語原こそ、なにかを生みだす、〝生きた〟語原であって、それに対する〝学者語原〟はその限りであって、さらに生み出すことのない、〝死んだ〟語原だ」と述べる。また、学者語原を、過去の文献から変化したもの、現代の標準語からくずれたものと説明しうる語原と見る一方、民衆語原は、文献や書きことばとは無関係に、いま自分が使っている話しことばに加える、一種の合理化または意味づけである、と述べる。右の説明のうち、民衆語原は「何かを生み出す語原だ」というのは、評価が肯定的過ぎはしないだろうか。民衆の中から偶然に語が「生まれた」のであって、意識して「生み出そう」としたのではないからである。また、「よく考えてみれば、学者語原はいくつかある民衆語原のうちから選び出した一つの語原にすぎないと見ることができる。学者も民衆のひとりであるから、彼の考える誤原も民衆誤原の一つである。」という結論はうべないがたい。語源俗解を説明する文脈で学者と民衆を対比させるべきでないことはすでに述べたとおりである。

本邦の言語学者の記述の最後に亀井孝（1984）を引こう。細部については異論もあるが、学ぶべきは、比較言語学の文脈での記述「語源とは本質的に語の歴史である」、「民衆語源は無意識のうちのいとなみのものと、狭くこれを限るべきである」に尽きるであろう。新村（1903）にもあったように、この「無意識」こそが鍵なのだ。したがって、当て字の多くはその成立の現場に立ち会わないかぎり、意識的か否か容易に判断し得ないが、亀井の挙げる「大禍時＞逢う魔が時」は文語による廃語の再生であって、俗解とは言えまい。山田健三（1992）の挙げる「学文＞学問」は文字の意識的な改変と思われるので、俗解ではないだろう。

以上、日本の言語学書の記述に混乱の存することを示した。語源の「俗解」と「研究」は似て非なる営みであるにもかかわらず、かくも混乱した原因は何か。最初に邦訳した人は上田万年かと思うが、その元はまず原語に胚胎していた。言うまでもなく、「語源」の原語 *D.* Etymologie-logie を含んだために、「語源」のほかに「語源学」にも用いられたからである。しかし、かの地では生じなかった混乱が日本で生じた原因は何か。

その鍵は、かの地の言語と日本語との違いにある、とわたしは考える。ヨーロッパの諸処で行われてきた言語の音韻構造の特徴を一括するわけにはいくまいが、概して日本語より複雑だ、とは言えよう。それに対して、中世以後の日本語は、一子音と一母音との単純な組み合わせを基本とするモーラ言語で、しかも拍の数は百二十に満たない。そこに、特に訓練を受けた人ならずとも、簡単にネズミをネ・ズ・ミと三つの拍に分けて把えることができ、拍ごとに意味を有するという音義説が生まれ、「寝ずに見る」などの語源説明ならぬこじつけの行われる基盤があったのである。英語の鼠は“rat”が一音節で、これを〔r-æ-t〕と音素に分けて把えることはそうたやすくはあるまい。日本語はモーラ数が少ないので、新村出も言うように、同音語が多いことも、またこれにかかわっているのだろう。

六　おわりに

さて、チョッキとズボンである。

第三節で見たように、金田一京助は『国語学辞典』で「ちょっと着るからチョッキ、ずぼんとはくからズボン」と語源俗解を説明したが、その着想は金田一（1939）にあった。

語原とはこの文化史的・民族的起原のことであつて、これを討究するのが即ち語原論である。（中略）此は、田舎の爺さんの話にも、寄せの高座の落語の中でも、や、もすればすぐ始まるものである。『ちょつと着るからチョッキでございます。ずぼんと穿くからズボンでございます』の類である。かくして、語原は実に、言語に関する吾々の反省の第一歩であり、この意味に於て、それは言語学的知識の入門であるともいへるのである。

果たしてこれが言語学的知識への入門と言えるだろうか。金田一（1942）ではもっと具体的で、「円遊であつたか『なぜ奥様を山のかみと申すかといふに、それはおくやまけふこえて……だから、おくはやまの上《かみ》だら……』といふのを聞いたこともある。」と書き出し、「かかる語原説こそ、所謂民衆語原《フォークエティモロジー》（また民俗語原或は俗解語原）といふもので」と述べている。それが『国語学辞典』の記述へと続き、田舎の爺さんの茶飲み話や噺家の出任せを、国語学会が編集した辞典で「語源俗解」の例としたのである。この調子で、そっと穿くからソックス、ぱっと穿くからパンツと言っても、言語学的知識の発端ということになる。ただし、上の論文の続く記述はおおむね通時論としての「類推」なので、金田一も多義的に理解していたことが明らかである。

言語学において、語源に及ぶ分野は、語源論と語源俗解の二つに限定していい。「語源論」は比較言語学の領域でなすべき研究であるが、日本語と同系の言語が見付かっていない現状では、語源の研究は語構成論と称すべきだ、とわたしは考える。例えば、日と火の語源論争は、ヒの特殊仮名遣いに着眼すれば甲類・乙類と別語だが、さらに遡れば同一語源に至らないという保証はない。系統の不明な日本語で語源を論ずることは不毛なのだから、日と火の論は、文献時代に限れば語構成論で十分なのである。工藤（1978）ではそう主張した。

一方の「語源俗解」は、無意識のうちに語に起こった特殊な類推変化で、形態を主とするが意味に及ぶこともある、と記述すべきである。その俗解、すなわち合理化の過程は、新しく成立したものについては、話者の意識調査で跡付けうることがあるが、それの不可能なものについては、推測に終わることになる。これがわたしの結論である。

結局、語源俗解は、日本に導入した上田万年に始まる解釈が、のちの言語学者・日本語学者に引き継がれて『国語学辞典』に結実し、長く影響を及ぼした、とまとめることができよう。現在の日本語学書の記述を見ると、誤解の系譜は主に語彙論の記述に受け継がれており、方言研究者はおおむねそうした誤解とは無縁である。吉田則夫（1988）は近年では珍しく詳細な記述であるが、「A．術語の解説」では、「俗・民」の文字に邪魔されて、史的語源・学者語源と対立させる旧来の誤解を継承する点が惜しまれる。

それにしても嘆かわしいのは、言語研究をなりわいとしながら、術語をかくも不正確に用いて疑いをいだかない人の多いことである。そして、上田万年に始まったらしい誤解を日本語学界に滲透させたのが、「位相」と同じく『国語学辞典』であったという推測が当たっていたら、それを鵜呑みにして疑わない人が多いことも憂うべきである。権威あるべき辞典が疑問点を含むまま世に行われていることになるのだ。「師の説になづまざること」と言った故人の言を反芻しなくてはならない。

日本語学徒の末席をけがしてはいるが、外国の言語学には疎いわたしにこの問題は荷が重く、失考の多からざらむことを祈るばかりである。その重い荷を引きずりながら、多くの紙数を費やしてしまった。けだし、権威者の一言を無名の者が訂するには一万言でも足りないということなのだろう。

文　献

A　安藤正次著『国語学通考』第六章「語義の研究」　六文館

B　福島邦道著『国語学要論』21「語義」　笠間書院

C　宇野義方編『国語学』第四章「語彙」　学術図書出版社

D　古田東朔他著『新国語概説』第四章「語彙」　くろしお出版

E　工藤浩他著『日本語要説』第四章「古代語の語彙・語彙史」　ひつじ書房

イェスペルセン（1922）Otto Jespersen, *Language, its Nature, Development and Origin*（市河三喜・神保格訳『言語その本質・発達及び起源』1927年　岩波書店）

ヴァンドリエス（1921）Joseph Vendryes, *Language, Introduction Linguistique a L'histoire*（藤岡勝二訳『ヴァンドリエス言語学概論——言語研究と歴史——』1938年　刀江書院）

ウィンフレッド（1962）Lehmann P. Winfred, *Historical Linguistics—An Introduction*（松浪有訳『歴史言語学序説』1967年　研究社）

ウルマン（1959）Ullmann Stephen, *Principles of Semantics*（山口秀夫訳『意味論』1964年　紀伊国屋書店）

——（1962）*Semantics : An Introduction to the Science of Meaning*（池上嘉彦訳『言語と意味』1977年　大修館書店）

エイチソン（1991）Jean Aitchison, *Language Change : progress or decay?*（若月剛訳『言語変化』1994年　リーベル出版）

シェーラー（1977）Manfred Scheler, *Der englische Wortschatz*（大泉昭夫訳『英語語彙の歴史と構造』1986年　南雲堂）

ソシュール（1916）Ferdinand de Sassure, *Cour de Linguistique Général*（小林英夫訳『一般言語学講義』1972年　岩波書店）

パウル（1920）Hermann Paul, *Prinzipien der Sprachgeschichte*（福本喜之助訳『言語史原理』1965年　講談社）

ブルームフィールド（1933）Leonard Bloomfield, *Language*（日野資純・三宅鴻訳『言語』1965年　大修館書店）

上田万年（1896～98）『言語学』（1975年　教育出版株式会社）

亀井　孝（1984）「語源」（『日本古典文学大辞典』第二巻　岩波書店）

金田一京助（1939）「語原の本質」（『文学』第七巻九号　岩波書店）

——（1942）「語原論」（『文学』第十巻十号　岩波書店）

工藤力男（1978）「性急な思想――日本語語源学について――」（『金沢大学国語国文』六号）
――（1996）「語彙論の術語〈位相〉考」（『成城文藝』百五十五号）
阪倉篤義（1978）「日本語の語源」（『岩波講座日本語』12）
柴田　武（1967）「民衆語原について」（『国語学』第六十九集）
新村　出（1903）「国語学講義要綱」（『新村出国語学概説』1974年　教育出版株式会社）
――（1934）「日本辞書の現実と理想」（『国語学講習録』引用は筑摩書房『新村出全集』第一巻による）
吉田則夫（1988）「民衆語源の意義」（『日本語百科大事典』大修館書店）
山田健三（1992）「学文と学問」（『名古屋大学国語国文学』71号）

付記

語源俗解について、趣旨こそ本稿に近いとは言え、工藤（1978）で掻い撫での記述をしたことがある。その後、山田健三（1992）をめぐって氏と私信を交した。山田氏は広範な調査に基づいて、語形変化したものに限るべしとする私見に反論した（1993.3.23）。いずれ詳しく調べたいと思いながら三年が経過して、ようやく山田氏への回答を書くことができた。再考の機会を与え、かついくつかの文献を教示してくれた山田氏に感謝する。

追記

本文にはあえて引かなかったが、非日本語系の『ドイツ語学辞典』（1994年　紀伊國屋書店）、ＯＥＤなどの英語辞典、欧米の百科事典の記述も言語学書とほぼ同じである。ここには、"INTERNATIONAL ENCYCLOPEDIA OF LINGUISTICS"（1992 Oxford University Press）から、Folk etymology の項目を引いておく。

The 'correct' source of an expression is lost sight of, and speakers substitute something that seems to make more sense: *wheelbarrow* becomes *wheelbarrel*, *haphazard* becomes *half-hazard*, and *lackadaisical* becomes *laxadais-*

ical; for a child, a *typewriter* becomes a *tapladder*.
なお、田中克彦氏の新刊『名前と人間』（岩波新書）は、語源俗解についてかなりの紙幅を割いている。そこには、本稿に引いた辞典類の記述と基本的に変わらないたちばでの記述が見える。のみならず、『国語学辞典』の金田一京助の説明を「古典的解説」として肯定的に述べている。世界の言語学に通じた田中氏の著作と本稿とでは、とても勝負にならないはずなのだが、本書を読んでも私見を変える必要を認めなかった。

補　記　本篇は、千九百九十七年三月発行の『成城國文學論集』第二十五輯に掲載された。

〔付〕辞書編纂における研究者の責任

『日本国語大辞典』第二版の刊行が始まる。四半世紀を費やした改訂の成果だという。特に、用例の見える文献の年時をキリスト紀元で記すのは、範としたらしい“The Oxford English Dictionary”（ＯＥＤ）に一歩近付くものと言えよう。初版の刊行された時期、わたしは駆け出しの大学教員で、それが手元に一冊ずつ届くのをいつも待ちわびていた。いま、第二版の刊行をうれしく思う。

この辞典から受けた恩恵は数えきれないが、不満もある。わたしが籍をおく大学の国文学科では、一年次必修科目に、二単位の「基礎演習（Ⅰ～Ⅳ）」を設定している。わたしの担当するⅢは国語学の基礎を学ぶものである。本年度は、さまざまな辞書とその周辺の文献に慣れることを目指している。そこでは、古代から現代までの用例が得られて信用できる大型の辞書として、『日本国語大辞典』を紹介している。ただし、「語源説は無視せよ」の注意を添えて。

この辞典の特徴を初版に即して言うと、用例の範囲の広さ、方言項目の充実、アクセント史・古辞書の掲出など、いずれも有益なものであった。第二版ではさらに、語誌・同訓異字・上代特殊仮名遣・表記史などの欄を新設するという。使用の便利さはいよいよ高まることであろう。しかし唯一、語源説は読者を誤らせるものである。わたしはそのことを別の機会に書いたことがあるので、第二版にそれが踏襲されたことは残念でならない。これまでの経験では、語の変遷について少しでも考えようとする学生が、往々にしてこの辞典の「語源説」に引っかかった。わたしはそのたびに、その語源説のほとんどが語源とは無関係だということを、懇々と諭さなければならなかった。それで今は先手を取って、一年次の必修科目の初めに言うのである。

この辞典初版の「朝（あさ）」には、十七の出典から八つの語源説が掲げてある。その(1)は、冠辞考・大言海などの「アシタの約」である。もし確かにそうだとして、しからば、アシタの語源は何だろう。仮にそれがXだとしても、Xにもまた語源があるはずだ。それをYとしよう。ならばYの語源は……。この問には果てがない。アシタ説は仮名返しに過ぎないし、アサ・アシタの関係を、拘束形式・自立形式の関係として知っている我々に無意味であることは言を待たない。

以下、(2)「アク（開）」の意。(3)アケル（明）のアと、接尾語サあるいは少または早の意。(4)「明けさま」か。(5)ア音は陽精の発起、サ音は生化の初め。(6)アはアカの約、サはスサの約で明進の意。(7)朝、ものを食べることからアサル（求）の義。(8)「翼早」の別音 A-sa、翼は夜の明ける義、早は暁の義。締めて十二行。

第二版の内容見本には、辞典類・論文・随筆などから「丹念に探」って充実した語源説欄の例として、「おさめる（治・修）（文語形「をさむ」）」の項を掲げる。それは次のとおりである。(1)ヲサ（長）の活用語。(2)ヲサマル（長完）の他動詞形。(3)ヲサメ（長際）の義。(4)ヲサアム（長編）の約。(5)ヲスメ（緒統）の転呼か。(6)ヲは音の下略、サムルは定ムルからか。

(1)のヲサムがヲサ（長）に由来するという俚言集覧・大言海の説明には異存がない。が、これを〈語源〉とするなら、わたしはやはり問いたい、それでは、ヲサの語源は何なのかと。ヲサムはヲサからの派生語、そのヲサは動詞「ヲス（治）」からの派生語か、とわたしは考えている。ヲスが何に由来するかは分からないが、それでいい。(2)は和訓栞の説だが、これがヲサマルの他動詞形であるとは中学生にも分かること。だが、わたしはこれを〈語源〉とは言わない。

右の(1)・(2)は〈語源〉説ではなく、〈語構造〉の解釈である。その限りでは妥当である。だが、語源説となると事情は違う。語源とされたヲサは、ヲサムの前身を推定したに過ぎないからだ。これを〈語源〉だというのは、先祖を尋ねられて父母の名を告げ、信濃川の源を問われて千曲川と答えるようなものである。

この辞典が範としたらしいＯＥＤは語源の掲出に熱心である。これは英語の辞書一般の特徴でもある。二百年に及ぶ印欧語比較研究の成果があるからである。その語源の記述は、英語史をさかのぼって得られた最古の確かな語形を求める、他の言語あるいは他の語派との交点を求める、その交点から推定される直前の言語を求める、これが比較言語学の節度である。同系語が証明されていない日本語に、英語のような語源は書きようがない。アサは「朝」の最古の確かな語形なのだから。

日本の大型の古語辞典、例えば『時代別国語大辞典　上代編』『角川古語大辞典』『小学館古語大辞典』は、語源を掲げていない。わたしは、これが良心的な態度だと考える。研究者には周知のことだが、若干の語源を記した小型の辞典に『岩波古語辞典』がある。巻頭の「用語」の解説には、アサ（朝）・アサテ（明後日）・アス（明日）・アシタ（朝・明朝）に共通する観念を想定して、asという〈語根〉を抽出し、これらを〈同根〉の語としている。さらに、古代日本語と朝鮮語の間に類似する単語があるばあい、系統関係は十分証明されていないので借用か同系か未詳だが、それを一括した概念として〈同源〉という語を用いるとしている。これは一つのすぐれた見識だとわたしは考える。

『日本国語大辞典』には〈語源〉についての見解が明言されていないのに、右のような説を羅列したのはなぜだろう。研究者に語源説の資料を提供しようとでもいうのか。だが研究者は、そのほとんどが荒唐無稽であることを知っている。むしろ、しろうとがこれを無批判に扱う危険をわたしは言いたい。二年ほど前だったか、日本放送協会総合テレビの番組「日本人の質問」で、ネズミの語源について質問が届いているが、まだ分からないので、という趣旨を司会者が言った。問うた人と答えたがわ両方の発言に、多くの日本人のの言語意識がうかがえるようだ。そのような人々にこそ、この欄は読まれるだろう。

この辞典の第二版には「語誌」の欄を新設したという。内容見本にはそれが筆頭に紹介されている。これこそ語源説欄に代わるもの。「おさめる」の語源説１・２は、ここに〈派生〉・〈対応〉として書くべきことである。用例の選択、語義の記述は辞書の生命と言われる。膨大な用例から最適なものを選ぶにあたって、編集委員の判断が大きくはたらいたに違いない。ほかに、例えばアクセント史の資料については、慎重な配慮の末に誤点を捨てたに違いない。それに比べて、「朝」の語源説八つ、「おさめる」の１以下のそれに、編集委員のいかなる価値判断がはたらいたのだろうか。

両版の編集委員として、本学会の要職にあった人たちの名が見える。その人たちはいかなる理念によってこの語源説欄を設けたのか、社会に及ぼす影響をどのように考えたのか。語源についての見解が編集委員と卑見では異なるかも知れないので、わたしは知りたい。これは一辞典にとどまるものではなく、学界にとっても重大な問題だと考えるのである。

補　記　この付篇は、二千一年三月発行の『国語学』第五十二巻一号の《短信》欄に横組みで掲載された。

接続助詞『と』の一用法

――この電車は新岐阜を出ますと新一宮に停まります――

（三輪真弓共著）

要　旨

副題は、名古屋鉄道の電車を利用するたびに耳にする、構内あるいは車内のアナウンスの一例であるが、この表現が与える違和感は、接続助詞「と」が継起性を表わすというだけでは説明できない。その「継起性」とは、時間の流れにおいて切れ目のない動きや状態でなければならないことを証明する。また、これに代わるべき表現「この電車は新岐阜を出ると新一宮まで停まりません」がなぜ適切なのかを、認知科学の考えを導入して説明する。

はじめに

副題に挙げたもの――これを例文1としよう――は、名古屋鉄道（略称「名鉄」）の電車を利用するたびに耳にするアナウンスのうち、特に強い違和感を覚えながら、それが何に由来するのか分からないままに久しく過ごして来た表現を一類型として示したものである。これは類型であるから、駅名を取り替えるといくらでも実例をあげることができる。例えば次のように。

2　この電車は新名古屋を出ますと金山橋に停まります。

3　この電車は新岐阜を出ますと笠松に停まります。

地元以外の人のためにいま少し事情を説明する方がいいだろう。3についていうと、名鉄の名古屋本線の駅は、新岐阜、加納、茶所、岐南、笠松と並んでおり、このうち急行電車の停車駅は笠松だけであり、1についていうと、新岐阜から新名古屋までのたくさんある駅のうち、特急の停まる駅は新一宮だけなのである。

この違和感は自分だけのものなのか。他の人たちもそうなのかを確かめるために、例文3の急行電車について、「この電車は新岐阜を出ますと……」に続く表現としてどういう言い回しをするか数人の人に尋ねてみた。すると、やはり「笠松まで停まりません」と答える人が多かった。例文1の特急電車についても「……出ますと……停まりません」のほうが自然だという声が多かった。中には駅のアナウンスどおり、すなわち例文1のままでいいという返答もあったが、疑問を投げかけてみると、みな一様に首をかしげた。接続助詞「と」のいかなる性質を明らかにしたら、この疑問に解答を与えてくれるだろうか。

一

現代日本語の接続形式には様々のものがあるが、中でも条件表現には、「て、ては、たら、ば、なら」、それと名詞「とき」は用法が重なることがあるので、その違いを明らかにしようとする研究はたいそう多い。ここでは、本稿の課題の「と」に直接かかわるものを中心に、その研究史を簡単に見ることで解決の手がかりを求めることにしよう。

早い時期の研究としては、松下大三郎（1928）がある。そこでは、「と」による仮定はまず「ば」「ては」とともに現然仮定拘束格とされ、「と」と「ば」は、次の例文のように「ては」に比べて抽象的だとする。

4　日が短くなれば（なると）仕事が捗取らない。（何時でもそうだ。）

5　どうもこう日が短くなっては仕事が捗取らない。

また「ば」が必然的因果関係を表わすのに対して、「と」は次の例文のように偶然的実際関係を表わすとする。

6　人は酒を飲めば酔ふ。

7　あの人は酒を飲むと喧嘩する。

「ば」「たら」「なら」とともに偶然確定拘束格となる。

8　電車に乗ると雨が止んだ。

9　昨日君が帰るとあの人が来た。

松下（1930）で、右の現然仮定を常然仮定と改称するのは、その仮定条件に恒常性・一般性を認めたものである。

佐久間鼎（1940）は、条件というような特定の関係を表現するのではなく、二つの事態の同時性・継続性を表現するのが「と」の本質的な機能であるとしている。

10　昨日の雨でじめじめして、うっかりすると足が滑る。

11　狐つきおちると、もとの無筆なり。

特に同じ主体の動作・変化を表わすばあいは、次の動作・変化のきっかけとなる作用を示すと述べるにとどまっている。

永野賢（1951）は、大規模な調査による資料をもとに、先行の研究を吸収して後続の研究を導いた。そこでは接続助詞「と」の意義・用法をまず四類に分けている。

① 二つの動作・作用の時間的共存・先後の関係
② 因果関係をもつ二つの動作・作用を結びつける
③ 次の発言の準備としての前おき
④ 起こり得べき場合を仮定し、その条件に拘束されずに後件が起ることを示す

以後、三尾砂（1958）、宮島達夫（1964）、Anthony Alfonso（1966）、山口堯二（1969）、久野暲（1973）、鈴木忍（1978）、森田良行（1980）、寺村秀夫（1981）などによって解明が進められてきたが、最も克明なのが、豊田豊子氏の接続助詞「と」に関する研究である。

豊田氏は「と」の用法を、「連続を表わす　発見を導く　後件の行われるときを表わす　後件の行われるきっかけを表わす　因果関係を表わす」の五つに分け、さらに前件と後件の主体の異同、動作や状態のありよう、主文の時制などを広く視野にいれて考察している。豊田（1978）では、そのうち「連続」を表わす用法について詳しく述べ、従来「同時」とか「継起」とかいわれた用法の実態を明らかにしている。連続の文では、第一の動作と第二の動作が区切られていて、二つの動作が明確に分かれていなければ正常な文にはならないとしている。本稿の疑問も電車の動作の続きかたに関する表現なので、この視点が参考になりそうである。

前節に引いた豊田氏の論は、例えば次の文などの落ち着きの悪さが何に由来するのかということから発している。

12　選手たちは胸をはると行進した。

13　花子はおはしを左手に持つとご飯を食べた。

14　太郎はギターを胸にかかえるとひいた。

これに対して

15　きつねはそれを見ると、ふてぶてしく鶏を食い続けた。

16　きこりは、あいさつをすると、勧められたいすに、どっかとこしをおろした。

17　（お母さんは）ひっかききずだらけの、小さな足をだきしめると、小声で言った。

18　（伯牙は）童子に持たせて来たことを受取ると、静かにひき始めた。

などは自然な文である。これらの前件の動詞（傍線部）をみると、15・16は動作の完了を意味する動詞で、その動作が行われると同時にその動作の終了も示せるものだという。豊田氏の例文ではほかに「言い終える、見かける」がある。一方、17・18の動詞はその動作をしたあと、対象に状態の変化が残っているもので、ほかに「道具を持つ、ギターをかかえる」があがっている。後者はさらに細分されているが、本稿はそこまでの深入りは不要だろう。

さて、その落ち着きの悪い文12・13・14の前件の動詞は、対象の状態に変化を残すものである――胸は張られたままに、箸は左手に持たれたままに、ギターは胸にかかえられたままに。後件の動詞は単に動作が続くことを表わすものである。これをいろいろと変えることで落ち着きのいい文に直せるが、始動の「～はじめる」をつけた例文だけを借りて示そう。

12b　胸を張ると、行進しはじめた。

13b　おはしを持つと、ご飯を食べはじめた。

14b　ギターを持つと、ひきはじめた。

それに対して、前件の動詞が動作の完了を意味するものでは、始動を示す語が不要だとする。

19　言い終えると、ご飯を食べた。

20　あいさつをすると、ギターをひいた。

これらの事実から、豊田氏は次のようにまとめて、その動作の連続を図で表わしている。組版の手間を考えて少し書きかえた図のいくつかを掲げる。

第一の動作を表す動詞が動作の完了を明確に示せず、第二の動作を表す動詞も動作の開始を明確に示せなければ、その文は不安定な落ち着きの悪い文になる。（中略）連続の文では、第一の動作と第二の動作は区切られていて、二つの動作が明確にわかれていなければ正常な文にならないということである。

13c　×おはしを持つと、食べた。

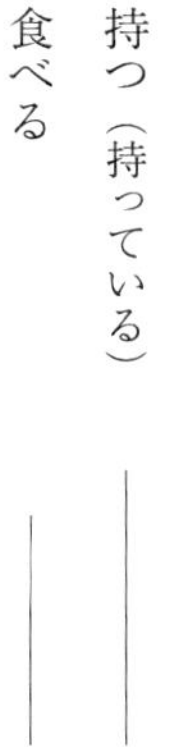

13d　○おはしを持つと、食べはじめた。

19b　○言い終えると、食べた。

食べる ————

詳しい説明はないが、図の黒丸・白丸はそれぞれ始動と完了を表わすのであろう。十二の例文に対する六つの図によると、二つの動詞のうちの一方が、すなわち前件の終了か後件の始動かが明らかにできればいいと考えているようだ。細かい詮索で恐縮だが、13cでは「持っている」の意味をも汲んでいるように括弧のなかに示し、その線すなわち動作の八割がたが重なるように図示するのは行き過ぎではなかろうか。箸を持たなければ食べられないのだから、この文の「持つ」は「手にする」と同義だと解釈されるであろうし、話し手もそのつもりで用いたのであろう。そうすると、これは19と同様に考えていいことになりはしないだろうか。

豊田氏の一連の研究は、文末が過去形であるものを基本的な文として進めているので、現在形で超時の事柄を表わすものはどうなのかなど、いまひとつ物足りないところがある。本稿の課題の文では、前件の「出る」と、後件の「停まる」、いずれも動作の完了を示しうるものなので、それにもかかわらず落ち着きの悪い原因が分からない。もう少し角度を変えてみる必要がありそうだ。

三

永野氏の説明にもう一度戻ってみよう。さきにその四分類を示したが、ここで特に必要なその①「二つの動作・作用の時間的共存・先後関係（同時に、または時間的に近接して行われる二つの動作・作用を結びつける場合）」は、さらにつぎの二項に分けられている。

（イ）同時（ある動作・作用が行われる。それと同時に、またはくびすを接して別の動作・作用が行われる場合。）

（ロ）継起（一つの動作・作用が、次の動作・作用の前段階として先行する場合。この場合、両動詞は同一の主体によって営まれている。）

その挙例から引くと、

イ21　お嬢さまがふたたび庭下駄をはいて飛石づたいにあるいてゆくと、鶴も前になりうしろになり、むらがってついてゆくのです。

22　起出すと、母はもう食事を済して父を送り出したあとであった。

23　廃墟を廻ると、思いがけず、昔ながらの水車が、ゴトンゴトンと透徹った水を集めては廻っていた。

ロ24　正広君は顔をしかめるとコンコンと咳をした。

25　初夏の箱根の新婚旅行から帰って来ると糸子は田園調布の邸に入った。

26　ぴしりときびしく鞭打つように云い放つと、母はまたすっと部屋から消えているのだ。

27　新橋駅を出ると、彼は直ぐ神田を目ざした。

永野氏のイは、豊田氏の分類では、後件の行われる「時を表わす」か、「きっかけを表わす」用法に属すると思われる。永野氏の事例も過去形の文例ばかりで、超時的な事柄は、②の「（ロ）習慣・反覆的事象・既定の事実などにおける条件を表わす。」に挙げられている。だが、本稿のために光村図書の国語の教科書（1978, 1979）から集めた資料約三百を検討した結果では、ことは過去・現在、すなわち一回性の事柄か超時的な事柄かということに関係ないようである。その例。

28　父は、家に帰ると、すぐふろ場へ行き、手足を洗う。

29　（フシダカバチは）そして自分の獲物とすりかえられたゾウムシを見つけると、すぐにそいつに飛びかかり、足でかかえて運ぼうとする。

28はある日の父の行動と見ることも、毎日の行動と見ることもできるし、29は蜂の習性であるが、ある日ある時のある特定の蜂のことと見てもよいものである。

豊田・永野両氏の論を止揚することでこの課題は解けるのではないかと思われる。本稿の疑問の文と似たところのある27、それと24を豊田氏の方式で図示すると、次のようになるだろう。

27 b　新橋駅を出る　○
　　　神田を目ざす　　——

24 b　顔をしかめる　○
　　　咳をする　　　——

豊田氏の図式ではすべて前件と後件とが重なっているが、さきの19などでは重なっているというのは無理だろう。始動のはっきりしない動作でも、実際には前の動作の終わった後で行われているのだから、例えば次のように示すべきだろう。

19 c　言い終える　——○
　　　食べる　　　　　——

以上の考察によって、前件の動作と後件の動作が同時に起こるというのは適切ではなく、きびすを接してというのも25などには厳密すぎるし、継起というのは1の説明に窮するという循環に陥る。これは、「前・後件それぞれの述語の表わす動作・作用・状態が時間軸上で接点を持たなければならない。」とまとめることができるのではなかろうか。

ここで、本稿の課題に戻るとしよう。「この電車は新岐阜を出ますと新一宮に停まります。」は次のように図示されるだろう。

1b　新岐阜を出る
　　新一宮に停まる

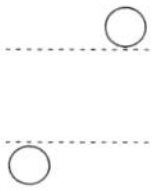

「出る」も「停まる」もそれ自身で動作の完了を示すことのできる動詞なので、豊田氏の図式では共に○で表わされて継起するように見えるが、じつは、その間に電車が「走る」という、ある時間を必要とする持続の過程が介在しているのである。それで、この二つの動作の接点はなくなってしまうのである。この考え方の妥当性を検証するために、少し内容を変えた文を作ってみる。

30　この電車はあと十五分走りますと、新一宮に停まります。
　　十五分走る
　　新一宮に停まる

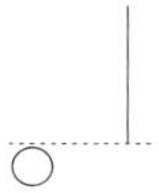

31　この列車は高原駅を出ますと、森林地帯を走ります。
　　高原駅を出る
　　森林地帯を走る

このように、二つの動詞の間に接点のある文は自然な表現となる。そしてこのことは、右に見てきた7から11、15から29の文にもあてはまるのである。

いわずもがなのことかもしれないが、標題の文1は

32　この電車は新岐阜を出ると新一宮まで停まりません。

としたい。これは、「停まる」という動作が実現せず、「停まらない」という状態が持続するので、次のように図示される。

32　b　新岐阜を出る
　　　新一宮まで停まらない

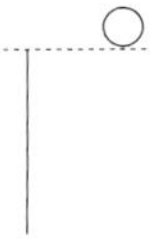

落ち着きの悪い文でも、具体的な動きや状況を示す表現をともなうと、接点を持たないという不備な条件が緩和されて自然な文になるようだ。

33　この列車は駅を出ますと、すぐトンネルに入ります。

34　電車は新名古屋駅を出ると、突然停まった。

35　彼女は歩き始めると、急に立ち停まった。

標題の文は

1c　この電車は新岐阜を出ますと、次は新一宮に停まります。

とアナウンスされることも多いが、これだと不自然さがいくらか緩和されるのも、右と同様に「次は」という表現によるのだと考えられる。これとても、「次の停車駅は新一宮です。」のほうがいいことはいうまでもない。

こうして見ると、連続を表わす「と」の用法を、基本的には「同一主体によって続いて行われる意志的な動作を表わす」と規定している豊田氏の説がほぼ覆っていると言える。ただ「連続」の規定がはっきりしないので、これに永野氏の①のイを勘案して、先のまとめを加えると、いっそう確かな規定になるのではなかろうか。すなわち、

前件の意志的な動作に引き続いて、それと時間軸上に接点をもつ同一主体による意志的な動作を後件とするとき、接続助詞「と」は連続と表わす。

「引き続いて」とは言っても、それは、現実の細々として動作まで指すのではなく、あくまでも表現としての動作であることは、25などを見れば明らかであろう。念のために言うと、電車の発車や停車を表わす動詞が意志動詞ととらえられるのは、一種の擬人法なのだろうと思う。それは例えば、自宅でポケットからバスの時刻表を出しながら、「大学行きのバス、まだあるかなあ」と言うのに対して、バスに乗るべく急いで来て、バスの停留所の見える位置にいる友人に、「バス、まだいる?」と聞く場面を思い浮かべるだけで歴然とするだろう。

四

統語論の問題は前節までに述べ終えたが、本来あるべきはずの32の文の語用論的な面を検討しておきたい。日常よく耳にする表現に、この接続助詞「と」を用いるものがたいそう多い。

36　そんな暗いところで本を読むと、目を悪くしますよ。
37　今出ると、危ないですよ。
38　そんなことしてると、お嫁に行けなくなるよ。
39　努力しないと、道は開けないよ。
40　たくさん着ないと、かぜ引くよ。

「と」が受ける前件に対して、どんな結果が出るかを後件で述べており、この「と」は全て「ては」に置き換えることができる。「ては」による接続について、蓮沼昭子（1987）は次のように述べている。

「ては」接続の条件文の後件は、話し手の評価、期待、あるいは世間一般の評価基準から見て、それに「反する」

といった意味内容（「反期待性」）を表すのが普通である。

この「ては」による接続の用法は「と」による接続に通ずるところがある。36から40についてみると明らかなように、後件には話し手・聞き手あるいは世間一般の評価基準から見て、負の印象を与える〔反期待性〕の事柄が述べられている。

ここで一つの調査結果を紹介しよう。豊田豊子（1985）が「と、ば、たら、なら」の使い分けに関して、全部で九十の文について、括弧内の接続助詞のどれを使うか、複数の選択を許して三十一人の人に答えてもらったものである。各文の後の数値はそれぞれを選択した人の百分比である。

41　日本の家で生活するには、あまり背が（高いと／高ければ／高かったら）不便だ。……76.7／45.1／67.7

42　小さいくつをはいて（いると／いれば／いたら）足の骨が曲がる。……100／51.6／58.06

43　江戸時代にはこの海で魚を（とると／とれば／とったら）処罰されたものだ。………100／58.06／87.09

右の文の後件はいずれも負の印象をもち、あるいは反期待性を含意している。「ば」も「たら」も使えないわけではないが、後件が反期待性を意味するものであるばあいだけ、「と」接続を選択する人が多いのである。ということは、「と」には後件に反期待性の事柄を導くという特性があることを裏付けているであろう。36～40の文は、後件が反期待性を意味すると同時に、聞き手に注意を促すと言った〔警告〕の発話行為でもある。

これらの「と」はすべて「ては」に言い換えることができたが、「ば」との交換はどうだろうか。36～38は落ち着きの悪い文になり、39・40は臨場感のない文になる。「さえ」や「ただ……だけ」を伴う条件文では、圧倒的に「ば」が用いられるという事実からも分かるように、「ば」接続は「と」接続とは逆に、むしろ〔合期待性〕の事柄を導くようである。ゆえに文全体が、禁止あるいは回避の必要性といった伝達意味を扱う36～38では、「ば」が排除されるのであろう。

蓮沼氏は、「ては」が選択される文脈についてこう述べている。

発話の意味の伝達・解釈に誘導推論の介在を必要とし、「〜ベキデアル」「〜ベキデハナイ」といった話し手の当為判断を隠れた結論として含意するような文脈において用いられる。

以下、蓮沼氏の論にすっかり寄りかかって述べることになるが、「ては」接続の文で誘導推論を具体的に見ることにする。

A　そんな暗いところで本を読んでは目を悪くしますよ。

←　B　目が悪いのはよくないことであるから、悪くしたくない。

←　C　暗いところで本を読まなければ目は悪くならない。

←　D　暗いところで本を読まないようにすべきである。

Aが〔警告〕としての発話行為を遂行する過程には、伝達の主である話し手ばかりでなく、それを解釈する聞き手の側においても、同じようにA→Dのような推論が行われていると考えられる。それが誘導推論の考え方である。

「と」による接続36〜38についても同じことが言える。37では、聞き手が最終的に「今、出るべきではない」と推論するように、38では「そんなことはよそう」と推論するように誘導しているわけである。また、39・40も「努力しよう」「たくさん着るべきだ」という気を起こさせるための警告文であり、話し手の意図は前の三つと変わらない。

もし40で「たくさん着なければかぜ引くよ」と「ば」を用いると、余りにもっともらしくなり、誘導推論を促す点、すなわち聞き手への働きかけに弱さが感じられてくる。切迫した場面では「と」を用いて、もっと強く〔警告〕を発現させる必要がある。

課題の文に帰ろう。1・2・3のアナウンスの目的は、電車の種別と停車駅の案内である。電車が駅に停まるのはいわば当然のことなので、人はそのアナウンスを耳にしても特に注意することをしないのである。ところが、32のアナウンス「新一宮まで停まりません」を聞くと、「適当な電車に乗らなければ、望む駅には降りられない」という警告と受け取ることになる。「新一宮まで停まらないとは何事だ」→「自分の降りたい駅はその前か後か」→「望みの駅で降りられなくてはかなわない」→「電車を乗り換えるべきだ」と推論が運ぶのである。これで初めて「乗り間違いのないように」というアナウンスの〔警告〕の意図が達せられるのである。

一方、新一宮に早く着きたいと望む人にとっても、1より32のほうが、その電車が途中の駅を飛ばして行くということがよく分かって、アナウンスの効果がいっそうよく発揮されることになるというものであろう。利用者の心理をとらえたアナウンスをすることもサービスの一つだと思うのだが。

おわりに

もう一昔にもなろうか、「たとえばわたしが恋をするなら、四つのお願い聞いてほしいの」と歌う奇態な俗謡がはやったことがある。おそらく専門の作詞家の作った歌詞だろうが、プロにしてもこのような誤用はありうるのである。電車のアナウンスにそれがあったとしてもなんの不思議もあるまい。もしかしたら、これは生きた言葉の変わりゆく一面なのかもしれない。

日本語教育にたずさわる人たちの間に「恐怖のト、タラ、ナラ、バ」ということが言われると聞く。これは、日本語を学習する外国人にとって条件接続表現の習得が難しく、それを指導するほうでもまだ十分な理論づけがなされていないことを意味するのであろう。日本人でも時としてこのように座りの悪い表現をしてしまうことがあるのだから、条件接続の習得の難しさは、なにも外国人に限るものではないことになる。

本稿は、多くの先人の研究、特に豊田豊子氏、永野賢氏、蓮沼昭子氏の仕事に導かれて、日ごろの疑問を解くべく模索したささやかな軌跡である。その模索の過程で蓮沼氏によって教えられた認知科学の成果は大きな魅力であった。この方法は言語の研究に新しい視点を提供しているので、今後きっと豊かな実りをもたらすことであろう。

文　献

Anthony Alfonso（1966）"Japanese Language Patterns"（凡人社）

久野　暲（1973）『日本文法研究』（大修館書店）

佐久間鼎（1940）『現代日本語法の研究』（厚生閣）

鈴木　忍（1978）『教師用日本語教育ハンドブック③　文法Ⅰ　助詞の諸問題１』（国際交流基金）

寺村秀夫（1981）『日本語教育指導参考書　5　日本語の文法　下』（大蔵省印刷局）

豊田豊子（1978）「接続助詞〈と〉の用法と機能」（『日本語学校論集』五号）

（1985）「「と、ば、たら、なら」の用法の調査とその結果」（『日本語教育』五十六号）

永野　賢（1951）『現代語の助詞・助動詞――用法と実例――』（国立国語研究所）

蓮沼昭子（1987）「条件文における日常的推論――「テハ」と「バ」の選択的要因をめぐって――」（『国語学』第百五十集）

松下大三郎（1928）『改撰標準日本文法』（引用は勉誠社覆刻本1974による）
（1930）『改撰標準口語法』（同右）
三尾　砂（1958）『話しことばの文法』（帝国教育会出版）
光村図書（1978, 1979）『中等新国語　二』『中等新国語　二』
宮島達夫（1964）「バとタラ」（『講座現代語』6）（明治書院）
森田良行（1980）『基礎日本語　2』（角川小辞典）
山口堯二（1969）「現代語の仮定法――「ば」「と」「たら」「なら」について――」（『月刊文法』第二巻二号）（明治書院）

付記　三輪真弓（恵那郡明智町立明智中学校教諭）は、工藤の指導のもとに、「現代日本語の「と」による接続」と題する卒業研究（六十二枚）をまとめて、この春岐阜大学を卒業した。その論文は公表する価値があると考えた工藤は、三輪に対して夏休み中に書き直すように勧めた。しかし、十分な時間がとれなかった三輪は、九月下旬、はしがき三枚を書いただけであとを工藤に委ねた。工藤は匆々のうちに補充調査をおこない、約半分の長さに書き直した。それが本稿であるが、縮小と論述態度の違いのため、第四節のほかはほとんど原形をとどめていない。よって、ここに連名で発表することにした。（1988.10.15）

補記　工藤の発案によるこの論文は、「この電車は新岐阜を出ますと新一宮に停ります――接続助詞「と」一用法――」の題で、千九百八十九年三月発行の『岐阜大学国語国文学』十九号に掲載された。本冊に収めるにあたって標題と副題を入れ替えた。

できたて・とれたて・生まれたて

――複合動詞論序説――

はじめに

九年前のことである。そのころ我が学部には、入学式翌日からのフレッシュマンキャンプで講演を行う慣例があった。その年は国文学科の番で、わたしが話をする巡りあわせになったので、おりしも放送中の朝のテレビ小説「春よ来い」を材料に、そこで用いられている日本語のあれこれについて話した。その話のあとだったかと思うが、時の文藝学部長、我妻建治氏から一つの疑問が呈示された。何か事がなされたばかりのことを「何々たて」と言うが、この「たて」を自動詞に付けるのは変ではないか、というのである。それについてわたしは考えたことがなくて即答しえなかった。

帰りのバスの中でも、「たて」を自動詞に付けては舌頭にまろばせて考えたが、遂に結論が出せないまま帰宅した。そして、近代の用例が充実しているので食卓わきに置いて重宝している『新潮現代国語辞典』(1985)を開くと、「たて【立(て)】」の項の「二(接尾)」の条に左記のように出ていた。

①動詞の連用形に付いて名詞となり、その動作が終ったばかりであることを表す。「たき―の飯〔ヘボン〕」「卒

業し――〔坊っ〕「ペンキ塗り――」Ａ

「たきたて」「塗りたて」は確かに他動詞に付いた例だが、「卒業する」は自動詞と解せられる。なんだ、漱石も自動詞に付けているではないか、と情けなくも納得してしまったのである。ところが、一昨年秋、旧白洲邸「武相荘」を訪れたところ、展示品に添えられた白洲正子氏の文章が目にはいった。

加藤先生から武相荘へは出来たてほやほやの御自身の器が比叡山を描いた美しい手紙と共に送られました。

我妻氏に突きつけられた質問が、突然、忘却の霧の中から浮かんできた。つづいて昨年七月、小田急の電車内の広告に「新しい液晶〈ベガ〉シリーズ　生まれたてです。ＳＯＮＹ」が出現した。そして今春、日本放送協会の番組に「とれたてマイビデオ」のあることを知り、五月十八日の『讀賣新聞』朝刊で「エーエム・ピーエムから『とれたて膳』新登場」という広告を見た。「とれたて」は最近いろいろな広告で流行のように用いられる。

このような偶目が重なったので根底から考え直そうと発表準備を進めていたおりしも、我妻建治（2004）に接した。昔わたしに突き付けた疑問について、氏自身の見解を述べたものである。我妻氏の出勤途中に「新鮮野菜」「とれたて」の幟を立てた野菜販売所があるが、「とれたて」では野菜の新鮮さが損なわれる、「とりたて」でなくてはならない、という趣旨である。氏は、「とれたて」が今日ひろく通用していることも指摘している。

本稿ではこれを、直後の意を表わす〈動詞＋たて〉と形式化する。そして、日本語の流れを上り下りしながら、その成立事情をさぐり、変遷過程をたどり、語性を明らかにして、我妻氏がいだいた違和感の根拠を考えたい。

資料の成立・刊行年はキリスト暦で、所在ペイジは「p.」のあとに、ともにアラビア数字で表記する。辞書の引用の末尾に大文字のローマ字をゴチック体で付し、それを略号に用いることがある。言及箇所に傍線・下線をつけることがある。

一

近代の辞書の説明を見ることから始める。まず落合直文編『ことばの泉』(1898)には、
　動作の、今行ひたるばかりなる意を示すに用ゐる語。俗語。「煮たて」「買ひたて」。B
その三十年後の大槻文彦著『新編大言海』(1930)には、
　動詞ト熟シテ名詞トナリ、其事ノ新ナル意ヲ云フ語。「炭火ノオコリたて」「荒砥ノ研ギ立て」「煮たて」炊《た》きたて」切りたて」生《ウマ》レたて」C
最も新しい北原保雄編『明鏡国語辞典』(2003)には、
　その動作が終わってまだ間がないことを表わす。「炊きたての御飯」「できたてのほやほや」「結婚したての二人」D
とあって、その記述にはほとんど差がない。「たて」に上接する動詞について、自他はおろか、なんらかの制限があるとは書いてないのである。A・B・Dには「動作」とあるが、Aの「卒業」、Dの「できる」がはたして「動作」と称していいか疑問で、「動詞で表現される事態」程度の意味なのだろうと思う。このように、多くの辞書の編著者はこの形式を詳細に記述しようとしてはいない。わずかに独自性が見える辞書は次に引く三省堂『新明解国語辞典』第四版(1990)である。
　ある状態が出現したばかりであることを表わす。「焼き――のパン」E
動詞とも動作とも書かずに「状態」とするこの記述によると、動作の有無、動詞の自他にかかわらず用いうることに

なる。

つづけて、いま行われている十数点の辞書の接尾語「たて」の項に例示された、出典を示さない当代語の用例、それに『広辞苑』第四版対応の『逆引き広辞苑』の掲出語を拾うと、左記のとおりである。

あげたて　入れたて　生まれたて＊　起きたて＊　買いたて　聞きたて　切りたて　汲みたて
結婚したて＊　炊きたて　搗きたて　作りたて　付けたて　出たて＊　できたて＊　研ぎたて
取りたて　とれたて＊　成りたて＊　煮たて　塗りたて　掃きたて　吹きたて　拭きたて
葺きたて　蒸したて　持ちたて　焼きたて

とりあえず自動詞によるとした七語の下にはアステリスクを付けた。それに対して他動詞によるとした語は廿一である。これによって、現代の辞書編者の語感や判断の傾向がおおよそ窺われる。

ところで、「たて」は、辞書に引かれた用例のいくつか、そして見出しにおいても漢字表記は「立」である。しからば、接尾語「立て」は何に由来するのだろうか。まず考えられるのは、文語の下二段動詞「立つ」の連用形である。そこで、小学館『古語大辞典』（1983）の、「たつ」の項から接尾語の部分を引く。

㈣〔接尾タ下二型〕（動詞の連用形に付いて）顕示・反復・十分の意を添える。「着給へる物どもをさへいひ―・つるも、物言ひさがなきやうなれど」〈源氏・末摘花〉「おほくの工（たくみ）の心を尽くして磨き―・て」〈徒然草・一〇〉F

つづけてこの項目に添えられた「語誌」を引く。

「立つ」は「たて（縦）」「たたさま（縦様）」などと同源の語で、縦にまっすぐな状態になるの意が原義であろう。これが下から上に向かって現れ出るようなの意となり、さらに見えなかったものが表面に現れるのような意味を

持つに至ったのであろう。（山口佳紀）F

平安時代から行われた接尾的他動詞「たつ」であり、語誌の記述も妥当だとわたしは考える。当面の「たて」の「直後」の意は、ここにいう「顕示・反復・十分の意」のうち、特に「顕示」の意に依るのだろう。だが、これらの用例の中に、確かに直後の意味を示していると考えられるものは見あたらない。

直後の意の「たて」のほかに、さまざまな語に付いて、やはり「立て」と表記されることの多い「だて」がある。同じ辞書からその項目を引く。

だて［立て］（接尾）（名詞・動詞・形容詞の語幹などに付いて）殊更にその形やふりを見せる意を表す。…のふりをすること。…ぶること。「ただ一人交じり給はざりつれば、賢人ーかと思ひて侍りつるに」〈著聞集・博奕〉「そばへ寄りをっそと言ふに、なぶりーをしをって」〈虎清本狂言・蟹山伏〉「まだ侍ーをしをって」〈山本東本狂言・二人大名〉F

動詞に接尾した第二例「なぶりだて」は、接尾的他動詞「たつ」で見た「十分」の意によると解釈できる。名詞に接した第一・三例は「顕示」の意の用法と見てよいだろう。多くの用例が拾える抄物、それに『日葡辞書』によっても、語頭が濁音「だ」であることは確かであり、現代にもつながる。なお、この意の用例は鎌倉時代までしかさかのぼれない。

以上、辞書の記述を概観した。

二

この問題を正面から考察した森田良行（1980, 1996）がある。まず、森田（1980）の冒頭部分を引く。

自動詞に付いた例も若干あるが、多くは他動詞について、その他動行為が終わったばかりの意を表し、結果的に、

他動行為によって生じた事物が、生じて間《ま》もないこと、まだ新しい状態にあることなどを表す。

ここに初めて、他動詞に下接するのが本来の形だとする説が登場したのである。要点はこれで尽きるのだが、森田氏はつづけて、この語が動詞「たてる」に由来することを述べ、「静止している事物に活動を与えたり、その結果、事物を新たにある状態や位置に持っていき、固定させること」からの発展と解釈している。「立つ」の具体的な動きを重視したこの説明は、もう一歩抽象化した意味で捉えようとしたFの山口氏の説明と少し異なる。とまれ、森田氏は直後の価値の存否に着目し、「産みたての卵」には価値があるからこう言うが、人間の赤ん坊には出生後の経過日数に価値的意義はないから、「産みたての赤ちゃん」とは言わないのだとする。

「自動詞に付いた例も若干ある」ことに関しては、「その自動行為の実現によって行為主体に何らかの意味が結果的に生ずる場合」として、「結婚したて／入学したて／就職したて／上京したて／留学したてのころ」を挙げている。すべて漢語サ変動詞であることに注意しておこう。

森田氏はまた、「価値的意義」には、時の経過によって、プラスとマイナス、二方向の変動がありうるという。「産みたての卵」「買いたてのシャツ」はマイナス方向に変動する。「留学したてのころはまだ英語がうまく話せなかった」はプラス方向への変動、「留学したてのころは希望と野心を持っていたのだが……」はマイナス方向へのそれだという。時には両方向が考えられる他動詞がある。「塗りたてのペンキ」では、塗布直後に触れて手や服を汚す恐れのある塗布面が、やがて乾くことはプラス方向であり、艶やかな色が次第に褪せていくのはマイナス方向だという。

価値の変動という視点は分かる。だが、「塗りたて」「留学したて」の両方向性は、文脈による意味の違いと解釈す

べきだろう。そこで、森田（1996）では若干の修正を施す。すなわち、「ペンキ塗り立て」「もぎたての茄子」「炊きたてのご飯」を例として、

その行為の結果が、後に残る事態として生じたばかりで、まだ新しさを失っていないことを際立たせる言い方である。

と定義される。少し長くなるが、さらに次のように補足している。

したがって、結果が後に残る意志的行為に用い、自然現象や非意志的行為「降りたての雨」とか「生まれたての赤ちゃん」「煮えたての野菜」はもちろん、意志的でも結果の残らぬ現象「東京へ来たてのころ」などとは普通言わない。

ここには判断の揺れが見られる。すなわち、先に引いたように、行為主体に何らかの意味が生ずる場合の一つとして、「上京したて」を挙げていたからである。自動詞に分類される「来る」は意志的行為であり、「東京へ来たて」に結果が残っていないとは言えないだろう。以前よそに住んでいた人が上京して、いま東京の住民という結果が残っているからである。同じように「留学したて」には、「留学生」という結果が残るはずである。

右に見た森田氏の主張の要点は次のようになる。

態《ヴォイス》の条件………他動詞

意味の条件……………結果が残る動詞

意志性の条件…………意志動詞

森田氏の記述では、態の条件すなわち他動詞であることが最も重いように見うけられる。それが、冒頭に引いた我妻氏の指摘と合致するのは興味あることだが、森田氏の説明では現代語の辞書の用例を十分に説明しきれないことも明

らかである。そこで、この形式において、三つの条件がいかに関与するか、ほかにどのような条件が関わるかを考えなくてはならない。

三

江戸時代以前の用例を集めたいのだが、何せ対象の「たて」は接尾語なので索引による探索は難しい。やむなく多くの辞書類から拾いあつめることにした。厳密な文献批判を省き、表記を変更することもある。排列は初出の年代順として一語につき一例だけ挙げ、複数の用例があるばあいはその末尾にアステリスクを付す。諸辞書の掲げる用例に重なるものが多いのは孫引きらしいので、書名を明かすことはしない。

1　やうの火とは、すみのおこりたてのひをいふなり（大諸礼集1546-95）＊

2　きぬわをりたては白ぞ。のちに色々にそむるぞ（玉塵抄・六1563）

3　采は山からきつてとりたてのままの木ぞ（玉塵抄・九 1563）＊

4　御ひさげにくみたての水、あい二つそひてまいる（御湯殿上日記1587）

5　ツキタテノモチ（日葡辞書1603）＊

6　まだ売りもせぬ飴の練りたて（東海道名所記1660頃）

7　胸は煙の蒸したてをまく（飛梅千句1679）＊

8　生れたてからつちふまず、銭の数しらず（好色訓蒙図彙1686）

9　研ぎたての鎌の刃ためす柳かな（俳諧曾我1699）＊

10　赤いぞや愛染様の作り立て（雑諧・住吉御田植1700）

11　取たての肴一月置に食（柳多留・十1775）＊

12　今おきたてのしやがれごゑ（二蒲団1802）

最初の用例1を見ると、自動詞に接する形も長い歴史のあることが知られ、森田氏が言うほどには単純でないようだ。結論を導くにはあまりにも乏しい数ではあるが、自動詞が1・8・12の三語、残りが他動詞で九語、用例数では四例と十四例で他動詞に偏る。すべて結果の残存を表現した文脈に用いられている。

3は、動詞の部分を「切る」と「取る」に分けると、11の「取りたて」と同じになるが、「山から」が「切って取る」に係ると考えた。すると、4の「御ひさげに汲みたての水」において、「汲み」が「御ひさげに」を受けている構文に通ずる。すなわち、3と4の用例において、「たて」の下接した語は、補語を受ける点では動詞、連体助詞「の」に続く点では名詞という二重性を有することになる。「汲み」はいわば動名詞《ジェランド》であることを意味する。これは、接尾語「たて」が動詞「たつ」から転じたと推定する一つの根拠になるだろう。

8の「生まれたて」は非意志動詞に付いた例である。この類の自動詞による用例には、語形の揺れの考えられるものがある。『日本国語大辞典』第二版の「うまれたて」の項には「(うまれだて)とも」の付記があり、「うまれだち」の項には「生まれて間もないころ。生まれたて」の語義記述がある。そこで、その両項から用例を引いてみる（表記を変更することがあり、既出資料には年次の表示を省く）。

《生後間もないころ》

13　吾うまれたちからはてまでをしるいだぞ（玉塵抄・六）

14　ウマレダチニ　ウマレダチノコ（日葡辞書）

15　うまれだてからつちふまず、銭の数しらず（好色訓蒙図彙）
16　此娘むまれだちより品をやりて、ただならぬ粧ひ（傾城禁短気1711）
17　生立《うまれだち》から親はない。子が年よっては親と成（女殺油地獄・下1721）
18　ウマレタテノコ（和英語林集成初版1867）

《生来の性質》

19　其人のうまれ立にもよるぞかし（無事志有意1798）
20　それでも生立《ウマレダチ》の悪い野郎なら（浮世風呂・二上1809-13）
21　産れ立《ダチ》にて直らぬことなら（霜夜鐘十字辻筮・三1880）

19は「うまれだち」の項に挙がっているが、読み仮名はない。13から21までを見ると、タチ／タテ／ダテ／ダチと語形の揺れていたことが分かる。この四者についての考察を展開する余裕はないので、直後の意の「生まれたて」の成立には他の要素も関与していたかもしれない、という推測を述べるにとどめる。

語形の揺れは「成りたて」についても言える。同じ辞書の「なりたて」の項には「①なって間もないこと」「②そうなった由来。原因。なりたち」とあるので、両形を合わせて掲げる。

《由来・原因・成り立ち》

22　楊朱がなりたてこまかなことは列子にあるか（玉塵抄・六）
23　キソドノノ　ナリタチ、ソノ　ムホンノ　ヤウヲモ　ヲカタリアレ（天草本平家・三1592）
24　ナリタチ〈訳〉あるものの経過、継続、そして状態（日葡辞書）
25　我身のなりたちをも不レ知（四河入海・廿17C前）

26　親方分限のなりたてを語りけるに（日本永代蔵・五1688）
27　それげいこのなりたてをきくに（役者口三味線1699）
28　身元なり立、偽らず、具さに申せ（松風村雨束帯鑑1707頃）

「成り立ち」と「成りたて」は別語とするのが、現代人の感覚であろう。28は漢字表記であって、「なりたち／なりたて」のいずれか判断できない。

12までの用例にはなかったが、現代語の文献に「出たて」として散見する語が、中世には「出たち」とあることを、左記の例によって指摘しておこう。

《始まり・第一歩・出はじめ》
29　たやすく彌陀の浄土へまいりなんずるための出立《でたち》なり（蓮如御文章 1461-98）
30　私は、まだ学校を出たての勉強ざかりの頃（宇野浩二・蔵の中 1918-19）
31　この土地では出たての芸者は新妓《しんこ》（徳田秋声・縮図1941）

こうして見ると、自動詞に付いた「たて」と見える用例の中には、「たち」との間で揺れていたものが混じっている蓋然性が否定できない。

四

視点を再び現代語に転ずる。新潮社（1995）によって、直後の〈動詞＋たて〉の用例を検索した。若干の見落としはあるだろうが、おおよその傾向は判断できると思う。全用例数百四十。その内訳は、他動詞に接したもの七十四、自動詞に接したもの六十六。比率はほぼ九対八で、中近世の比率に比べて自動詞の使用が多くなっている。細かく見ると、〈自動詞＋たて〉を多く用いる特定の作家・翻訳家があって、全体の自動詞使用率を高める結果になっているようだ。

自動詞の語例が二つ以上あるものを表示する。語例が上段、用例が下段である。

著者・翻訳者　作品名	自動詞		他動詞	
小林正訳『赤と黒』	5	5	1	1
山本有三『路傍の石』	4	7	3	3
北杜夫『楡家の人々』	4	7	3	4
曾野綾子『太郎物語』	4	4	2	5
工藤精一郎訳『罪と罰』	3	3	1	1
阿川弘之『山本五十六』	3	3	0	0
木村浩訳『アンナカレーニナ』	2	3	4	6
林芙美子『放浪記』	2	2	5	6
村上春樹『世界の終わりとハードボイルド・ワンダーランド』	2	2	1	1
井上ひさし『ブンとフン』	2	2	0	0
青樹簗一訳『沈黙の春』	2	2	0	0

自他の類別に迷った語がいくつかある。九語十八例の漢語サ変動詞である。漢語サ変動詞は自他については両義的だからである。それを書き出して用例数を添える。

結婚する5　卒業する3　開業する2　開院する1　入院する1　入局する1　除隊する1

これらの動詞によって述べられる事態は、結婚によって既婚者に、卒業によって卒業生に、開業によって開業医になるというように、行為者に明らかな結果が生じている。森田氏が、自動行為の実現によって、行為主体に何らかの意味が結果的に生ずる場合には「たて」が付く、とした条件を有すると言えよう。よってこれを自動詞の一類としておく。

残る動詞は二語のみである。

洗濯する3　　散髪する1

「洗濯」は連文の熟語ゆえ、「洗濯する」は「洗う／濯ぐ」に等価と見なしうる。「散髪する」は「髪を刈る」にほぼ等価であると言えよう。これらは直接受動態になるので他動詞とする。

以上の処理によって最初に示した用例数を修正すると次のようになる。

他動詞		74
漢語サ変動詞	洗濯・散髪類	4
	結婚・卒業類	14
自動詞		48

残る自動詞は、複数用例のある「生まれる」「できる」「なる」「入る」「来る」「出る」「行く」と、一例しかないものを合わせて四十八例である。「生まれる」は、森田氏の言う意志的な行為でないという点でも、この用法には最も不適格な動詞かと思われる。だが、十の用例は最多で、しかも淵源の古いことは前節で見たとおりである。これらについては後述する。

以上、自動詞によると見えたこの形式の四分の一が漢語サ変動詞という、現代語に著しい新しい表現によるもので、一概に自動詞とは言えないものであることも判明した。それにしても中世以前には〈自動詞＋たて〉が少なく、時代が下るにつれて増加するのは何ゆえであろうか。その複合語形成の仕組みを考えてみなくてはならない。

五

前節までにおいて、直後の意の接尾語「たて」は、下二段動詞「たつ」の「顕示」の意によって成立したものだろうということ、前項には動名詞《ジェランド》と言える例があること、他動詞によるものが多いこと、用例は室町時代以降に現われること、現代語の用例には漢語サ変動詞によるものがかなり存することを見た。本節では再び流れをさかのぼる。

平安時代に始まる接尾的他動詞「たつ」から派生した接尾語には、「たて」のほかに「だて」もあることを第二節で見た。その「だて」は、いま生産力を失って複合語として残るに過ぎない。その名詞形成の様相を既出の『逆引き広辞苑』で見ると、「罵りだて」「訳知りだて」「咎めだて」など十七語が得られる。現代語で「厳しい取りたて」の「たて」は強調の意味を、「隠しだてはいけない」の「だて」は負の意味を、それぞれ担って使い分けられていることは疑いない。

鎌倉時代から用例の見えるこの「だて」の室町時代の様相について論じた大塚光信『キリシタン版エソポのハブラス私注』(1983)がある。その「片目な鹿の事」の条の「心得ただてで」の項に関する補注で、ダテに上接する和語名詞を見ると、「普通のもの」と「動詞連用形から転成したもの」があるとして、後者の例に、「デカシダテ」のほか、

32　何とて惣並ニ改候ハて念を入たてなる帳の差越やうハ（加藤清正書状）

33　コレラハ類ヲ引テ、物ヲ云タテヲシテカシマシイソ（黄鳥鉢鈔・一「シテ」、原文は合字）

34　人ハ我ヲロカニ、人ヲス、メダテヲスルト云ハウソ（同右・十）

35　従横ハ序ノ時念比ニ申タソ、物ヲ云タテシテアルク物ソ（孟子抄・三）

を挙げている。これらでは一様に格助詞「を」による補語を取っている。これは「たて」の用例3・4と同じく、前項が動詞の機能を残すことを語っている。大塚氏は転成した名詞としているが、動名詞段階と見るべきだろう。

　さて、大塚氏は「だて」の独立用法として、

　36　手前才学之衆者何たる達なる儀をも可被仕候（毛利輝元覚書写古文書）

を挙げている。ここに至るとわれわれは、「伊達」の漢字が当てられる慣習ができたもう一つの「だて」に注目せざるを得ない。やはりFから一部分を引く。

　だて【伊達】①豪奢に振る舞うこと。華美に装うこと。またそのさま。「当世の――とて、遊女、ぬめり男のすぐれて夏の暑きに、袷ひとへ物など着をりて汗びたしになる」〈仮名・ひそめ草・下〉F

仮名草子『ひそめ草』は寛永年間の刊行だという。この項目の語誌には、語源説三つを挙げ、いずれが妥当か決定しがたいとあるが、右に見てきた〈動詞＋たて〉形式から独立分離して成立したものと断定していい、とわたしは考える。

　これらの「たて」「だて」が、他動詞「立つ」から派生したことは確かであろう。そして、成立は鎌倉時代以降のことになるが、「たて」と「だて」に見られる意味の分化は、語頭濁音の減価機能がなお有効であったことを語るだろう。「伊達」はさらに後れてその減価機能が減じた時期、社会の下克上の風潮の中に生まれたと思われるが、それは本稿の範囲外の問題である。

　次に考えるべきは、接尾語「たて」が、さらに言えばその前身の接尾語「たつ」が、何ゆえに他動詞を選んで接するのか、ということである。その問題を東辻保和他（2003）によって検討する。東辻氏らによると、平安時代「たつ（立・下二）」を後項にもつ複合動詞は百九語ある。その初めの部分を示すと、「崇めたつ」（今昔）、「明けたつ」（古今・

和泉集）、「扱ひたつ」（宇津保）、「編みたつ」（蜻蛉）、「射たつ」（今昔）といった具合である。

その百九語の中で自動詞を前項とするものは、「明けたつ」「枯れたつ」「並みたつ」「燃えたつ」の四語である。それぞれ依拠した索引によって五つの用例を検討する。

37　明けたてば蟬のをりはへ鳴きくらし夜は螢のもえこそわたれ（古今集・十一）

38　あけたてばむなしき空をながむれどそれぞとしるき雲だにもなし（和泉式部続集）

39　かれたてる蓮《はちす》が古根かきわけて沢田のくろにすみれ花さく（堀河百首・顕仲）

40　すみよしの岸のまにまになみたつる松のひと葉に千代はかぞへよ（和泉式部集）

41　堂寺ノ燈《トモシビ》ヲ滅セル者ノ、无量劫ノ間、如此ク燃エ立ル也（今昔・一）

これらを下二段活用の他動詞とした索引編者の解釈は適切だろうか。私見では、37・38は四段活用「たつ」の已然形に「ば」の接した恒常条件、39・41は四段活用「たつ」の已然形に存続の助動詞「り」の連体形の接したもの、40は「波立つる」との掛け詞なので除くべきものである。よって、下二段動詞「たつ」を後項にもつ百九の複合動詞の中に、前項に自動詞をもつものはなかった、と言ってよいだろう。そしてこれは偶然の欠落なのではあるまい。

平安時代、下二段他動詞「たつ」の下接した複合動詞の前項はすべて他動詞であった。〈自動詞＋立つ（他動詞）〉の複合動詞は存在しなかった蓋然性が大きい。それは、日本語の文法体系が、〈自動詞＋他動詞〉という複合構造を避けたからではないか、とわたしは考える。ちなみに同書は、〈自動詞＋立つ（自動詞）〉は百二十三語を載せている。

直後の意の接尾語「たて」は、下二段活用の接尾的他動詞「立つ」に由来するゆえに、他動詞に下接するのが一般であったが、この形式が成立した中世、すでに自動詞を取る例が散見された。成立時にしてそうだったのだから、この語形成において、時代が下るにつれて動詞の自他の制約が次第に緩むことは自然な成り行きであろう。その結果は第四節において新潮社（1995）に就いて見たとおりである。

六

「たて」が他動詞に接するという基本的な性質はなお維持しながら、自動詞に接する用例がかなりの数に上ったのはなぜだろうか。まず考えられるのは、ある事態に対する表現者の態度の違いである。例えば、一つの事態でも、それを出来させた人や行為に関心を寄せるばあいと、それによって生じた結果に関心を寄せるばあいとでは、表現が異なって当然である。ヴォイスで考えると、行為者をも意識した「男が殺された」と、被行為者だけに注目した「男が死んだ」とは最も分かりやすい例であろう。ここには異なる動詞が用いられたが、一つの動詞について格をかえると、「長女を生んだ」と「長女が生まれた」となる。アスペクトが関わる形では、「朝食が作ってある」と「朝食ができている」がそれに当たる。直後の意の問題に戻すと、行為者を前面に出した表現が〈他動詞＋たて〉、行為者が背景に退いた表現が〈自動詞＋たて〉である。「起こしたて」に対する既出1「起こりたて」、「生みたて」に対する8「生まれたて」が該当する。そこに生じた「物」に注目したいという表現者の意欲を汲むべきなのだろう。

次に考えるべきは、第四節で現代語の用例検索によって六十二の用例があった自動詞の性質である。その内訳は「とれる」「積もる」「孵る」「会う」「出て来る」が各一例、「生まれる」十例、「できる」八例、「なる」八例、「はいる」七例、「来る」五例、「出る」三例、「行く」二例である。初めに一例ずつの用例がある五語のうちの三つを見る。

a　鰺のたたきの方は、とれたてで、(『太郎物語』p.278)

b　地肌は積もりたての雪のように(『世界の終わりとハードボイルド・ワンダーランド』p.618)

c　孵りたてのまま死んでしまった(『沈黙の春』p.307)

いずれもこの形式には用いにくい非意志の自動詞で、a「とれたて」は我妻氏が違和感を覚えて本稿の発端になった表現である。『太郎物語』には、対応する他動詞「とる」による「カキナのごまあえ……。とにかくとりたてだ。」(p.83)、「採りたてのクレッソン」(p.180)、「免許取りたての黒谷」(p.1354)が見える。三様の表記をもつ他動詞による「とりたて」を一方で用いながら、あえて「とれたて」を用いた意図がわたしには分からない。と言うより、ここに「とれたて」を用いる必要はないと思う。なお、この作品には、自動詞による「学校へ入りたて」「来たての店員」「学生になりたて」もある。

bの「積もる」から導かれる他動詞「積む」は、現代語では語義のうえで対応するとはもう言えない。cはコマドリの生殖をめぐる異常な事態を記述した箇所に見える。雛に注目しているこの文脈で他動詞による「孵したて」は不適なので、自動詞「孵る」を用いたのだろう。かくてbとcについては、著者・訳者の視点であえて自動詞による表現を選んだ、というほかのことは考えにくい。

残る九つの動詞には、早津恵美子(1989)のいう無対他動詞という共通の特徴がある。すなわちこれらには、「とる－とれる」「切る－切れる」のような語尾変化で派生する自他の対応関係がない。「生まれる」は他動詞「生む」の受動態である。「なる」に対する「成す」は書き言葉である。「できる」に対する「でかす」は、たしかに対応する形で成立した他動詞だがすでに転義しており、現代口語で対応関係にあるのは「作る」か「する」である。「出る－はいる」「来る―行く」は方向が対義であるに過ぎない。「会う」に至っては、対応する他動詞がないばかりか、いかなる結果を行為者に残したかも推測しえない。

次いで、二語以上の用例があるとした作品・翻訳の実例を少し書きだそう。

d　番頭になりたてのころ（『路傍の石』）

e　社交界へ入りたてのころ（『赤と黒』）

f　学校出たての真面目な青年（『山本五十六』）

g　この出来たてのほやほやの小説（『ブンとフン』）

h　生れたてのサケ（『沈黙の春』）

d・eでは、前項動詞が支配しているとみなす格助詞に二重傍線を付した。fには起点格の助詞「を」が潜在しているはずである。格助詞を受ける動詞が「たて」に続く形を原初の姿だろう、と先に推定したが、これを見ると、成立当初の形式を今も引きずっていることになる。hの「生れたて」は、cの「孵りたて」と同じ翻訳に見えるものである。これの初出は意外に早く用例8に見え、ほかに「生れたての子牛」（柳田國男『遠野物語』）、「生れたての小さな蚋《ぶよ》」（堀辰雄『美しい村』）などがある。堀辰雄の例は、蚋《ぶよ》の誕生する場面に立ち会うことなどきわめて稀なことなので、無理な表現と言うべきである。

「行きたて」にも一つ厄介なことがある。

i　わたしのような行きたての者には、やぶ入りはないんだって（『路傍の石』p.376）

この「行きたて」を、わたしは初め「経緯、事情」の意で解した。その二ページあとに

j　そのころの習慣では、奉公に行きたてては、もちろん、給金はないし（p.378）

とあって、奉公し始めた直後の意とわかったのである。作品を前から順に読めば誤解は起こらないだろうが、経緯の意の語「ゆきたて」と同音衝突の造語をする必要は認めがたいので、この「行きたて」は正当な用法とは言えまい。

このように、他動詞を用いる原則を踏み外し、いささか無理してまで自動詞を用いるように書き手を突きうごかしたもの、それは、一語化・簡潔性の魅力ではなかろうか。直後の意を表わす一般的な語には、「たて」のほかに「ばかり」がある。ⅰの直前に、少年の帰宅を待つ母親の心話「まだ行ったばかりなので、ことしはおひまが出ないかもしれない」がある。ここに見える「〜ばかり」と「〜たて」を対比させた簡単な考察が森田氏の二著書にあり、「ばかり」は「たて」と違って、結果の残存の制約がなく、自然現象にも用いられて汎用性が高いむねの言及がある。だが、「たて」は動詞の連用形に下接するだけで一語化するのに対して、「ばかり」は一語化しえないのみならず、動詞のタ形からの接続である。この二つの形式を並べてみると簡潔性の差は歴然とする。

はいりたての小僧………はいったばかりの小僧

入社したての大失敗……入社したばかりの大失敗

できたてのアンパン……できたばかりのアンパン

会いたてのころ…………会ったばかりのころ

なりたての海軍軍人……なったばかりの海軍軍人

簡潔な表現への意欲が、若干の違和感を押し退けてあえて非文の形を選ばせた、とわたしは解釈する。

すでに見たように、当代の用例のうちの一割三分ほどを漢語サ変動詞が占める。これは近代の特徴である。漢語サ変動詞は自他の両義をもつ語が多いので、そこにも〈自動詞＋たて〉の増加する契機があっただろう。この傾向は今後さらに進むに違いない。漢語サ変動詞はまた、例えば「結婚する」を「結婚をする」のように分けて言うことも行われる。外国語なかんずく英語の学習で〈目的語〉を学んだ人が、「結婚－を－する」と把握して、漢語サ変動詞を他動詞と認識することもあるだろう。そうなると、もう自他の別を意識させず、動詞全般に用いるようになることが予想される。

七

「たて」の出自である接尾的他動詞「たつ」の後身、現代語「たてる」の様相を、姫野昌子（1999）によって見ておこう。姫野氏は、「たてる」による複合動詞はすべて語彙的複合動詞だとして、その意味特徴を、①直立（確立）、②顕彰・抜擢、③達成・構築、④強調・旺盛に分けた。第一節に引いた辞典Fが「顕示」とした意味は、②のうちの「顕彰」に近いと思われるが、②に所属する複合動詞は「引きたてる、盛りたてる、とりたてる、守りたてる」の四語だけである。語構造は、①～③が〈他＋たてる＝他〉、④が〈他＋たてる＝他〉〈自＋たてる＝自〉の二つとする。自動詞を前項に取る形④の成立したところに大きな変質の跡が見える。

そのうち④には、「人々が騒ぎたてる」のほか、「扇ぎたてる」以下四十一の複合動詞が挙げてある。そのうち、前項を自動詞とわたしが判断したのは、「急く、叫ぶ、どなる、わめく、弁ずる、ほえる、鳴く、騒ぐ、はしゃぐ」の十語である。「急きたてる」以外は音声を発する動詞である。これらの自動詞が何ゆえに「たてる」と複合しえたのかを考えると、第二節で見た森田氏の指摘が思い出される。すなわち、直後の意を表わす〈動詞＋たて〉の、「自動行為の実現によって行為主体に何らかの意味が結果的に生ずる場合」という記述である。姫野氏の挙げた「騒ぐ」など十一の自動詞によって、何らかの結果が行為主体に生ずるということは考え難い。むしろ、これらの動詞による複合動詞は、「急きたてる、わめきたてる、まくしたてる」など、他者に向かってなされることが多い動作である点に注意したい。姫野氏が④の意味特徴を「強調・旺盛」としたことは肯なえるのである。

本稿では第一節以来、「たて」の出自たる「たつ」に、辞書類の記述の「接尾語」を用いず、「接尾的他動詞」と書いてきたのには訳があった。本来の動詞性を残しているゆえに他動詞に下接することが原則であった、という判断である。この語の歴史は、その動詞性の変質の歴史であったと言えよう。④の用法を獲得した現代語は、もうためらうことなく「接尾語」と称していいと思う。姫野氏は、「たてる」が後項動詞としてはたらくばあいは本動詞の意味が残っているとしたが、少なくとも④にはその指摘がふさわしくない、とわたしは考える。

姫野氏の著書によって見ても、他動詞は他動詞と、自動詞は自動詞と結合することが圧倒的に多いと知られる。そのことは、日本語を母語とする人なら一様に納得できる語感だろうし、多くの言語に通ずる性質でもあるらしい。影山太郎（1993）は、そのことを指摘したうえで、そう言うだけでは不充分だとする。そこで、能格性の視点を導入して自動詞を二分する。

意図的行為を表す………非能格自動詞（働く、さわぐ、起きる等）

非意図的行為を表す……非対格自動詞（ころぶ、生じる、浮かぶ等）

動作主（Agent）を主語に取るのが非能格自動詞、意図をもたず受動的に事象にかかわる対象（Theme）を主語に取るのが非対格自動詞である（p.42～43）。

生成文法の視点からすると、他動詞と非能格自動詞は同型の項構造と見なすことができる。そこで、〈他動詞＋他動詞〉のほかに、次のような複合動詞が可能となる。

〈非能格自動詞＋非能格自動詞〉……例、走り去る

〈他動詞＋非能格自動詞〉……………例、葬り去る

非対格自動詞の項構造はこれらとは異なるので、基本的には非対格自動詞どうしでしか結合しない。影山氏はこれを「他動性調和の原則」と称する（p.117）。このように視点を変えても、右の制限を受けない複合動詞は現実に存在するとして、影山氏は詳細な分析を展開していく。

能格性の視点によると、「とれる」「生まれる」「できる」など非意志の自動詞は〈非対格自動詞〉、「たて」は他動詞「たつ」に由来すると考えられた。すると、「とれたて」類は〈非対格自動詞＋他動詞〉構造であって、「他動性調和の原則」に抵触する。「とれたて」という複合は成りたちにくいとする議論は正当であったのだ。

おわりに

さて、「とれたて」では新鮮さが感じられないという我妻氏の説明に戻ろう。氏は自身の感覚の由来を次のように述べている。

例えば、「柿のも（捥）げたて」よりも「もぎたて」の方がその柿が新鮮で立派であろう。すなわち、もげたばかりの熟しきった柿は、新鮮さを越して、もはや腐る方に近くなったものであり、他方、「もぎたて」の柿は生き生きとしてまさに「もいできたばかり」のそれであるからである。

わたしたちの生活経験からして右の解釈に共感できる。「もげる」には大きな力を要せずに採れた印象があって、成熟点に達したのちの収穫を含意することが多いだろう。「もぐ」には何ほどかの力を要した印象があって、成熟点に達する以前に採ったことを含意する。これを商品の流通過程に置いて考えると、後者に高い価値を見るのは当然であ

ろう。

「とれたて」を用いた人たちには、結果を残さない自動詞にも下接する、現代の接尾語「たてる」の④が作用したのかもしれない。それに対して我妻氏は、右のばあいに限らず、「たて」を使用するときは自他の別を考えるという。その意識下には、長い伝統に支えられた日本語話者としての直感が作用しているのだろう。

ただ、「とれたて」と言う人が「もげたて」とも言うかとなると、問題は微妙である。「とる」「とれる」は単独で用いて収穫・摘果の行為全体を指すことは当然だが、「とる」には、「折りとる、切りとる、もぎとる、掻きとる、摘みとる、刈りとる、むしりとる」などの複合動詞がある。これらにおける前項はすべて先行動作を指し、前後を入れかえて「取り折る」のようには言えない。右のうち、初めの三つの複合動詞の前項には、対応する自動詞「折れる」「切れる」「もげる」がある。しかし、直後の意の〈動詞＋たて〉に自動詞を用いるにしても、「切れたて」「折れたて」「もげたて」は実現しにくいのではなかろうか。その形では、先行する動作、切ること・折ることが目的である印象を与えてしまい、結果を含意して直後を意味する〈動詞＋たて〉にはふさわしくないからである。自動詞を使いたい人でも、作業の終りには「もげたて」ならぬ「とれたて」を用いるに違いない。

以上に述べたことを要約して結論とする。

一　直後の意を表わす〈動詞＋たて〉の「たて」は、接尾的他動詞「立つ」によって生まれた接尾語で、「立つ」のもつ顕示の意から直後の意を表わしえた。

二　同じく「立つ」から派生した接尾語「だて」は、語頭濁音による負の意味を担って用いられ、「たて」と意味を分けあった。

三　上接する動詞は、意志をもってなされ、行為の結果があとに残る他動詞を基本とする。

四　成立の経過を反映して、前項には動名詞と見るべきものがあったが、それは現代語にも見られる。

五　「たて」が他動詞に由来することが意識されにくくなり、漢語サ変動詞の活発化などの条件も加わって、自動詞を取る傾向が進んでいる。

六　平安時代、下二段動詞「たつ」が自動詞に接尾した複合動詞は見えない。これは、〈自動詞－他動詞〉型の複合をさける日本語の文法体系の制約によるのだろう。

七　自動詞には承接しなかった「たて」生来の性質が、「とれたて」に対する我妻氏の違和感を呼びおこした、と解釈する。

以上の考察が妥当なら、「立ち上げる」という〈自動詞＋他動詞〉の複合動詞を非文と考える卑見の立証にも適用しうるのではないかと考えるが、詳細は後日を期したい。

文　献

我妻建治（2004）「とれたて雑感」（『成城学園報』二百十号）

影山太郎（1993）『文法と語形成』（ひつじ書房）

新　潮　社（1995）『CD－ROM版　新潮文庫の100冊』

早津恵美子（1989）「有対他動詞と無対他動詞の違いについて――意味的な特徴を中心に――」（『言語研究』九十五号　日本言語学会）

東辻保和他（2003）『平安時代複合動詞索引』（清文堂）

姫野昌子（1999）『複合動詞の構造と意味用法』（ひつじ書房）

森田良行（1980）『基礎日本語　2』（角川書店）

同　右（1996）『意味分析の方法――理論と実践――』（明治書院）

補　記　本篇は、二千四年七月四日の成城国文学会における口頭発表に基づく。論文は、二千五年三月発行の『成城国文学』二十一号に、「複合動詞論序説――とれたて・生れたて――」の題で掲載された。転載にあたって標題を変え、「七」の第二段落を書き直し、「おわりに」の結論を箇条書きにし、最終段落の八行を書き直した。

今野真二氏から、記述が重複ぎみであるむねの指摘をうけた。「はじめに」の節の終りに「日本語の流れを上り下りしながら」と書いたような記述ゆえの缺点だと思うか、うまく解消させえなかった。

岐阜大学教育学部の佐藤貴裕氏は「とれたて」に違和感がないと言い、これが使用される背景には、他動詞による「とりたてる」が「借金を取り立てる」などと用いられるからだとする。わたしもこの解をいだきながら書き落としていた。佐藤氏の指摘によることを明らかにしてここに補足する。

過ぎし四月二日昼、岐阜市徹明町《てつめいちょう》の辻の青空市場をのぞいてみると、近郊の農家が出荷した品に「〇〇市のとりたて野菜」と書いた商品ふだが数枚あった。

〈立ちあげる〉非文の説
――複合動詞論・続――

要　旨

コンピューター操作の場で使われてたちまち広がった「立ちあげる」に違和感を抱く人が少なくない。違和感はこの動詞の〈自動詞＋他動詞〉構造に由来するらしいことは早く指摘されたがその原理は説明されずにきた。筆者は近年の研究に学んで複合動詞全体を検討し〈他動詞＋自動詞〉構造の複合動詞は多いが〈自動詞＋他動詞〉構造の複合動詞は特殊な一部に限られることを明らかにした。〈他＋自〉構造の動詞の多くは〈自＋他〉構造の動詞からの派生で受動態による長い語形を避けて自動詞になったのである。後項が自動詞なら主格だけをとる一価動詞で充分だが他動詞は二価動詞なので「立ちあげる」は前後項間で意味がねじれて非文になるのである。

はじめに

若者のことばづかいや行動を老人が好ましからず思うのは普遍的なことである。若年者が革新的で高齢者が保守的なのは当然だからである。言語変化にはそれなりの理由があるので、言語研究をなりわいとする自分は目くじら立ててそれを非難する気にはなれない。だが、近年の風潮はあまりに凄まじくて寛大に眺めているわけにはゆかない。影響力の強いテレビ番組で使われたことばが、その日のうちに全国に伝わり、そのことばの適切さを考えるいとまもなく、人々が用いるからだろう。

「わたし的には…」「千円からお預かりします」などへの批判も見聞きする。食堂で注文をとりにきて「ご注文のほう、よろしかったでしょうか」といきなり言われる。これらは、多くの人がおかしな表現だと感じて自分では使わずに済ませるようだ。それでは「立ちあげる」はどうか。この語を使い始めたのが若者か否かは知らないが、日本語社会に出現してもう十年以上になる。これに対するわたしの違和感は、「わたし的」などのそれとは比ぶべくもないほど強い。同学に携わる数人からも違和感をきいている。

だが、これについて専門家が本格的に論ずることはなかったようだ。少なくとも、学会誌・紀要・専門書に論考を見いだすことはできなかった。学界で議論が沸かないのも道理かもしれない。日本語文法の研究を専門とする学会の代表が公の席でこれを用いるのを、わたしは再三きいているからである。違和感を覚えない日本人同業者もいるということである。あるいは単純な誤用で研究するに及ばずとでも考えているのだろうか。

わたしは、その違和感の由来を突きとめたいと思いながら数年を過ごしてきた。簡単なように思えるのだが、解けたと思ったとたんに例外がみつかることを繰りかえしてきた。解き難さの原因が複合動詞の数の多さと種類の複雑さにあると直感している。これ一語を処理すればすむという問題ではないのである。だが、母語に対する直感がおおむね正しいことは、己れの経験で知っているので、いつかは解けると思っていた。ここに披露するのは、灯台下暗しとでもいうべき考察の跡である。

なお、標題の「非文」は、現行の国語辞典に立項されていないが、言語学・日本語学界では、非文法的・不適格な文の意味で用いる習慣があるので、ここにも用いた。

一　肯否の発言若干

「立ちあげる」についての発言にはどんなものがあっただろうか。

早かったのは高島俊男（1995）である。淡路阪神大震災の朝日新聞の記事などにみえる「立ち上げる」をとりあげ、自動詞「立つ」と他動詞「上げる」のくっつく道理がない、と明快である。作った人は「よほどことばに鈍感な人にちがいない」といい、それを使う人も「同程度の人であろう」と切りすて、ある高校教師の『「立ち上げる」教育を』と題する本の「立ち上げる」「立ち上がり」を批判した。高島氏が否定する根拠は、この語が「よじれている」「分裂している」ことにある。自動詞に他動詞の続いた形はおかしいというのである。明快であるだけに、反証が示されたときは弱いだろう。

国立国語研究所（2000）にのった問答がある。「コンピュータが立ち上がる」という言い方を聞いた。コンピュータに詳しい人が言うようだ。このように特定の分野の新しい言い方にはどんなものがあるか、という問いである。その回答の要点を抄出する。

コンピュータ技術は初めアメリカで開発されたため、用語はほとんど英語に由来する。

パソコン用語は技術革新が速く、英語をそのまま片仮名に置き換えたものが多い。

中には「立ち上がる」のように日常的な日本語が専門的な意味で使われることもある。
「コンピュータを立ち上げる」と他動詞の形もある。
「プロジェクトを立ち上げる」「会社を立ち上げる」「事業を立ち上げる」のように使うのも同じ用法と言える。
片仮名語で表される専門用語と違って、やや俗っぽい印象を受ける。「立ち上がる」も「起動する」のほうが一般的だろう。

文化庁か国立国語研究所に実際に届いた質問らしいが、回答はこの語の出現の経緯をのべるだけで、「俗っぽい印象」とする以上の評価は下していない。「英語に由来する」とあるが、なぜ片仮名を用いなかったのだろうか。「起動する」が一般的だろうというように、わたしの機械も、スイッチをいれると画面に「Windowsを起動しています」とでる。この画面の「起動する」は他動詞である。この「起動する」が駆逐された経過もしりたいものである。

金田一春彦（2002）の「なぜ〝立ち上げる〟になったの？」は啓蒙書での言及である。元来、自動詞「立ち上がる」に対して他動詞として用いたいときは、「母親が子供の手を取って、立ち上がらせた」のようにいった。たかがパソコンのスイッチをいれて動かしたぐらいで、「立つ」動きを大げさに偉そうに表現している気がする。日本人は他動詞よりも自動詞を好み、亭主への奥さんの言葉は、「風呂を沸かした」ならぬ「風呂が沸きました」である。日本人はそうした遠慮深い精神の持ち主だったはずなので、「立ち上げる」は耳障りな感じがするのだ、と。この人らしい語用論的な説明である。

この語を擁護するのは産經新聞校閲部長の塩原経央氏である。塩原（2004）によると、『産經新聞』に断続的に載せた国語断想に「文語サイトを立ち上げたい」とかいたところ、複数の読者から注意された。自動詞に他動詞をくっつけた怪しげな言葉は社会的に認知すべきではないという大作家の発言が背景にある。それでも借用語である外来語よりはましである。日本語では、「風が吹く／笛を吹く」「水かさが増す／エンジンの出力を増す」など、自動詞・他動詞の区別がさほどはっきりしていない。「飛び出す・上り詰める～持ちこたえる・付け込む…」など、自動詞・他動詞の複合した語が少なからずある。他動詞「する」には「仕上がる・仕上げる」、「持つ」にも「持ち上がる・持ち上げる」の両形がある。以上のように塩原氏は反論している。

同じ新聞人ながら対照的なのが讀賣新聞編集委員の橋本五郎氏で、「編集委員が読む」（2002.1.7朝刊）に「チョー不愉快な「立ち上げる」」をかいている。若者だけでなく大人も安手に多用する言葉の代表格で、政府は審議会を立ち上げ、政治家は政策研究グループを立ち上げ、若手実業家はベンチャー企業を立ち上げるという風に、最近はなんでも「立ち上げる」であるとのべ、その前年の十二月号の『思想』をみると、子安宣邦氏ら三氏の座談会記録二十三ページに、「立ち上げる」が三十回以上現われる、と厳しい。

わたしは前稿（2005）の末尾に次のようにかいた。

平安時代、下二段動詞「たつ」が自動詞に接尾した複合動詞は見えない。これは自動詞と他動詞の複合を避ける傾向がある日本語の文法体系の制約によるのだろう。

わたしは、近年猖獗を極める「立ちあげる」に強い違和感を覚える。

ここに示した原因の推測は高島俊男氏、某大作家と同じである。同様に直感した日本人も少なくないだろう。その直感の由来を考えることが本稿の目的である。

二　考察の方法

考察に資すべき研究の数は膨大である。斎藤倫明・石井正彦（1997）の「日本語語構成研究文献一覧」にあがっている六百篇近い論文のうち、標題に「複合動詞」の文字のみえるものだけでも一割はある。その全部につきあうことはできないが、同書の研究史の記述などに学びながら、解決への見通しをつけたいと思う。

本稿で考察対象とする複合動詞は〈動詞連用形＋動詞〉のものに限る。この複合動詞の構造を考えるには前後項の関係を形式化すると便利である。早くなされた寺村秀夫（1969）は、動詞の自立語としての意味を保持するか否かによって四分した。だが、意味の保持性の基準が明らかでないとして、動詞の格支配に着眼して整理しなおしたのが山本清隆（1983）の四類である。今はそれによることにして、格支配する動詞を大文字のV、しからざる動詞を小文字のvで表記し、前後項にそれぞれ小字の1・2をつけるのは、私にとった措置である。複合動詞による例文、つづけて動詞を前後項にわけた文を矢印の下にあげ、非文にアステリスク（＊）をつけ、他の例語を括弧書きする。

Ⅰ類〈V_1＋V_2〉

前後項動詞ともに、複合動詞文中の名詞に対して格支配関係をもつ。

子供が泣き叫ぶ──→子供が泣く　子供が叫ぶ

（降り積もる　光り輝く　刺し通す　売り歩く）

Ⅱ類〈V_1＋v_2〉

前項動詞だけが複合動詞文中の名詞に対する格支配関係をもつ。

則子が本を読み始める──→則子が本を読む　＊則子が本を始める

（静まり返る　降り出す　走り過ぎる　書き終える）

Ⅲ類〈v_1＋V_2〉

後項動詞だけが複合動詞文中の名詞に対する格支配関係をもつ。

運転手が事故を引き起こす——→＊運転手が事故を引く　運転手が事故を起こす

（打ち重なる　取り澄ます　振り仰ぐ　差し迫る）

Ⅳ類〈V_1＋V_2〉

前後項動詞ともに、複合動詞文中の名詞に対して格支配関係をもたない。

山田君が失敗を繰り返す——→＊山田君が失敗を繰る　＊山田君が失敗を返す

（取り締まる　打ち解ける　取り乱す　引き立つ）

この分類に若干の剰余がでることは姫野昌子（1999）の指摘したとおりである。それを補うものとして、生成文法のたちばから派生過程に着目して分類した、影山太郎（1993）の「語彙的複合動詞」「統語的複合動詞」がある。これは四分類と完全に対応するわけではないし、当面の対象について考えるには、山本氏の四分類が便利である。

近年、複合動詞の解明が日本語の統語論にとって極めて重要であることが認識され、さまざまな試みがなされてきた。従来の研究者は、分類はするけれども、それぞれに命名することには熱心でなかった。右に挙げたⅠ類ないしⅣ類の名称は実質を喚起せしめない。

山中桂一（1998）の分類基準も格支配であるが、複合の結果として前項動詞の格支配がかわるか否かによって二分した。典型的な型として「が咲く＋を始める→が咲き始める」の類を〈拡張動詞〉、「を建てる＋が込む→が建て込む」の類を〈複合動詞〉と名づけた。そして後項の同じものを対比させた表を掲げている。その表の十組から六組をあげる。

〈拡張動詞〉　〈複合動詞〉

が降り始める　……
を書き上げる　を持ち上げる
と思いだす　を想い出す
を使い込む　が建て込む
が走り回る　に立ち回る
……　を生き抜く

前項が格支配するとは、後項が動詞の自立的な意味を保持しないことで、これは山本氏のⅡ類〈V_1＋v_2〉に相当する。それを「拡張動詞」とよぶのは適切な命名だが、他の類にはふみこんでいない。本稿は分類を旨とするものではないので、これ以上は言及しないが、山中氏が続けて左記のようにかいていることに注目したい。

　先行要素が助詞を支配しないことから、たとえば「家が建て込む」「パソコンを立ち上げる」「同じクラスを持ち上がる」のように、部分的に見ると前項と後項とで食い違いをおこすことも間々生じる。

「立ち上げる」における前後項の食い違いを指摘した発言が登場したのである。これはのちに論ずることにして、次章では「あがる」による複合動詞全般をみることにする。

三　「あがる」による複合

　複合動詞研究における近年の最大の成果は姫野昌子（1999）である。
　姫野氏は、初めの二章で複合動詞にかんする総論的な記述を行い、第三章以下に「あがる」「あげる」など、後項に立つ主要な三十二語について各論を展開した。巻末の「複合動詞リスト」には、その後項動詞三十二による複合動詞二千三百七十五を掲げている。ほかに、本文でとりあげたのにリストから漏れたとわたしが判断する「巻きたてる」など十四語がある。偶然だが、各論の最初が「〜あがる・〜あげる」である。わたしはこの研究にそって考えてゆく。なお、本稿では姫野氏の記述をひくことが多いので、以下の記述で、他者の論著以外の表記には、姫野氏の仮名書き「あがる」「あげる」を用いる。

本節では、姫野氏がとりあげた〈動詞＋あがる〉型の複合動詞に、仮にA型・B型、甲・乙などの符号をつけ、三語を限度に語例をそえる。姫野氏の一覧表でも三語が限度だからである。二語以下のばあいは、それしか見いだせないことを意味する。型の下のブラケット［　］内は意味特徴、自・他は自動詞・他動詞の略称、いずれも姫野氏の呼称である。意味特徴はここにあげた五つのほかに、それぞれの内部でさらに細分することもしている。その第二次分類の意味は括弧（　）に、第三次分類の意味は亀甲〔　〕に記す。特に注意する必要ありと判断したものの肩にアステリスクをつけて後に言及する。

A型［上昇］

甲〈自＋あがる＝自〉　駆けあがる　伸びあがる　飛びあがる

乙*〈他＋あがる＝自〉　押しあがる　持ちあがる　つるしあがる

B型［完了・完成］

甲〈自＋あがる＝自〉　できあがる　晴れあがる　干《ひ》あがる

乙〈他＋あがる＝自〉　織りあがる　組みあがる　炊きあがる

C型［強調］

〈自＋あがる＝自〉　震えあがる　おびえあがる　のぼせあがる

D型［増長］

〈他＋あがる＝自〉　つけあがる　思いあがる

E型*［尊敬語］

〈他＋あがる＝他〉　召しあがる

一見して明らかなように、E型を除く四つの型の複合動詞は自動詞である。後項が自動詞「あがる」なのだから当然かもしれないが、E型だけが他動詞になるのはなぜだろう。B・C・D型は、後項の意味が形式化した〈V_1＋v_2〉で、山本氏のⅡ類、山中氏の拡張動詞にあたる。B型乙とD型とは、前項に他動詞をとりながら、後項の自動詞によって複合自動詞になったのだろうが、そのしくみについてはあとで考える。

E型の「召しあがる」について、姫野氏は他動詞になる唯一の例外とするだけで、詳しい言及はしていない。だが、これを一つの型とするのは無理ではなかろうか。この尊敬動詞は、「見る」から派生した食する意の古代の尊敬語「召す」と、室町時代にみえて同じく食する意の尊敬動詞「あがる」とが複合した語である。換言すると、前後項ともに他動詞として用いられて中世に複合した語である。したがって、現代日本語の複合動詞形成の考察には用いにくいのではないか。そこでE型をこの形式から除くと、残る四つの型はすべて〈自動詞／他動詞＋あがる＝自動詞〉の複合動詞ということになる。

A型に戻ると、これはⅠ類〈V_1＋V_2〉構造。前後項ともに格を支配して［上昇］の意味特徴を有し、「あがる」は動詞本来の語義を保っている。前項が自動詞のばあい、甲の「伸びあがる」のように自動詞として機能するのは自然なありかたである。それに対して乙はいかに考えたらよいだろうか。

姫野氏は［上昇］の意味特徴を︵全体的上昇︶と︵部分的上昇︶に二分し、さらに前者を、〔空間的上昇〕〔序列の上昇〕〔地位の上昇〕に細分した。〔序列の上昇〕所属語は「繰りあがる」だけで乙〈他＋あがる＝自〉、〔地位の上昇〕所属語は「のしあがる、なりあがる、勝ちあがる」の三語で甲〈自＋あがる＝自〉に相当する。そして〔空間的上昇〕所属語数は二十である。姫野氏はこれについて「浮きあがる」「はいあがる」を例に若干の語を費やしたが、ともに前項に自動詞をとる甲のほうである。わたしはむしろ、乙の「つるしあがる・突きあがる・持ちあがる・打ちあがる・押しあがる・漕ぎあがる」が気になる。これらの複合がいかにして成立し、いかなる動作・作用を意味するのか。

「押しあがる」は、例えば坂の上まで自転車を押してゆくさまでも表現するのだろうか。「持ちあがる」が「前年度の学級を持ちあがった」などの用法を含意するのだとしたら、これは空間的上昇とはいえまい。「打ちあがる」「漕ぎあがる」「つるしあがる」などは、文脈がなくてはいかなる状況かわからない。用例を集めるにあたって、姫野氏は客観的な態度を通そうとした節がある。用例に疑問を感じても、努めて主観的な判断を下さなかったのではあるまいか。その結果、それが日本語として不適と疑われるものもリストにのったようにみえる。例えば〔部分的上昇〕の甲の「たてあがる」「締めあがる」である。このくだりでは、日本語教育を専門としたこの人らしく、外国人学習者の「乗りあがる」「飛んであがる」の誤用を指摘している。日本人とても誤用することがあるので、母語話者の使用だからと全部とっていては、適切な分析、精確な結論には至れないだろう。後に言及している語もあるが、誤用とおぼしいものは除外すべきだとわたしは思う。

複合動詞の構造に関心のある人なら、だれしも特異な用例が意外にあることに気づいているに違いない。國廣哲彌（1983）には、現代作家の「しぼり出てきたクリーム」「鉢が…吊り下って」がみえる。わたしの手元のカードにも、「吊り下がる」「甘えてこすりつく」「浮かび上げる」「殴り死なす」「焼き締まる」「断ち割れる」「政党が干し上がる」

などがあるが、わたしはこれらを適格な日本語の用例とはしない。
とまれ、A型乙〈他＋あがる＝自〉の語例には、B型乙からの類推により、あるいは次節のA型乙〈他＋あげる＝他〉の対応形として派生した、臨時の造語が多く含まれる蓋然性が高い。このたぐいは慎重に扱わなくてはならない。いずれにせよ、「あがる」による複合動詞は、E型を右にのべた理由で除くと、自動詞として実現したことになる。

四　「あげる」による複合

本節では〈動詞＋あげる〉形式の複合動詞について前節と同じように考察する。

A型［上昇］
甲*〈自＋あげる＝他〉　切れ*あげる　乗り*あげる
乙〈他＋あげる＝他〉　打ちあげる　運びあげる　なであげる
B型［下位者から上位者に、上位者から下位者に対する社会的行為］
〈他＋あげる＝他〉　申しあげる　買いあげる　召しあげる
C型［体内の上昇］
甲〈自＋あげる＝自〉　むせびあげる　せぐりあげる　こみあげる
乙〈他＋あげる＝他〉　すすりあげる　（感情が）突きあげる
D型［完了・完成］
〈他＋あげる＝自*〉　焼きあげる　仕あげる　こねあげる

E型［強調］

〈他＋あげる＝他〉　ほめあげる　縛りあげる　*どなりあげる

F型［その他］

〈他＋あげる＝他〉　本を読みあげる　軍隊を引きあげる　人生を歌いあげる

私見では、この形式は一覧表にも記述本文にも問題が多い。

まずA型甲〈自＋あげる＝他〉。意味特徴［上昇］の〔部分的上昇〕の下位分類〔量の減少による形の縮小〕の複合動詞に、「②切れあげる」がみえるが、実例はあげていない。断定はできないが、これはいかにも不自然な日本語である。かりに実例があったにしても、前節にのべたように誤用として処理すべきではないか。

A型として姫野氏があげた複合動詞は七十一語に上る。〔部分的上昇〕の下位分類〔形の伸長〕の①にあげた六語のうち、「重ねあげる・積みあげる・盛りあげる」の類として、説明文中に「やや特殊で」とした「乗りあげる」がある。用例は「船が（船体を）暗礁に／車が（車輪を）歩道に乗りあげる」である。これについてわたしは別の解釈をもっている。「乗る」を前項にもつ複合動詞は、「乗り入れる・乗り出す・乗り着ける・乗り慣らす・乗り回す」など、いずれも「乗る」を自動詞として処理することはためらわれる。これらは現代語の複合動詞とすべきではなく、前代までに成立したと解釈すべきではないか。『古今著聞集』に「雲分といふあがり馬を乗られけるに」、『日葡辞書』に「ヨウ船ヲ乗ル人」の用例がある。これからわかるように、単に乗り物にのるだけのばあいと、自ら乗り物を操るばあいとで格支配が異なったのである。先にあげた「乗る」を前項とする複合動詞は一様に、自ら操作する意の表現である。つまり、この「乗る」は他動詞と解釈してよいのである。「切れあげる」「乗りあげる」をこのように処理すると、A型から甲〈自＋あげる＝他〉がきえる。

C型は、一覧表には、前項動詞の自他によって二分し、例文「子供がしゃくりあげる」だけをあげる。記述本文には「むせびあげる・しゃくりあげる・せぐりあげる・すすりあげる・咳きあげる・こみあげる・(感情が)突きあげる」の七語がみえる。右には、その七語のうち、「すすりあげる・突きあげる」だけを乙と判断し、その他の五語を甲としたのだが、著者の意図にそっているだろうか。語構造だけからいうと、乙は〈他＋あげる＝他〉で問題はない。だが、C型において甲は、後項に他動詞「あげる」をとりながら自動詞にとどまった特異な複合動詞である。著者がその意味特徴を［体内の上昇］とし、「人の生理作用や心理現象を表すものであって、この場合の「あげる」は、無意志動詞になる。」と書いているように、話し手の身体内で完結する動き、話し手の内部感覚を表現する特殊なありかたが関与しているのだろう。乙の「(感情が)突きあげる」は、完全に話し手の内部で完結し、他者の知覚しえない事象である。話し手が、自身の体内あるいは意識内である力が作用すると感ずるゆえに他動詞で表現するのではあるまいか。

日本語の内部感覚の表現を考えるには特に注意が必要である。「水が飲みたい」のように対象を主格で表現し、「吐き気がする」「傷がうずく」「胸が痛む」のように、動的な動詞でも現在形で発話時点の状態を表現することなどを考えあわせるべきである。ともあれ、姫野氏自身、このくだりを「このあたりの、理屈どおりにいかないのが複合動詞の難しいところであろう。」と結ばざるをえない特殊な現象なのである。

D型・E型は、「あがる」のB・C型に対応し、後項の意味が形式化した、山本氏のⅡ類〈V_1＋v_2〉、山中氏の拡張動詞に属する。そのD型を著者は〈他＋あげる＝自〉としたが、「あげる」は他動詞なので、これは〈他＋あげる＝他〉の誤植であろう。また、E型の語例に「どなりあげる」がある。かりに用例を拾ったにしても、一過性の動作「どなる」に「あげる」をつけるのは普通の表現とはいえず、「どなりつける」が自然なので、先の「切れあげる」と同じように特異な使用として除くべきだとわたしは考える。

F型はⅣ類〈V_1＋V_2〉と解する。右の四語のほかに、「(声を) 張りあげる・(仕事を) 切りあげる・(大阪から／を／へ) 引きあげる・入れあげる」が、著者の挙げた全部である。これは連語による特殊な意味に限定されたものであるが、構造自体は〈他＋あげる＝他〉で特に問題にすることはない。

以上の検討と修正によって、「あげる」を後項とする複合動詞は、話し手の内部感覚を表わすC型甲を特別な表現とすると、そのほかは〈他＋あげる＝他〉構造に収まる。すると、本稿の対象である「立ちあげる」は〈自＋あげる＝他〉構造で、内部感覚の表現でもないので、この六類型からはみだしていることになる。

複合動詞の前項が自他の対応形をもちながら、複合動詞の自動詞形と他動詞形において、前項がいずれかのままである語がみられる。それは、複合動詞が一語化していることを示すと説明される。これを論じた須賀一好 (1984) に、〈自＋あげる〉構造と同じ〈自＋他〉構造の複合動詞「落ちこぼす」にかんする次の言及がある。

「落ちこぼす」を単なる結合とみるならば、「生徒を落ちこぼす」は、「生徒を落ちて、こぼす」ということになり、論理的にはおかしな表現だということになろう。

「立ちあげる」と同じ構造の語が二十年前に教育界の報道で用いられていたのである。

五　非文説の根拠

姫野氏の著書によって、複合動詞は他動詞だけか自動詞だけの結合の圧倒的に多いことがしられ、それは日本語を母語とする人なら一様に納得できるだろう。影山太郎 (1993) はそのことを多くの言語に通ずる性質だとしたうえで、さらに能格性の視点から自動詞を二分した。工藤の前稿（2005）に掲げたものを再びひく。

意図的行為を表す………非能格自動詞（働く、さわぐ、起きる等）

非意図的行為を表す……非対格自動詞（ころぶ、生じる、浮かぶ等）

いうまでもないことだが、動作主（Agent）を主語にとるのが非能格自動詞すなわち意志の自動詞、意図をもたず受動的に事象に関わる対象（Theme）を主語にとるのが非対格自動詞すなわち非意志の自動詞である。

さて、第一節で国立国語研究所の説明にみたように、「立ちあげる」は、コンピューターが「立ちあがる」に始まり、のちに他動詞を作りだしたらしい。スイッチをいれると機械が動きだすことではテレビや旋盤とかわらない。特に、テレビはひとりでに映像が映って音声がでるのだから、コンピューターよりも立ちあがる印象が強い。だが、この動きを日本人は「立ちあがる」とは表現せず、「映る」というだけであった。複合動詞「立ちあがる」の従来の用例は、ほとんど有生主語による意志の自動詞としてである。「波が高く立ちあがる」ともいうが、これは擬人法にほかならない。コンピューターを自分の仲間のように思った技術者たちは、意図的行為を表わす「立ちあがる」を良しとしたのかもしれない。それを他動詞にかえた表現も可能だと考えて、やがて「コンピューターを立ちあげる」を使ったのだろうか。

一般的な問題として、意図的行為を表わす〈非能格自動詞＋あがる〉の後項を「あげる」にかえた複合動詞が派生しうるか否かを考えてみる。

1　病人がそーっと起きあがる。

a　看護婦は病人をそーっと起きあげる。

b　看護婦は病人をそーっと起きあがらせる。

まともな日本語感覚をもつ人なら、ａを非文、ｂを適格文と判断するに違いない。日本語文で一番の優位に立つ補語は主格である。ａの文で、一語化した複合動詞「起きあげる」に主格補語「看護婦」が関係しうるとしたら、それは「あげる」だけである。一方、「起きる」のは「病人」であるが、対格補語の「病人を」は「起き」と関係しえない。適格文にするには、「起きあがる」に使役辞「せる」のついた形にせざるをえないのである。

2　救助成功の報に家族は躍りあがった。

ａ　救助成功の報が家族を躍りあげた。

ｂ　救助成功の報が家族を躍りあがらせた。

3　大喚声に後列の少女が伸びあがった。

ａ　大喚声が後列の少女を伸びあげた。

ｂ　大喚声が後列の少女を伸びあがらせた。

2・3も同様に、複合動詞の使役態であるｂの表現がなされる。〈自動詞＋あがる〉の複合動詞は、使役辞「せる」をえて初めて対格が支配できるからである。第一節にひいた金田一氏の「母親が子供の手を取って立ち上がらせた」はこのことをさしたのである。

当然、「あがる」以外の意志自動詞においても同様である。

4　不況で父は堅実な経営に踏みとどまった。

ａ　不況は父を堅実な経営に踏みとどめた。

ｂ　不況は父を堅実な経営に踏みとどまらせた。

5　兜虫に少年たちが群れ集まった。

a　兜虫が少年たちを群れ集めた。

b　兜虫が少年たちを群れ集まらせた。

「立ちあがる」に同じ操作を施すとどうなるだろうか。

6　水源の枯渇に農民が立ちあがった。

a　水源の枯渇が農民を立ちあげた。

b　水源の枯渇が農民を立ちあがらせた。

7　コンピューターが立ちあがる。

a　青年がコンピューターを立ちあげた。

b　青年がコンピューターを立ちあがらせる。

6において、意志動詞「立ちあがる」の使役態によるbは自然な日本語だが、それを他動詞に変えたaは非文だ、とわたしは判断するのである。先に、「コンピューターが立ちあがる」は擬人法として生じたかとのべた。詩的な擬人法として許される「波が高く立ちあがった」は自然現象なので、これに他動詞化を施した「波を高く立ちあがらせた」は成りたたず、7bと比べるわけにはゆかない。どのみち、無生の対象「コンピューター」ゆえ、bの許容度は低い。

前項がほかの動詞による「あげる」との複合も同様である。

8　沈没船が浮かびあがった。

a　沈没船を浮かびあげた。

b　沈没船を浮かびあがらせた。

後項が「あがる」以外の動詞による複合で、無生主語のばあいに変換によって派生する他動詞文をみよう。

9　試薬が検体からにじみでる。

a　試薬を検体からにじみだす。

b　試薬を検体からにじみださせる。

10　絵の具が少しずつ染みこんだ。

a　絵の具を少しずつ染みこめた。

b　絵の具を少しずつ染みこませた。

9・10のaの許容しがたいことにかわりはない。

右には複合自動詞から派生した、「あげる」による複合他動詞について考えたが、これは方向をかえて、他動詞から自動詞を派生させても同じことである。

11　刑事は賊を追いあげた。

＊賊は刑事に追いあがった。

12　少年がボールを投げあげた。

＊少年が投げあがったボール。

13　少女は水を汲みあげて飲んだ。

＊少女は汲みあがった水を飲んだ。

いずれも日本語話者としては許容できないものである。

以上によって、姫野氏の分類による、A型甲〈自＋あげる＝他〉［上昇］の複合自動詞は、やはり日本語としては不自然な形式であることは明らかである。

右の事実を貫く原理は、前後項の動詞の意味に関わるだろう。姫野氏の著書の第十二章に、先学の研究の要約「前項・後項動詞の意味関係」がある。それを簡略に示す。

一　複合動詞は一つの主語、一つの目的語で構成される単一の事象を表わす。

二　二つの動詞は、その行為・作用の時間的前後関係を表わすばあいが多い。

三　類似概念並列のばあい、前項には初発の状態や弱度の状態を表わす動詞、後項には進展・終局の状態や強度の状態を表わす動詞がくる。

四　前項には動きを表わす動詞、後項には結果を表わす動詞のくることが多い。

例えば「学長が委員会を立ちあげる」において、「立つ」のは委員会、「あげる」のは学長である。「立ちあげる」は二つの事象を一語で表現するので、右の一に反すること明らかで、第四節にひいた「落ちこぼす」と同じ非文性なのである。

六　残る問題

以上の検討をふまえて、第一節に紹介した塩原氏の主張など、残る問題を検討する。

自動詞に他動詞が接したことについて高島氏は、「よじれている・分裂している」と拒否し、塩原氏の使用を批判した大作家も同様であった。それは、この複合語に違和感を抱く多くの日本人の直感であるに違いないが、これと同構造の複合動詞がほかにもあるので、声高に反論されなかったのだろう。橋本五郎氏がこれを拒否し、国立国語研究所の回答がこれを俗語としたのも同じかと思うが、ともに詳しい根拠は述べられていない。

外来語よりもましだ、とこれを弁護したのが塩原氏で、その根拠は次の三点であった。

①日本語では、「吹く・増す」などにみるように自他の区別がはっきりしない。

②「飛び出す・上り詰める・泣き暮らす」など自動詞に他動詞のついた語がある。

③他動詞「する」には「仕上がる・仕上げる」、「持つ」には「持ち上がる・持ち上げる」の両形がある。

①は塩原氏のいうとおりだが、「増す」のような自他同形の動詞はごく少数なので、反論の材料としてはかえって弱い。もう一つの例にあげた「風が吹く」については、自然現象をいう動詞の特異性を解明した木下正俊（1972）に学ぶべきである。すなわち、「寄せては返す波」のような他動詞による表現を、わたしたちが当然のこととするのは民族の長い伝統であった。ほかに古代語の「露結ぶ」「霜置く」「雪積む」「夜明《よ》く」「地震《なるふ》る」もそうである。古代の人々は、これらの現象の背後に大きな神格の存在を考えていた時期があるのだろう、というのである。「雨降る」は自動詞の表現とみえるが、木下氏は他言語の非人称表現などを手がかりに、他動詞による「雨振る」であった蓋然性をのべている。かくして、塩原氏の根拠の弱さは明らかである。

③の複合動詞のうち、「仕上がる・仕上げる」は、姫野氏の分類で［完了・完成］の意味特徴を表わし、「～あがる」はB型、「～あげる」はD型であって、特異な構造というものではない。「持ち上がる」は恐らく「困難な問題が持ち上がった」などの用例を含意するのだろうが、前後項ともに格支配力を失って熟合した、山本氏のⅣ類に相当する。よって、これは反論の根拠には使えない。

残るは②の十六語である。姫野氏の「あがる・あげる」を参考にして考えると、「～あがる」の複合動詞からE型の尊敬語「召しあがる」を除く六項のうち、〈他＋自＝自〉構造の複合動詞が半数の三項ある。一方、「～あげる」の複合動詞で〈自＋他＝他〉構造のものは、わたしの修正後の七項のうち、意味特徴［体内の上昇］のC型甲の一項（「こみあげる」など）だけである。すなわち、〈他＋自〉構造の複合動詞は意外に多いが、〈自＋他〉構造の複合動詞はごく少ない。この事実が日本人の言語意識にあって、「立ちあげる」への違和感になったのである。

この十六の複合動詞のうち、前後項ともに格支配関係をもつ、山本氏のⅠ類に属する「泣き暮らす・引き下がる・通い続ける」の三語は自然な語彙的複合動詞である。次いで、後項が格支配しないⅡ類、山中氏の拡張動詞に属する「飛び出す・上り詰める・抜き去る・立ち通す・咲き始める・死にかける・振り返る・引きつる・持ちこたえる」の九語も除くべきである。次に、「食い違う・取り散らかる・懸け離れる・付け込む」は〈他＋自〉構造であるうえに、前項は本来の意味を失って接頭辞に転じているので、〈自＋他〉構造「立ちあげる」の議論には有効でない。

かくして塩原氏の「立ちあげる」援護論は成りたちがたいのである。

七　〈他＋自〉構造の解釈

〈他＋自〉構造の複合動詞が意外に多く目につく事実がある。

姫野氏の「複合動詞リスト」には「〜あがる」が八十三、「〜あげる」が百五十二ある。「〜あがる」の多くは統語的複合動詞のB型乙の「組みあがる・炊きあがる・縫いあがる」などだが、語彙的複合動詞のA型乙も「繰りあがる・巻きあがる・盛りあがる」などとある。ほかにそらで探しても、「当てはまる・入れかわる・思いあたる・思いつく・切りかわる・繰りさがる・積みかさなる・取りしまる・煮つまる・ねじまがる・貼りつく・焼きつく」などがすぐにうかぶ。

姫野氏のリストから、「あげる・あがる」のように自他動詞が等しい拍数で対応し、他動詞を前項にもつ複合動詞があるものを調べた結果を示す。括弧内には、掲出語数を分母に、前項が他動詞のものを分子にして掲げる。

～おりる（1/6）・～おろす（28/28）　～かかる（6/38）・～かける（48/48）　～くだる（1/7）・～くだす（5/5）
～さがる（4/10）・～さげる（11/11）　～でる（7/58）・～だす（105/105）

こうして見ると、〈他＋自〉構造の複合動詞の意外な多さがよくわかる。〈自＋他〉構造の「立ちあげる」のようには稀少でないのである。

右のうち若干のものについて言及する。「～おりる」の複合動詞は「かかえおりる」だけで、様態や付帯状況を意味するものである。「～かかる」の複合動詞に「始動」を表わすものは除かれている。前項は「おそい・きり・せめ・つかみ・つき・なぐり」の六語である。ほかに判断を保留した「うち・おし」もある。この形の複合動詞は、「敵を攻める」が「敵に攻めかかる」となるように、動作対象がヲ格からニ格に変わる。「～くだる」の複合動詞は、様態を示す「せめくだる」だけである。「～さがる」の複合動詞の前項は「くい・くり・つり・ひき」で、「くいさがる」では分割できないほどに熟合しており、「くりさがる・つりさがる」では後項の結果をもたらす先行動作を表わし、「ひきさがる」では様態を表わすといえよう。「～でる」の複合動詞の前項は「うったえ・こぎ・ささげ・つき・とどけ・ねがい・もうし」で、こちらは当初から対象にヲ格をとるもの、ニ格をとるもの、動作の様態を意味するものとさまざまである。

この構造の複合動詞の用例の初出を『日本国語大辞典』第二版で調べると、明治期が圧倒的な多数を占める。「切り替わる」に至っては、埴谷雄高の『観念の自己増殖』（1952）である。近代日本語において活発に作られたものらしい。

これについて、西尾寅弥（1982）に、「あてはめる－あてはまる」「切り替える－切り替わる」「入れかえる－入れかわる」等を論じて、「他動詞が自動化した結果としてできる、自動詞のまえ要素は他動性の形のまま残るものが多い。」として、「これらが二語の連合ではなく、一個の複合動詞である以上、別に異とすることではない」とした。〈他＋自〉構造の複合動詞は他動詞を後項とする複合動詞から派生した、と解釈するものである。だが、なぜか〈自＋他〉構造の複合動詞については言及しない。

〈自＋他〉構造の複合動詞には違和感をおぼえて捩れていると拒否するのに、〈他＋自〉構造のそれがおおむね受容できるのはなぜだろうか。その答えはわりに簡単に見つかりそうである。「主催者が日程を繰りあげる」という文において、動詞「繰りあげる」は主格・対格の補語を取る。すなわち二価動詞である。これから派生した「日程が繰りあがる」では、他動詞文に主格としてあった「主催者」が消え、動詞は対格を要しない一価動詞「繰りあがる」にかわる。日本語では上位成分よりも下位成分が圧倒的に優勢なことは接辞をみればわかる。すなわち、動詞の文法的な性質が接尾辞によってきまる一方で、複合動詞の前項は接頭辞に転じやすいのである。主格語「日程が」をうける述語において、比重は後項の自動詞が大きい。つまり、話し手には前項が強く意識されないのである。それは、やがて前項が接頭辞に転ずることを意味する。〈他＋自〉構造の複合が広がる道理である。この構造の複合動詞の成立には、「しあがる・できあがる」「ひあがる・ほしあがる」のように、「あがる」が［完了・完成、強調］の意で自動詞にも他動詞にもついて、活発に統語的複合動詞を形成することが深く関与していることはいうまでもない。「コンピューターを立ちあげる」において、コンピューターは「上げ」られるものではなく、「たつ」ものであることも忘れてはなるまい。

右の事情のほかに、いま一つの条件も加わっている、とわたしは考える。第二節で山中氏の拡張動詞の説をみたとき、先行要素が助詞を支配しないことについての説明も引いておいた。右の記述に関連づけていうと、「繰りあがる」はすでに一語化して、「繰る」は格支配しないということである。山中氏は続けて次のように書いていた。

「申しつかる」「仰せつかる」は明らかに「申し＋つかる」「仰せ＋つかる」として分析されるべき動詞であるが、「つける」に対応するはずの「つかる」という語形は単独には存在しないので、「申しつける」「仰せつける」という複合動詞を基幹として、そこから自動詞が導かれたと想定するほかはない。

これは重大な指摘である。「申しつける」「仰せつける」に対応する自動詞はないので、文法の定石では、受動態の接辞をもつ「申しつけられる」「仰せつけられる」となるはずである。むろん、規則どおりの語形も行われるが、日常生活では破格というべき「申しつかる」「仰せつかる」が用いられる。そこにはたらいたのは簡略化の志向だろう。右の例でいうと、正統の八拍語よりも破格の六拍語をとった民族の心理である。

その淵源はたいそう古いとわたしはみている。単純動詞にも生じていたからである。漢字「囚」の所動詞（受動態）の訓を問われたら、多くの人は「とらわれる」と答えるだろう。だが、正答は「とらえられる」である。「報」の所動詞の訓も、「むくいられる」ならぬ「むくわれる」と答えるに違いない。前者の「囚」には、すでに熱田本日本書紀の古訓に「とらはる」がみえ、色葉字類抄は「囚人」に「トラハレヒト」と付訓している。後者「報」の訓として辞書は、『古今著聞集』巻十二の四段活用の例「つみをむくはんがために」も掲げる。所動詞「むくわれる」もかくしてうまれたのだろう。「教える」の自動詞「教わる」も同様の派生だろう。『日本国語大辞典』第二版の初出は洒落本『傾城買杓子定規』（1804）である。

古い切抜きであるが、新聞のテレビ番組欄で、映画『釣りバカ日誌6』の紹介記事に、「平社員の浜崎が社長に間違われ、社長の鈴木が運転手に間違えられたことから大騒動が展開」（毎日新聞1996.1.12朝刊）がある。こんな短い一文の中に本来の形と破格の派生形が共存する、校閲部の目からこぼれた興味ある例である。簡略化の志向は常に作用しているので、〈他動詞＋自動詞〉構造の複合動詞はなお次々にうまれるであろう。

近年、「花火／ロケットが打ち上がった」という報道によく接する。わたしはこれに違和感を覚えるが、もう珍しい表現ではないらしく、姫野・西尾・須賀氏のリストや論文にみえる。『日本国語大辞典』第二版が出典を示さず「花火が打ち上がる」の用例をあげるのは当代の用例という意味である。わたしは性急すぎる採録だと思うのだが。

八　翻訳と「立ちあげる」

コンピューター用語はほとんど英語に由来するとして、「立ちあがる」より「起動する」が一般的だろうとする国立国語研究所の回答を第一節にひいた。この回答の意味するところを考えてみたい。

「起動」は、動く、動きはじめる意の古い漢語で、梁・昭明太子の「解二諦義」にみえるという。日本では室町時代に「たちいふるまい、起居」の意で用いられたらしい。『広辞苑』第二版に「動きを開始すること。始動。」とあるのは、もとの漢語の意味を伝えたものである。第五版では「コンピューターのシステムを稼働できる状態にする」とあるだけだが、『新明解国語辞典』第五版ではそれを②の語義にあげ、①には一般化した用法「組織などを作り、活動をはじめる」と記述する。

コンピューター用語「立ちあげる」の元になった英語は“startup”と“boot”らしい。「X-MEDIA パソコン用語辞典」（http://www.x-media.co.jp/jiten/）によると、特にMacOSでシステムを起動することを“startup”というよし。そう説明されることなのに、何にゆえに「起動する」も「スタートアップ」もとらなかったのか、わたしは遂につきとめられなかった。

昨年、三分冊で刊行された岩波文庫版『白鯨』はすでに名訳の評価が高い。訳者・八木敏雄氏からの恵贈の栄誉に浴したわたしもその名訳に酔うことができたが、その第百九章に突如「立ち上げる」が出現してわたしを慌てさせた。船倉に収めた樽から鯨油がもれているので、ひきあげて処理しなくてはならない。そのためにバートンと称する装置を動かす必要がある。一等航海士のスターバックがエイハブ船長にそう伝えるくだりと、以後の経過を語る章である。航海士と船長の対話、そして地の文に、つごう三回みえる。その訳文と、訳者が用いた底本、Northwestern Newberry 版（1988）の原文を添える。わたしのみた他の三本の原文もこの箇所に違いはない。

1　「滑車を立ち上げて樽を蔵出しする必要があります」

"We must up Burtons and break out."

2　「わしは滑車の立ち上げはゆるさんぞ」

"I'll not have the Burtons hosited."

3　ともかく命令は履行され、滑車は立ち上げられた。

However it was, his orders were executed; and the Burtons were hoisted.

なお、原文では、1に対して船長が "Up Burtons and break out?" と鸚鵡返しにいうが、新訳は「滑車で蔵出しだと？」である。

解説によると、この新訳は日本語による十一番めの翻訳だという。1について、近くにあった四つの邦訳を、訳出順にA～Dの符号をつけて比べてみよう。

A　絞轆《こうろく》を巻いて、船艙からださねばなりません」（阿部知二訳　河出世界文学全集）

B　絞轆を揚げて、船艙を開けにやなりません」（田中西二郎訳　新潮文庫）

C　バートン（轆轤《ろくろ》）に荷役を入れ、蔵出しにかからねばなりません」（坂下昇訳　国書刊行会「メルヴィル全集」）

D　軽滑車《バートン》を吊るして樽を出さねばなりません」（幾野宏訳　集英社「世界の文学」）

新訳が「滑車を立ち上げる」とした三箇所を、Aは「絞轆を巻く」、Bは「絞轆を揚げる」の訳で通した。Cは2以下を「ケンカ巻きの荷揚げ」「バートンは揚がった」と訳した。Dは「軽滑車《バートン》を吊るさせ」「軽滑車が揚げられた」とした。

当代の文学や翻訳に暗いわたしには見当がつかないが、「立ちあげる」の使用は今や珍しくないことなのだろうか。

おわりに

コンピューター用語から始まった「立ちあげる」という新語は、一部の日本人には嫌悪されながらも、多くの日本人が用いることばになった。その嫌悪感は、これが日本語文法の原理にあわないことに由来する。複合動詞における〈自動詞＋他動詞〉構造は、日本語の歴史において決して活発な造語方式ではなかった。それにもかかわらず、かくも急速に使用が広まったのは、コンピューターが、有史以来の人類が作ってきた機械とは、およそ異なる機能を有することによるのだろうか。

新語・新用法は、その誕生にたちあわなかった人には、新しいと意識されないばあいがほとんどである。例えば「目線」である。これもテレビ界の用語が若者を通して広まったらしい。「視線」とかいてほしい箇所を「目線」とした学生の文章に朱をいれても、おおむねこちらの意図は通じない。これは辞書にも登録されて、すでに市民権をえている。

少数の日本人が違和感をいだき、わたしが非文と判断する「立ちあげる」を、多くの日本人は受けいれている。もう定着したといっていいかもしれない。わたしがこの語に違和感をいだかなくなる日が、はたして訪れるだろうか。

文献

影山太郎（1993）『文法と語形成』ひつじ書房

木下正俊（1972）「「雨が降る」といふ言ひ方」（『萬葉集語法の研究』塙書房　初出『国文学』廿五号　関西大学1959）

金田一春彦（2002）『日本語を反省してみませんか』（角川ＯＮＥテーマ21）

工藤力男（2005）「複合動詞論序説――とれたて・生まれたて――」（『成城国文学』廿一号　成城国文学会）

國廣哲彌（1983）「私の辞書論」（『日本語学』第二巻六号　明治書院）

国立国語研究所（2000）〈新「ことば」シリーズ12〉『言葉に関する問答集』

斎藤倫明・石井正彦編（1997）〈日本語研究資料集〉『語構成』ひつじ書房

塩原経央（2004）『「国語」の時代』ぎょうせい

須賀一好（1984）「現代語における複合動詞の自・他の形式について」（『静岡女子大学研究紀要』十七号）

高島俊男（1995）「お言葉ですが…」（『週刊文春』十月十九日号）

寺村秀夫（1969）「活用語尾・助動詞・補助動詞とアスペクト――その一――」（『日本語・日本文化』一　大阪外国語大学研究留学生別科）

西尾寅弥（1982）「自動詞と他動詞――対応するものとしないもの――」（『日本語教育』四十七号　日本語教育学会）

姫野昌子（1999）『複合動詞の構造と意味用法』ひつじ書房

山中桂一（1998）『日本語のかたち――対照言語学からのアプローチ――』東大出版会

山本清隆（1984）「複合語動詞の格支配」（『都大論究』六十二号　東京都立大学）

付　記　本稿について、岐阜大学教育学部の佐藤貴裕氏の教示を仰ぐことがあった。

補　記　本篇は、二千五年九月発行の『成城文藝』百九十二号に掲載された。

〔昭和61・62年度国語学界の展望〕

文　法（史的研究）

一　はじめに

今期を一望すると、先期の担当者の総括の言に見える研究動向の確実に進んでいることが知られる。すなわち、現代語研究・記述の方法をこの領域にも適用するもので、特に動詞の形態論と構文論に著しいが、その成果の一部は既に中等教育の教室にも流れこんでいる。『国文学解釈と鑑賞』（51―8）の特集「古典文法をみなおす」ではその実践者の稿を載せ、『日本語学』（5―4）も「古典文法を考える」の特集を組んだ。わたしは、現在の小中学校の文法教育はほとんど無意味だと考えている（拙稿「文法教育再考」（『広島女子大国文』3））。わずかな有効性は高校での文語文法への導入にあるのだが、かかる文語文法の教育が進めば、当然小中学校の文法教育にも影響するはずで、なりゆきに興味がもたれる。

そのほかに特に顕著な傾向は認められない。研究者それぞれが自分の課題を進めていったと見てよいだろう。以下の執筆にあたって、分類はおおまかと簡便をむねとした。自分の理解の及ぶもので、有益なもの、刺激的なものを中心に言及することにし、網羅主義はとらない。刊行年月は省略し、巻号は括弧内に「12－3」のように記す。敬称を省略する。何回か出現する次の四書は、矢印下の略称を用いる。

松村明教授古稀記念国語研究論集→『松村論集』
築島裕博士還暦記念国語学論集→『築島論集』
論集　日本語研究（二）歴史編→『宮地論集』
国文法講座1～6→『講座』1～6

二　助動詞

初めに総論ともいうべきものをとりあげる。

小松光三「古文解釈と助動詞」（『講座』2）　文法と解釈とはともに言語を対象として成立するが、文法は言語自体を対象とし、解釈は言語による表現を対象とする点で根本的な違いがあり、しかも両者は不可分である。しかし、世上にはこの大前提を解しない人がある。助詞テに、順接条件と逆接条件という全く逆の意味が共存すると書く文法の記述がその典型で、助動詞ムの意味の〈婉曲〉も解釈の産物だと述べる。これは小松などの年来の主張だが、くりかえし発言せざるをえないところに我が学界の病弊がある。小松はその主張をラシ・ナリで実践して見せる。彼の主張の全部に賛成するわけではないが、かかる啓蒙的な書物で注意を促したことの意義は大きい。

小林芳規「幻の『来《き》しかた』――古典文法の一問題――」（『汲古』10）　カ変・サ変両動詞には特殊な承接をする助動詞キ、そのカ変の承接において、キシは特定の連語に偏り、用例の少ない和歌では「住吉のきし（岸）かた」と掛詞にのみ現われることを述べ、東寺所蔵の院政期書写資料に「過後《キシカタ》」の抜書があり、その傍訓が平上濁上平の声点をもつこと、すなわちキジカタの訓を見つけた小林は、平仮名文献の「きしかた」が、じつは「来にしかた」の音便形無表記なのだと結論する。衝撃的な発言だが、和歌に音便形が用いられるのは俳諧歌のような特殊なばあいが一般で、掛詞とはいえ普通の和歌にそれを認めることは不安だし、スギシカタの誤点では、とわたしは考えていた。反論がさっそく出た。

こまつひでお「きしかた考——仮名文伝本の文献学的処理の方法——」(『国語国文』56－6) こまつは、仮名文における撥音便無表記の古典的な例「ししこかほよかりき」が、じつは無条件でありえたものではないことを詳細に述べ、無表記にせよ仮名文の中に助動詞「ぬ」のン音便形が導入された形跡は認められないとする。「きしかた」は、「こしかた」と共存すべき双形として形成された名詞であって、助動詞キの接続関係を記述する対象から除外されると述べ、キジカタの声点も不審とする。近年のこまつの仕事は名人の手わざを思わせる円熟ぶりを示すが、本稿についても同様の感をいだいた。

漆崎正人「助動詞『うず』についての一考察——〈過去推量〉としての用法をめぐって——」(『藤女子大学国文学会雑誌』36) 天草版伊曾保物語の一節「兼日申し合はせうずるしるしとして」は、従来の解釈では文脈に破綻を生ずるが、それは、辞の文法的意味を固定的に捉えたためだとして、ロドリゲスの大文典を手がかりに、これが過去推量に当る意味を担うことを論証する。近代語に移る日本語の底流も抑えていておもしろいが、材料がキリシタン文献に偏る点がものたりない。

大塚光信「シマウからシム」(『京都教育大学国文学会誌』21) 狂言や抄物に見える、尊敬の助動詞の一つと目されるシマウ・シモ・シメ・シムのたぐいについて、辞書の記述の混乱を指摘し、変遷のあらすじを描いたもの。著者の抄物博捜の成果が光る短編。

坪井美樹「助動詞の語形変化と活用形——中世後期を中心として——」（『日本語と日本文学』6）　ラウの已然形ラウメ、サウの已然・命令形サウへ、マイ～マジイ、ベイ～ベシイ、ウズ・ウズルについて、様々の語形とそのゆれを、「語形を縮約させつつ無変化助動詞化しようとする動き」と、それに抵抗する「活用語尾保存の欲求」という二つのベクトルの合一として解釈しようとする、魅力的な論。短編のせいか用例が少なくて説得力を十分に発揮しえていないうらみがある。

蜂谷清人「鷺保教本と〝狂言ことば〟——「芸稽古伝」の記述をめぐって——」（『国語論究』1）　十七、八世紀にかけて生存した鷺保教の古伝の記述から、他流との比較、同流の他の伝本との比較などを通して、ス・デス・スイ・ヲリャレ・出ル・見ウ・仰・シマセ・シメ・デ御座ルなどについて、史的観点から記述したもの。手なれた書きぶりである。

小川栄一「指定のニアリとニテアリとの対立——下接助動詞の傾向より考える——I」（『国語国文学（福井大学）』25）　断定表現の形式として、標題の両形が共存した時期の資料の一つ今昔物語集を対象に、下接助動詞から傾向を考えたもの。明解は得がたいと思われたが、二千の用例の精査で、ニアリの優勢な打消など、ニテアリの優勢な過去などと整理し、その意味を、うける語句の素材的内容の既定・非既定で分れると解釈する。この使い分けに「テ」がいかなる役割を果すのかなど、次の課題が多い。

柳田征司「上代東部方言の性格」（『愛媛大学教育学部紀要』第Ⅱ部19）　後半は、上代東部方言の文法面の指標としてナフをとりあげ、東歌・防人歌をていねいに解釈することで、これが打消の継続を表したとするもの。これは、柳田が構想する壮大な日本語音韻史の一編で、文法事象の項目に入るはずのものだが、その位置づけがわたしにはまだよく分からない。

北島徹「助動詞『けり』の意味と表現性――記紀歌謡・万葉集を資料として――」（『宮地論集』）　万葉集の公的な歌七十七首にはケリが用いられないのはなぜかという問から、ケリは「個人的発見・認識」の意味と、それを「告知」する表現性がある、と述べる。小松光三のいう、文法と解釈との違いを自覚した論である。

三　テンス・アスペクト・ムード

福島邦道「山岸源氏における助動詞『けり』――学説史の中で――」（『実践国文学』32）　先期の鈴木泰の「『き』『けり』の意味と学説史」の遺漏を指摘しながら、山岸徳平の説を学説の流れの中で捉えなおした、これも鈴木のに劣らぬ労作である。福島は、キ・ケリともにテンスを表すと見ているが、山岸の説（思惟の助動詞とする）の紹介が主目的で、自説は詳しく述べていない。

鈴木泰「テンス」（『国文学解釈と鑑賞』51－1）　落窪物語の、心中詞を含む会話文の終止用法に限って動詞のテンスを考えたもの。アスペクト的な完了・未完了の違いをキ・ケリの最も基本的な違いと考え、ムード的な違いはそれから発生するものと考えた前稿を訂正し、事実は逆であって、認識の直接性・間接性というムードの方が本質的で、アスペクトの違いはそれにまつわって現れると考えるべきだとする。また、ケリを未完了アスペクトを表すとしたことも誤りだったとする。

同「現代日本語の過去形式の意味」（『松村論集』）　右の論を他の表現にも広げて述べたもの。アオリスト的な過去を表す形式としては、キとテンス的な用法のケリがあり、ペルフェクト的な過去を表す形式としてはツ・ヌ・タリ・リがあるとする。会話文ではムード的な用法が多いが、この傾向が顕著な状態動詞をうけるものについての前稿の説明を撤回するなど、鈴木の見解はゆれており、まだかなりの部分での修正が予想される。

同「古文における六つの時の助動詞」（『講座』2）　源氏物語前半の会話文肯定形の終止用法で考えたもの。結論は右と同じだが、読者の広がりを考えてか、用語を一部変えているのはかえって誤解を招かないだろうか。

糸井通浩「王朝日記の表現機構——その視点と過去・完了の助動詞——」（『国語と国文学』64－11）　標題が示すように日記の表現論的考察だが、鈴木とは逆に、かげろふ・和泉・紫式部の三日記の、地の文の文末用法を扱う。その文法的意味への言及は少ないが、ケリがムード性をもつとし、ツにも一種のムード的用法を認める。紙幅の関係か、用例のあげ方が不十分だと思う。

柳田征司「近代語『テアル』」（『愛媛国文と教育』19）　古代語のテアリがタリを経て近代語のタに変るが、近代語のテアルはいかにして成立しえたかを考え、古代語のテアリの生き残りが復活したのだと結論する。テアリを劣勢ながらも生きのびらせたのがテ侍リ・ニテアリだったという興味ぶかい解釈を示す。

こまつひでお「ひくらし」（『文藝言語研究　言語篇』12）「ひくらしのなきつるなへにひはくれぬとおもふはやまのかけにそありける」について、〈多重表現〉とみずから称する課題を論じた一編。その18～24節で、助動詞ツ・ヌ・ケリの意味を論じ、「同じく〈完了〉と呼ばれているが、ツは辞書的意味における完了であり、又は'perfect'の訳語としての〈完了〉であるといってよさそうである。」という著者の意図が正しく理解されるか、わたしは不安である。

近藤明「助動詞『つ』『ぬ』の否定法・接続法・中止法」（『山形女子短期大学紀要』18）　従来指摘されてきた標題のような形式が古代の文献に乏しいことの意味を、統計に基づいてアスペクトの観点から考えようとする試みである。

この領域は、万華鏡のようにわずかな角度の違いで景観が大きく変ることを、特に痛感させられる。どの角度が最も安定して美しい景観を呈するか、多彩な研究が期待される。

四　構　文

この領域では、新旧さまざまの方法による研究が見られた。

柳田征司「古文における連用格」（『講座』３）構文法を中心に日本語文法史をどのように捉えうるか、との問題意識に立ち、うなぎ文の由来と、「私は水が飲みたい」という形式とを論ずる。著者の一貫した史観による解釈が快い。

小川栄一「疑問文が連体形に終止することの意義」（『福井大学教育学部紀要　第Ⅰ部』36）本居宣長以来の課題、疑問詞疑問文における連体形終止と終止形終止の違いの由来を考えたもの。主に談話文法の〈前提〉と〈焦点〉の観点を入れて、疑問文の表層構造を、不定・未定・確定・判定の各部分に分けることで、文末が〈確定〉のときは連体形終止、〈判定〉または〈未定〉のときは終止形終止になると結論する。万葉歌の解釈において阪倉篤義の論文を見ていないなどの問題もあるが、有益な論である。

北原保雄「『行ふ尼なりけり』考――その文構造と意味――」（『日本語と日本文学』７）源氏物語若紫の巻の著名な一節「のぞき給へばただ此の西面にしも持仏すゑ奉りて行ふ尼なりけり」には、主題・主格が示されていないことから、類似の表現を分析して、変形文法の分裂文にならないこの型は、「尼なりけり」が話し手の評価・判定の表現であって、「行ふ」を準体法と解釈するたちばをとる。句読点のない文献でそれをいかに判定したのだろうか、音読との関係は、など疑問が多い。

竹田純太郎「『終止ナリ』の考察――上代の用例を中心として――」（『国語国文』55－12）終止形承接のナリは伝聞・

推定の意味を表わすと断定しがちな学界の傾向に挑んだもの。時代を限って考察すべきだとして、上代の用例から文法的特徴七項をとりだして検討し、終止ナリは助動詞相互承接の枠からはみだしていることなど、論の前半は新見が快調に示される。持続のアスペクトと発見のムードを担うとする後半は不透明に感じられた。解決すべき点が多い。

中村幸弘「終止形に付く『なり』と『めり』」（『講座』2）ナリの学説史を述べながら、はっきりとナリ別語説に立ち、視覚的推定のメリとの対比・交渉を描く。ナリ論争の経過が簡略すぎないか。

五　助　詞

大野晋「ハとガの源流」（『国語と国文学』63―2）現代語のハとガの談話法的な特性の由来を考える一連の研究の一編。七つの係助詞を、疑問詞（未知の情報）をうけるシ・ゾ・カと、それをうけないハ・コソ・ナム・ヤとに二分できることを述べ、亡びてしまったシ・ゾの役割を、今日のガが果しているという発見を提出する。大野の研究のまとまる日は遠くなさそうだ。

京極興一「接続助詞『から』と『ので』の史的考察――小学校国語教科書を対象として――」（『国語と国文学』63―6）四十五年間にわたって採られた教材、浦島太郎と白兎の説話を主対象にすえた着眼がおもしろい。ユヱ・カラが競合するところにノデが成立し、大正中期にノデ優勢となって今日に至る過程が明らかになった。著者は慎重だが、近年はまたカラが優勢なので、その推移の日本語史における意味を試解としてでも示してほしかった。国語読本の資料性についての発見も有益である。

小林賢次「大倉流狂言台本における逆接条件表現――トモ・ドモからテモ・ガへの推移――」（『国文学言語と文芸』99）

虎明本と虎寛本の表現を、天草本平家・伊曾保と対比し、係数処理に基づいて、狂言本の方が一歩進んだ状態にあること、虎寛本の近世的な性格の強さなどが明らかにされる。接続助詞ガの判定について石垣謙二の規準を用いながら、それへの不満を述べている。わたしも卒業論文でそのことを書いており、同感である。

中野伸彦「洒落本における助詞『の』」(『松村論集』) 化政期の江戸語に、ノは上→下、ネは下→上と、待遇上の使いわけがあったとされる。それに先だつ明和～寛政期では、ノ必ずしもぞんさいでなく、ネとは相対的な差にすぎないと主張する。その相対的な差を人々がいかに意識していたかが知りたい。

六　敬　語

この領域での発表はさほど多くないうえに、〈語彙〉の担当者に譲るべきものもあり、五編にとどめる。

西田直敏「宣命の文章構造と敬語表現」(『松村論集』) 別に「自敬表現研究史」(『甲南女子大学研究紀要』22・23)をまとめて自説を位置づけた著者が、通説に反対して、口勅にはもちろん、その他の宣命にも、天皇自身の立場や個性の反映が見られると主張する。また、後代の「新儀式第四」に、自敬表現を用いるべき規定のあることを指摘する。細部には異見が出るかもしれないが、有益な論である。

近藤泰弘「敬語の一特質」(『築島論集』) 前稿「用言の敬語法」(『研究資料日本文法』9)を発展させ、ユク・クの尊敬語と謙譲語が、なぜオハス・マキルに単一化されるのかという問題を、〈視点〉の導入で解こうというもの。論述は汎時論的・普遍文法的である。自己同一化の視点が敬意の視点と同じ機能をもつと解釈し、授受動詞をも説明しうる点にこの原理の魅力がある。

清瀬良一「天草版平家物語に見られる口訳語の諸相――『平家物語』の尊敬動詞を視点にした場合――」（『国語国文学報』43）　例えば宣フが問ハルル・言ハルル・仰セラルなどと口語訳され、かつ近接して類義の動詞を併置する例の多いことを、日本語教科書としての目的意識の所産と解釈し、オハスが行ク・出ヅルなどに対応することは尊敬表現の簡素化と見ている。後者については、日本語の分析的表現への志向とわたしは見たい。

同「天草版平家物語の謙譲動詞――「奉る」の類について――」（同　44）　前稿と対になる形の論。既に本書を対象に二十余の論文を書いているのに、謙譲の要素が消去される傾向についての解釈を保留するのは、ものたりない。

森野宗明「依頼・懇請と助言・忠告の発話描写について」（『日本語と日本文学』6―7）　標題の表現のナムヤ・コソ～メなどについて、平安時代の社会背景を踏まえて述べた、著者得意の領域の短編である。

七　用言・語構成

こまつひでお「袖ひちて」（『言語文藝研究　言語篇』12）　古今和歌集の解釈の方法を考える道すじを、紀貫之の一首について実践したもの。言及は多岐にわたるが、主眼は動詞ヒツによる派生関係とその解釈にある。終りには、自動詞の期待されるところに他動詞が用いられる現代語の例を援用して解く。すみずみまで配慮のゆきとどいた行文に酔わされる。

近藤政美「天草版平家物語における『（銀箔を）おいて』の解釈をめぐって」（『名古屋大学国語国文学』59）　標題の本文について、橋本四郎は置キテのイ音便としたが、平家諸本の調査などから、押イテでありえたことを論証する。橋本はサ行四段動詞のイ音便全体を描こうとして調査が粗かったので、この反証は有効だが、橋本のたてた非音便の原則にはずれて押スに音便化の力が存しえた原因については言及がない。

矢島正浩「近松世話浄瑠璃における形容詞連用形のウ音便化について」（『国語学』147）　本誌掲載論文なので内容の紹介は省く。北原保雄・甲斐睦朗の用いた方法に則り、従来の漠然とした認識を実証したことになるが、本誌は少しくらい荒さがあっても新しい視点による研究に紙面をさくべきだとわたしは考えている。

玉村文郎「古代における和語名詞の畳語について」（『宮地論集』）　最近〈日本語教育指導参考書〉の『語彙の研究と教育』上下を著わして大きな貢献をなした著者が、『古典対照語い表』と平家・今昔の索引から、和語の名詞・代名詞の畳語を集めて、主に意味論的な考察を加えたもの。複数の意味について教わるところが多かった。

山口佳紀「シヅ（賤）遡源」（『国語語彙史の研究』7）　万葉集に見える之津乎の表記への疑問から出発して、これをシーツーヲと分析して名詞シを析出する。そして、シヅムなどの語基シヅ／シダとは異なるものと考えようとする。大胆な発言なので論議を呼びそうだ。わたしも別稿を予定している。

蜂矢真郷「縮重複・一部重複続考——合わせて工藤氏に対して述べる——」（『萬葉』124）　副題にあるように、わたしの旧稿「古代日本語における畳語の変遷——イトドからイトイトへ——」（『萬葉』122）への批判がかなりの紙幅を占める。その評価は第三者にゆだねるのがいいだろう。

八　その他

以上の各項に収まらないものや、広い領域にわたるものを一括して掲げる。

山口堯二「疑問表現の推移」（『宮地論集』）　疑問表現について、根元的・総合的な考察をすすめている著者が、その推移をたどることで原理を考えたもの。係り結びの退化に象徴される、文構成に情意的なものの関与する傾向が薄れ、論理化の方向にそって変化したと見る。

同「疑問表現と感動語・呼掛語・応答語」（『大阪大学教養部研究集録　人文・社会科学』35）　右と同様に、疑問詞を中核とする成分だけの一語文的表現において、感動語以下に転じていくしくみを汎時論的・意味論的に考察する。本来その疑問表現に備わっていた表現性や働きが局限化し、一部だけが残存する変化、とまとめている。

諸星美智直「国語資料としての帝国議会議事速記録——当為表現の場合——」（『国学院大学大学院紀要　文学研究科』17）　明治二十三年から翌年にわたる会期の半分を対象にした考察。その前提として、速記録の検討に多くの筆が費される。論は、田中章夫の研究との対比により、その異同の由来を考えることが中心。衆議院と貴族院とで傾向が異なることもあり、資料性に配慮すべきことが述べられる。むしろ、標準語の形成過程をたどるのに有効だとわたしは思う。

白藤禮幸「平安朝初期宣命の国語史上の一、二の問題」（『築島論集』）　六国史のうち、日本後紀から三代実録までの四書の、広義の宣命について、史的観点から語彙・語法を粗描したもの。確かに続紀宣命に比べて陽の当らなかったものである。

佐藤亨「近世初期の待遇表現（二）——『醒睡笑』を中心に——」（『新潟大学国文学会誌』30）　会話文の第一・二人称代名詞を、ロドリゲス・コリヤードの記述と比較して記述・整理したもの。語彙の論とも見られるが、代名詞と述部との呼応という観点を用いるところに文法論としてのおもしろさがある。

渋谷勝己「可能表現の発展・素描」（『日本学報』5）　可能表現といいうる形式全体を、通時的・通所的にとらえようとする長編。資料としても有益で、この領域の基本的な論考になるであろう。

『国文法講座　4』から二編を紹介したい。

山口仲美「伊勢物語の文法」　定家の写した天福本を異系統の本と対照することによって、文法事象から本文の性格を考えた、その応用のしかたがおもしろい。

山口明穂「源氏物語の文法」　この道に造詣の深い著者が、源氏読解の要諦を文法の点から述べたもの。ただ、三のウの記述はたいそう回りくどく、例えば、「疎まれた相手」に対する「疎んだ相手」という表現がわたしには理解できない。210ページ冒頭三行は読み誤りではないだろうか。

九　おわりに

われわれの学問をいかに規定するかは、本来研究者各自の責任に属することだろうが、今回、本稿をなすにあたってわが学会の規定を見たら、「国語学会は国語研究の進展と連絡を図ることを目的とし、広く全国の国語の研究者および国語に関心を持つ人々を会員とし云々」となっている。わたしはあえて規定どおりに展望の対象を設定したが、これは、おちこぼれの隠れ Kameian たる（いな、もはやたりしとすべきか）わたしのせめてもの逆説である。この規定と学会名がいかに実態から離れた偏狭なものであるか、万人の認めるところであろう。早急に変更すべきである。

右のほかに展望の対象としなかったのは次のようなものである。例えば「経験的 or 直観的」といった表現をするもの、これなどはわたしの美意識がうけつけない。また、自分の師匠に対して論の中で先生と呼んだり、稿末で謝辞を述べたりしたものも、おおむね除いた。これは内わでは自然な表現だが、外に向けては日本の敬語の用法にもとると考えるからである。ただし、何某博士何とか記念に寄せられた、当の博士に敬意を表するものは別である。紙幅の超過や不足を弁解したものも除いた。それはメモであって、公表すべきものではない。与えられた紙幅で書き直すべきものだからである。

本稿のためにわたしの手もとに寄せられた抜刷のたぐいはわずか十八。それでも目にふれた論考は二百に近い。というと、多作の二年間であったことになるかもしれないが、多作かならずしも豊作ならず。かく言うわたし自身が駄作しかかいていないので、これは自責をこめての感想なのだが、その原因はとくと考えてみなくてはなるまい。

今期、講座と記念論集の刊行が相次いだ。月刊の商業誌も何点かある。研究者の多くがそちらに力を奪われたということもあるのだろう。それに、群立するサブ学会・ミニ研究会・同人集団が、それこそ三人寄ればぶあつい論集を売り出すということも影響しているのだろう。わが師濱田敦は、かつて「タダの原稿を書け」ということを一度ならず発言している。その言葉の意味するところは単純ではないが、わたしは反芻して己れを戒めている。

補記 本篇は、千九百八十八年六月発行の『国語学』第百五十三集の「展望特集」に掲載された。後に代表理事にもなった人と、辛口の批評で学界に聞こえた人から、同感である、適切な発言である旨の私信が寄せられた。

〔付〕

学会再生のために

国語学会は国語研究の進展と会員相互の連絡を図ることを目的とし、広く全国の国語学研究者および国語に関心を持つ人々を会員として運営されている学会です。

これは、左開きの現在は目次の裏に掲げられている「国語学会について」の冒頭である（傍点は引用者による）。本誌第百五十三集の「学会展望」の拙文で、この文言の非現実性について発言することがあった。それに対して、すぐに徳川宗賢氏からはがきが寄せられた。紛失してしまったそれには、本学会のある会合で、この文言と学会名が時代遅れであることを言って冷笑された旨が書かれていた。

千九百九十七年秋の大会で「学会運営についてのアンケート」が実施された。徳川代表理事による報告が第百九十二集に掲載されている。それによると、学会名称の変更を望む意見は少数派だったが、変更を望む人は「日本語学会」を選ぶ傾向があったという。代表理事というたちばから、徳川氏はご自身の見解を示していないが、今ご存命だったら、さらに改革を進めていたかもしれないと思う。

その展望には、己れのことを、「これは、おちこぼれの隠れ Kameian たる（いな、もはやたりしとすべきか）わたし」とも書いた。北陸の大学に学んで国語国文学を専攻し、格助詞の歴史に関する論文を書いて卒業したわたしは、いわゆる旧派「国語学」の学生であった。言語学関係で履修した科目は、四科目十単位に過ぎない。二十代の終りに大学院に学び、亀井孝氏の著述に触れて、己れの勉強の狭く偏っていることを知ったが、悲しいことに、貧弱な頭脳は早くも硬化して、言語学を吸収することができなかった。せめて氏の精神だけでも学ぼうという思いがその文言になったのである。

学問の姿勢が亀井氏に近いたちばにある小松英雄氏は、新著『日本語の歴史』に書く、「このような妄論が現今の概説書に出てくるのは、国語学が国文学と密着して近世国学の伝統を継承し、鎖国状態を続けたまま、言語学の進歩についてこなかったことの悲惨な結末である」（23頁）と。「悲惨な結末」はわたしの姿そのものである。小松氏はまた、「近年は、旧来の国語史の内容をそのままにして、名称だけを日本語史と改める風潮が顕著に認められる」（19頁）とも言う。もとより覚悟のうえで、新酒のために新しい革衣を用意するつもりでこの名称を用いてきたわたしは、この批判を甘受するものである。崩れた姿勢が正装することで直ることもある。

以上、個人史的な回想である。客観的な状況は、先の徳川氏稿、第百九十三集の山口佳紀稿、第二百集の特集に寄せられた諸氏の稿、そして、二百五号来の本欄の稿などで具体的になった。現在の学会の態勢が学問にも教育にも時代遅れであることは明らかである。外国人との接触多からずとも、「国語学」の名称がいかに不自然であるかは理解しうるはず。同じ日本語が対象なのに、外国人の研究は「日本語学」、日本人のそれは「国語学」だという奇妙なことを、もうやめようではないか。漢字文化圏では、韓国も自らの言語の学を「国語学」と称するが、他国のことは言わず自分の身辺を清潔にしたい。「日本語」という名称に大日本帝国の匂いを嗅ぎとる人もある。わたし自身、「君が代」が歌えない人間なので気持ちはわかるが、反対に「国語」の方に帝国の匂いを感ずる。人さまざまである。それなら、中国・韓国で用いる「日語」「日語学」でもいい。世界を席捲する「英語」が英国にとらわれないように、いっそ好ましいかもしれない。そもそも、この学会の英訳名には「国語」の含意がない。

名詮自性、これが自分のかかわる研究領域での願いである。かく思うゆえに、特に術語は正確・厳密に用いるべきことを、いくつかの文章に書いてきた。言語の研究にたずさわる者として当然のことであろう。「日本語」を研究対象とする学会なら、「日本語学会」が最適である。「日語」を採れば、当然「日語学会」。文部行政の申し子たる旧派国語学会から、時代錯誤の言語教育行政に変更を迫る力を備えた学会に再生せねばならない。

明春の大会で学会名の変更を決定すべきである。本学会の幹部には、学会の分裂を招きはしないかと、学会名の変更をためらう節があるようだが、ためらう時間が長ければ長いほど、国語学と日本語学の乖離は大きくなるだろう。現に昨冬、日本語文法学会が発足したのは、そのためらいに業を煮やしたからではなかろうか。日本語史に無知なままになされる現代語研究は危ういし、現代語の構造を見透さない日本語史研究は寂しい。双方にまたがる、あるいは諸領域にわたるさまざまな研究がある。それらの要になることこそ、本学会の存在意義であろう。わたしは至らぬまでも、蛸壺から首だけでも出して四方に目配りしつつ余生を過ごしたい。

学会誌の名称は、現在用いられているものに探すなら『日本語学会雑誌』あるいは『日語学会雑誌』がいい。これなら決して古くなることがないだろうから。

補　記　本篇は、二千二年四月発行の『国語学』第五十三巻二号の《誌上フォーラム》欄に掲載された。原文は横組みなので、転載にあたって数字の表記を変えたところがある。「国語学会」の名称は「日本語学会」に変わり、機関誌名は本年一月刊行分から『日本語の研究』に変わった。

〔書評〕

鶴　久著『萬葉集訓法の研究』

一

『萬葉』三十六号（一九六〇年）に同時掲載された二編の論文、鶴久氏「萬葉集における借訓仮名の清濁表記」と、西宮一民氏「上代語の清濁」は、六十四年前やはりほぼ同時に発表された、古代日本語の音節結合に関する有坂・池上の法則ほどの射程はないが、鶴・西宮の法則ともいうべき成果であった。日本古典文学大系『萬葉集』は、第三冊の「校注の覚え書」で早速それを紹介し、いくつかの訓を訂正した。それを読んだわたしは、日進月歩する萬葉集研究に興奮を覚え、のちに、複数の訓をもつ仮名に「複訓仮名」と名付けて修士論文を書いたとき、その成果を強く意識していた。その学恩に報いたい気持ちが、本書の書評を引き受けた理由の一つである。

あとがきの「拙稿をしたためてから既に三十年近く経過してしまった」「拙著の上梓を切に薦めていただいてから既に二十年余りの時が流れた」を文字どおりに取ると、原稿の完成から三十年、刊行の慫慂から二十年を経て世に出たことになるが、関係論文の一覧によると、刊行の前年二月のものが最も新しい。著者の言葉にもかかわらず、本書の実態は、四十年間に書かれた四十一編の論文の集成である。

一般に論文集と著書の区別は曖昧だが、渡辺実氏は『国語学』第百四十二集掲載の書評でそれを峻別し、自身それを厳しく実践している。わたしは本書を読んで、渡辺氏の主張の意味が分かったように思う。論文集と著書とでは、成書にする意味も内容も形態も異なるはずだからである。論文集ならば、発表当時の形で不都合はない。たとい学界で否定された論文でも、既に克服された論文でも、著者の人生の軌跡の意味を有することもあるだろう。個人史としての価値であるが、それは年祝いの配り物にでもすればいい。一方、歳月を経てなお価値を主張する論文集を編むこともある。そのばあい、論証過程は初出のまま詳細なほうが望ましく、用例も丹念に挙げるのが自然である。例えば、有坂秀世が『国語音韻史の研究』で音節結合の法則を論証した用例の羅列を不要と思う人はあるまい。後進がその思索の跡をたどりながら研究方法を学ぶからである。

一方、著書となると自ずとそこに違いが生ずる。無駄な部分、不要な部分は捨てて精粋だけを提示する。論文は一度解体して再構成せねばなるまい。初出以後に得られた知見、新しい研究も取り入れて論旨を整えるべきである。喩えて言えば、論文集は楽屋も見せるもの、著書は舞台だけを見せるもの、わたしはそう考えている。

本書は、初出論文の前書きを省いたり、記述を簡略にしたり加筆したり、同じ主題の論文をまとめたりしており、あとがきに言うように、著書の体裁を採ってはいるが、中途半端の感じは否めない。春日和男論文（一九五五年）を「先年」、田島光平論文（一九六四年）を「近年」とする文言（64）がそれを端的に語っており、同じ用例や説明を何回も読まされる（本稿は、括弧内に限って、アラビア数字で所在頁、位取りの漢数字で国歌大観の歌番号あるいはキリスト紀元による発表年次を示す）。

二

第一章「序論」は「萬葉集訓法研究の意義とその重要性」「本研究における態度と方法論」の二節から成り、第二章で展開する各論の要約で、最も著書らしい部分である。六節から成る第二章「本論」に収められた既発表論文でまず注目すべきは、本稿冒頭に挙げた論文による「借訓仮名による清濁表記」（第二節の二）、母音音節の接頭語による語の形成を大幅に認めようとする「古代日本語における母音脱落と借訓仮名」（第二節の一）、不読字を主張する「漢文の助字における訓法」（第四節）であろう。これらは初出時にわたしも読んでいるものだが、今回初めて読んだ「野字の訓の変遷」（第一節「正訓文字の訓法」の27）も注目すべきものである。ほかに、「義訓の訓法」（第三節）、「対句における訓法」（第五節）、「補読における訓法」（第六節）がある。著者の研究成果は、本書以前に森山隆氏との共著『萬葉集』（おうふう刊）に結実しているので、当然それと対比させて読むことが必要である。

「コロンブスの卵」の喩えのように、結論が出た後ではなんでもない事柄がある。「借訓仮名による清濁表記」はその典型で、例えば、柿本人麻呂歌集の歌「あしひきの山河の瀬の響苗尓弓月が嶽に雲立ち渡る」（一〇八八）の第三句を「なるなへに」と読むべく、特に論評することもないほど明確な論理で、「萬葉集の多音節訓仮名では第二音節以下に清濁の異例がない」という結論は定説となった。が、初出以後の研究の進展は見られないようだ。若干の感想を述べると、枕詞タマカギルの「玉垣入」表記は、タマカキルも並存したと考えるだけでなく、濁音が上の音節に移ったタマガキルの可能性も考えるべきではなかろうか。古事記歌謡（雄略）の「比賀気流美夜」を「日影る宮」の変形と解釈するたちばがあるのだから。「安禮衝哉」（五三）の「衝」を「生継来者《あれつぎくれば》」と関連させて例外とするが、「安禮」

を仮名表記していることからして「生《あれ》」とは別語の蓋然性が大きく、「衝」も「継」とは別に考える余地を残している。これについては近く私見を述べる機会があるはずである。

「古代日本語における母音脱落と借訓仮名」は、出ヅ・思フ・石・磐・面《おも》・家・妹《いも》・飢ウ・棄《う》ツなどにおいて、語頭母音の有無による両方の形が存したとする長編である。この問題の困難さは、考察のための資料の大半が萬葉歌か紀記歌謡なので、音数律と誦詠のための語形変容が予想されることである。その難問に対する著者の大胆な提案には正鵠を射たものもあるだろう。複合語ウナカミ・ウナハラ・ウシホなどから見て、ウミをウ（海）とミ（水）の複合形とするのは受け入れやすい説である。しかし、複合動詞の後項として、あるいは東国の和歌で格助詞「に」に続いて現われる「出《づ》」から、「いづ」の古形「づ」を推定し、さらに顕宗紀の訓注「立出此云陀豆豆」から、本来は「つ」であったかとする推定は薄氷を踏むここちがする。私見では、「立出」の文字列に沿った訓注としては、タヅヅという濁音音節の連続は存在し難いのだから、タチヅを排除するにはこれで十分である。一方、熟字訓と見れば「たつつ」でもよく、ここで言及する問題にはならない。なお、「いづ」の古形「づ」の傍証として、国名「出羽」をデハの表記として挙げるが、何を根拠にしてイデハを否定するのだろうか。複合形や和歌の句から「思ふ」の古形「もふ」を推定することにも同じような危惧を感ずる。

ところで、「石辛見《しがらみ》」「磯城島《しきしま》」の石・磯の用法をめぐる論述以降、著者は「略訓仮名」という術語を用い、池上禎造氏、橋本四郎の説も挙げて、萬葉歌の表記にその確かな例を認め難いことを言う。拙稿「略訓」（『國語國文』第41巻11号）でもそれを検証したが、この術語は人によって適用範囲が変わりうるので、春登『萬葉用字格』の分類といかにかかわるのか、「約訓」との違いも含めて初めに概念規定すべきであったと思う。略訓をめぐっては、学界の常識に合わないものがある。例えば、「日下《くさか》」をめぐって、「日」の訓に、カ（日数詞）・ケ（日《け》長し）・コ（暦＝日《こ》読み）の交替形クを認め、「下」にサカの訓を認めることである(371)。下《さか》の訓を認める根拠は示されず、その姿勢は阿下《あらし》（三二八二）の表記をめぐって、神武紀の訓注「倉下云此衢羅餌」を根拠に「下《し》も強ちに否定できない」(374)とする箇所にも見られる。著者の言うように簡単な事情だったら、古事記の序文で太安萬侶が撰録の苦労を述べるにあたってこの例を挙げる必要があっただろうか。

「野字の訓の変遷」は、巻末の論文一覧にも、『香椎潟』三十八号の業績一覧にも見えず、書き下ろし論文とおぼしい。江戸時代の国学者によって広められた「野」の訓「ぬ」をめぐる問題である。橋本進吉、大野晋氏らはこれを「ノ甲類」とした。その結果、「野」と同じ仮名表記の「角、楽し、偲ふ」などのノもノ甲類と判定され、音仮名「奴・努・怒」などはヌとノ甲類とに複用されたのだ、というのがおおよその到達点であった。一見合理的だが、実際に古代文献を読んでいくと、ヌ・ノ甲類のいずれで読むべきか迷うことが多く、この説には反発する人も少なくない。

著者は漢字音の側からは攻めず、語別に、また資料別に整理する方法を採る。結論として、ノ甲類音は本来の日本語に存在しなかったこと、のちにヌからノ甲類へという音韻的派生が起こり、野字の訓もそれに伴って変遷したこと、ヌ・ノ甲の二重形もその変遷過程の現象として把握されること、ノの甲乙両音は天平三年ころには混同するに至ったことが導かれる。また、助動詞のヌ音の表記には「奴」、野・角などのヌ音には「努・怒」と、截然たる区別があるという、一種の仮名文字遣いを認めるたちばを採る。

これだけでも一編の書評が必要なほど大きな問題をはらんだ力作である。単純にして明快なこの結論は多くの議論を呼ぶに違いない。例えば、奈良時代、ツ／ト、ヅ／ド、ユ／ヨ間などにはしばしば等価の交替が見られ、そのオ列は甲類音であったのに、何ゆえにナ行にだけはオ列甲類音を缺いたのか。ヌ→ノ甲類→ノ甲乙類の混同という変化が極めて短期間に起こったことになるが、その原因は十分に説明されていない。「野、篠、楽し、偲ふ」などにはノ甲類への変化が起こって、「沼、幣、脱く、貫く」などにそれが起こらなかったのはなぜか、といった疑問である。後者はヌが語頭にあるという条件を有するが、それだけでは前者の「野」が説明できない。

三

著者の方法の一つは用例をして語らせることである。全く平凡にして当然な方法なのに、なぜこれまで気付かれなかったのかと思う訓が多く提案されている。そうした成果のいくつかを見ておこう。

正訓文字の訓法では、仮名書き例によって「物思／念」は「ものもふ」、「人目繁」の「繁」は「おほし」、「場所名詞＋に＋在／有而」はニシテと読むべきことが主張される。義訓の訓法では、萬葉集に「やむときもあらず／じ」の確かな例はなく、「無／梨」で書かれる十二の用例によって「わが片恋は止時毛不有」（二八一五）も同じく「やむときもなし」と読むべきだと言う。「なし」の義訓は他にも多く、「浦吹く風の止時無有」（六〇六）の箇所では、右の歌が旁証として用いられている（450）。

漢文の助字用法による訓法では、「うちなびく春去来者しかすがに天雲霧らひ雪は降りつつ」（一八三二）のツツ止めに対応する傍線部は句切れになるはずだから、ハルサリニケリの訓が適当だとする。萬葉歌には、右の歌にも見える「霧らひ」はあるが「霧らし」はないので、「天霧之、打霧之、掻霧之」のなどの「霧之」の訓は「きらひ」であるとする。「はねかづら今為妹之うら若み」（二六二七）の傍線部は、形容詞のミ語法だからイモヲと読むべきこと、「直相及者」（七四七）「直相左右者」（二九一九）は仮名書き例からタダニアフマデニ以外の訓はないと主張する。論より証拠というように、提示された用例は雄弁であるが、読者として物足りないのは、あえて通例とは異なる文字を選んだ表記者の意図についての考察が少ないことである。

初出論文で提案したこれらの訓が受け入れられなかったばあいは、その理由を検討し、批判なり撤回なりすべきである。少なくとも著書はそうありたいものだ。著者自身の『萬葉集』（重版）では、二六二七はイモガ、七四七・二九一九はタダニアフマデハとあって、右に提出した訓にはなっていないからである。共著者と意見が対立したのだろうが、その事情について一言あるべきだったとわたしは思う。

訓法の考察に大きな力を発揮する字余りの法則は佐竹・木下段階に止まっており、近年の字余り研究の進展を消化しているとは言えない。ここにも著書としての不徹底さが見られる。人麻呂歌集歌の「吉恵哉」などの訓を扱った箇所（530）も同様で、人麻呂歌集以外の表記との違いを考慮せず、近年の人麻呂歌集研究をも汲んでいない点に、わたしは不満を感じた。萬葉集の巻ごとに表記の特徴を見ようとする著者の細心の配慮を見せる姿勢との差が大きい。

さらに、字余りを論ずる際に、著者は「格調」の語を頻繁に用いるが、果たして格調と字余りは同日の論たりうるであろうか。格調は芸術性の問題であって、音数律もその一要素ではあるが、字余りは音数律という形式の問題であって、二つは異なる範疇に属するとわたしは考える。ここにも学界の常識とのずれが見られる。

四

以上は内容に関する感想の一端であるが、終りに形式について述べよう。萬葉集の「訓法」の研究は、逆方向から見れば「表記法」の研究である。だから著者も、用字法・表記法の語を何回も使っている。そもそも、表記を論ずる研究者は自分の表記にも注意深くあるべきではないか。本居宣長の偉大さの一つを、わたしは研究と実践との一致に見ている。彼の著述を見ると、文法研究の進展がそのまま文体に反映しているからである（佐竹昭広「玉勝間覚書」＝日本思想大系『本居宣長』解説）。学問はかくあるべきだし、わたしもそうありたいと思うが、本書の著者は違うようだ。

まず、著者は歴史的仮名遣いによっているのに、促音表記は小さい「っ」で終始する。それも一つの立場だと思うが、仮名遣いには固執するのに、字体は旧・新・俗の混用で、そこに原則は見いだせない。例えば、同じ頁に「伝統・傳統」（615）があり、「撥」を「挠」で書く（111〜112）のはなぜか。一般に固有名詞は字体を尊重する我々の習慣と異なり、桧嬬手（528）、賀茂眞渕（3他）、澤瀉久孝「萬葉集註釈」（497）が見える。太安麻呂（2）は不注意では済むまい。

一つの語を常に同じ漢字で表記することは意外に難しい。表記の不統一を避ける確かな方法は、和語なら仮名書きすることだが、これは読み手に苦痛をしいやすいのでわたしは採らない。そういう視点で本書を見ると、理解に苦しむ複数の表記が目に付く。「落ちる」（351）と「脱ちる」（356）、「連想」（372）と「聯想」（374）が使われ、「即字的」と「則字的」が同頁（163）に見え、全体に前者が多いが、「事例に側して」（350）「字面に側せず」（438）もある。送り仮名も腑に落ちないことが多い。あとがきの「顧りみる」（614）と「顧る」（618）はなぜ違うのだろう。ルビにも解せないことがある。引用以外にはわずか数回しか見ないルビの一つ、「譬喩《たとへ》」（233・260）は同音語を区別するためだと思う。それほどの気遣いをしながら、仮設の陳述副詞を「たとへ」（49他）「例へ」（32他）と書くが、例示の副詞「例へば」と同じ表記は、現代語として適当だろうか。わたしは本稿で「喩える・喩え」「たとい」「例えば」と書き分けたが。

第一章が二十八頁、第二章が五百八十五頁なのに、第三章はわずか六頁で、しかも「あとがき」という編成は均整美に欠ける。本書の大部分を占めて六つの節から成る第二章、その第一節は三百二十頁に及ぶ。単に頁数の多さを言うのではない。第一節は二十七項に別れ、十二番めはさらに八つに細分されているのだが、これらは行間も取らず、標目も本文と同大の字で組まれており、目次にも手がかりは一切ない。この大冊には索引もないので、わたしは後日のために、詳しい目次を作りながら読み進めざるを得なかった。

本書には凡例もないので、なんの断りもなしに略称が出てくるのは不安で、例えば「補正の訓がかへりみられなかった」(69)の意味が若い研究者にすぐ分かるだろうか。引かれる他書が、どの版・刷によるのかも大抵分からず、そのために記述が不正確になることがある。「限」の訓キハミ・カギリをめぐる論で、塙書房版をカギリの方に入れている(79)が、手もとの第三十一刷ではキハミとある。そこに挙がっている口訳・新校・注釈・大系・塙本は初出になかったもので、加筆が半端なのである。「塙書房万葉集(改版)」(118)とする箇所もあり、精粗まちまちである。

引用の鍵括弧はそれだけで一字分取ることを惜しんだのか、萬葉集諸本の略称、本文、訓を傍線で示すことが多い。それはいいのだが、「無乏」の訓をめぐる記述の同じ頁(54)に、無訓本の略称「無」も、本文の「無」も無とある。出典は「上代音韻攷P66」(347)のように頁も、時に巻・号も含めて書くのは紙幅節約のためだろうが、それは用例の挙げ方のおおらかさと対照的なつましさで、「玉藻・二号所載」という変な書名もある(354)。

古代の文献は大抵索引があるのだから挙例を精選すべきだとわたしは思うが、本書にはその配慮が少なく、読者はたいそう余分なものを読まされる。例えば、「指定〈断定〉のゾ」の論証にあたって、古事記から訓点資料に至る文献から百余の例を、すべて一例一行書きで挙げる(148~156)。かかる例はきりがないので、「(煩瑣をさけて以下省略)」(515)の言は空しい。少ない用例で証明してこそ実証の醍醐味が味わえるし、古代語の研究にこそ、少ない材料で論証する姿勢が必要なのに。

全巻を覆う羅列癖は、並列主義とも言うべき文体となり、類義語が頻繁に現われる。齟齬抵触、理由根拠、主意主題、不安懸念、指定断定、考慮判断、一考反省、照合比考、参照加味、融合縮約、用字意識・表記意識、「混乱し、混同し」「必然にして当然」等々。しかし、これが十分な表現効果を発揮しているとは思えない。

　わたしの気付いたもののごく一部に過ぎないこれらの表記・用語などは、初出のままであることが多い。著者は別に「万葉集における文字用法の研究」の刊行を予定している（31・40）。その刊行の際は、初出論文を十分に見直して、しかも読者に親切で廉価な本にしてもらいたい、とつくづく思う。

五

本書には収められていない著者の仕事の一つに、『岩波講座日本語』8の「万葉仮名」がある。十九年前の刊行直後に読んだとき、その稿末の主要万葉仮名一覧表に意外な仮名を見いだし、著者は自分や学界とは異なる万葉仮名観を持っているらしいと判断した。が、その論文では具体的に述べていなかったので、いつか著者の言葉で確認したいと思い続けてきた。あるいはそれが実現するかもしれないと思ったのが、書評を引き受けたもう一つの理由である。

　意外な万葉仮名というのは、『万葉集』の一覧表の鸕《う》・榎《え》・荏《え》・芳《か》・迫《せ》・苑《そ》・渟《ぬ》など、『続日本紀』宣命の一覧表の鹿《か》・猨《さ》・路《ち》・手《て》・羽《は》・眞《ま》・井《ゐ》など、多くの訓仮名がそれである。実例を検すると、ほとんど固有名詞や姓《かばね》の表記である。そのほか、迫《せ》を仮名と見、木苑《こそ》という特異な例を挙げる根拠は乏しいと思う。井上内親王の井《ゐ》が仮名なら上は何か。これらを仮名とすることも、まして「主要」とすることも、わたしは認め難いが、著者が本書でそれらについて言及することは遂になかった。

（平成七年十月二十五日発行　おうふう刊　Ａ４判　六二四頁　三八〇〇〇円）

補記　本篇は、千九百九十六年九月発行の『国語学』第百八十六集に掲載された。

〔書評〕

東野治之『長屋王家木簡の研究』

一

日本古代史学の俊秀にして木簡研究の第一人者東野氏の新著について論評する機会が与えられたことは、わたしとしては大きな光栄である。しかし、分不相応の感もまぬがれない。古代史にうといわたしにできる書評が、日本語史学の視点からに限られること言うまでもない。それなら、むしろ犬飼隆氏、小谷博泰氏などが適任だと思われるのに、木簡を扱った論文を三編しか書いていないわたしが指名されたのは、本書第一部に収める「日本語論」が、かつて自分の書いたものと若干関わることによるのである。

著者が大変な速筆らしいことは本誌読者のよく知るところであろう。本書以前に専門書と啓蒙書が各三点、編著書が一点あり、本稿執筆中にまた一点の刊行を見た。さらに未収録の短文も多く、原稿量はすでに身の丈を超えているだろう。氏にかくも多彩多量の仕事を成さしめた力は何だろうか。

著者の論にわたしが初めて接したのは、「平城宮出土木簡所見の文選李善注」（本誌76号）である。これなどは、氏の鋭い問題意識の成果と言うべきで、大学院修士課程在学中の作であった。以来、本誌百号までに、第一の著書に収められた多くの論文が掲載されている。その論の特徴はまず文献の博捜にある。研究なのだから当然だとも言えるが、正倉院文書を全部暗記しているのではないか、と思われるほど自在にして適切な引用には瞠目させられる。のみならず、経典から俗書まで縦横に駆使する手腕には感嘆あるのみ。その関心の広さは史学・文学から書道史にも及ぶ。書道史にも一家言もつ古代史研究者はそう多くあるまい。博捜は史料にとどまらず、古今東西の研究の探索もぬかりなく、俊敏な探偵のように貴重な論考を見つけだしてくる。

わたしが初めて氏と同席する機会をえたのは、十五年前、木簡学会の第五回研究集会であったと思う。以来ほぼ毎年のように同じ会場でその豊かな知見に接して教えられている。氏はいつも、フロアや司会者席から適切な見解を述べて議論を盛り上げる。そこで改めて確認したこと、それは、氏の論文を読めば分かることだが、日本語学についての見識である。歴史学者は一般にことばに対して大雑把なところがある旨を書いたことがある（「木簡類による和名抄地名の考察――日本語学のたちばから――」『木簡研究』12　1990　括弧内に論文の発表年次をキリスト暦によるアラビア数字で横書きする）が、著者の言語感覚は時に並の日本語学者以上に鋭い。そうした学識に支えられて多くの論文が生まれていると考えられたのである。いわば、モノ・コトだけではなく、コトバへの関心も深いのである。言葉を通して古代人のココロを洞察しうることは当然であろう。

褒辞ばかりでは書評にならぬ。中身にはいろう。まず、本稿の主対象となる第一部の目次に排列順を付して全体の構成を示す。

序　章　木簡から見た古代史

第一部　長屋王家木簡の世界

①長屋王家木簡の文体と用語
②長屋王家木簡の文書と家政機関
③長屋王家と大伴家
④北家と北宮――森田悌氏の研究に接して――
⑤「長屋親王」考
⑥長屋王家木簡から見た古代皇族の称号――中皇命と大皇――
⑦日本語論――漢字・漢文の受容と展開――
⑧『古事記』と長屋王家木簡
⑨『万葉集』と木簡
⑩長屋王家木簡の醤・味滓請求文書――『葛氏方』との関連から――
⑪『論語』と『爾雅』
⑫二条大路木簡の槐花――街路樹との関連から――
第二部　国制史と木簡（論文六編）
第三部　文献史料と木簡（論文三編・書評一編）
　付編「日本古代の蘇と酪」　書後　索引

一見して明らかなように、日本語史学の視点から議論しやすいものは、まず1と5～9である。ほかに2は家政機関の実態を明らかにしようとするものだが、そうした組織内の言語生活ということで、わたしには興味がある。

付編は、奈良大学在職時に指導した池山紀之氏の卒業論文を書き直して『奈良大学紀要』十号（1981）に掲載したもの。近年、二条大路木簡から新たに蘇の付札が発見されているので、再掲したものである。内外文献の精査と化学実験による結論は、蘇をバター及び濃縮乳（クリーム、コンデンスミルク）の類、酪を発酵乳（ヨーグルト）の類とする。あえて内容を紹介したのは、池山氏を指導した著者の、モノをも究めようとする強い意欲の発露と見るからである。これは、木簡に「槐花六斗」などと見える「槐」の樹種を、本草書や歴史書を駆使してエンジュであろうとする第十二論文の姿勢にも通ずる。

著書と銘打ちはするが、本書は既発表論文に書き下ろしの一編を加えて編成したもので、冒頭に序章を置いて著書の体裁を整えようとしている。その序章は六つの小節から成り、一と二の「日本の木簡と中国の木簡」「木簡の意義と特色」は序章らしい内容だが、三～六の「親王か王か」「文字の背後にあるもの」「大王と天皇」「「中皇命」の読み」は各論の要約であって、序章の体を成しているとは言えない。木簡に関してはすでに二点の専書を公刊しているのだから、もはやその意義や特色を述べる必要はなく、著書とせずに論文集に徹すべきであった。このことについては後にも言及する。

二

第一論文「長屋王家木簡の文体と用語」（1991）。この木簡群の大要が公表されたとき、わたしも通読してメモを作ったが、その言語全体を記述することには思い至らなかった。そこを衝く著者の着眼の鋭さを見る。緒言と結語を首尾に置き、「一　邸内の木簡と邸外の木簡」で、邸宅外からもたらされた木簡は平城宮出土のそれと文体や書式に差異がないことを指摘する。本論で対象とするのは邸宅内で機能した木簡で、具体的な論述はつづく三節でなされる。

まず「三　文体」の節の大半は、「以大命符」で始まる長大な文書木簡の分析に費やされる。二百字近い文章の中に、漢文的表現はわずか三箇所に過ぎず、和文で書かれていることを明らかにする。その結論は妥当だが、途中の論述には若干の疑義がある。表記の特色として「奉都」（奉りつ）「入奈加良」（入れながら）などを挙げ、これら小書きされた文字を〈送り仮名〉とする。が、これは付属語の例であって、漢文訓読における呼称としては有効でも、語尾の表記に限って〈送り仮名〉とする現在の一般の用法と異なっている。この語は次節にも数回見えるほか、このように術語の用法が日本語学の常識と異なることがあるのは、やむをえないのかもしれない。

著者は、同じ長屋王家木簡（『平城宮発掘調査出土木簡概報』21　以下『概報』と略記）の「朱沙矣価計而進出」「召医許母矣進出急々」について、正格の漢文で用いられても木簡の文章などには例を見ない「矣」は、助詞「を」を表記したものだと解釈する。そして、それが「目的語（ママ）」の下に用いられた例として「并五伴緒矣《を》支加而天降也」（古事記・天孫降臨段）、「三津崎浪矣《を》恐」（萬葉集二四九　国歌大観番号、以下同）を引き、播磨国風土記から「乎、而」、令集解公式令の古記から「爾、止、乎」、天平宝字五年法隆寺東院資財帳から「矣」の用例を挙げる。ここで、「矣、而」を音仮名「爾、止、乎」の同類と見て〈送り仮名〉としたのである。しかし、「矣」は漢文の語気詞を借りたもので、助詞を表わす仮名に転じきっていたと言い切るには勇気が要るし、「而」は接続詞としての意味を担うので、仮名とは言えない。

「若翁」の訓をめぐる記述の中で、永正本字鏡集に「翁　タフレヌ」とあることを疑って、古訓は「動詞の不定形で示されているべき」だから、「タフレス」が本来の形だろうとする。終止形を〈不定形〉と称することはいいとしても、タフレスが〈名詞＋サ変動詞〉型の不定形なら、タフレヌも〈動詞＋完了辞〉型の不定形ではあるまいか。このくだりで著者は、「若翁」にワカミタフリの訓を呈示した旧説を弁明するが、明解を得ないままにそれを保持すると言う。その旧説とはこうである。平安時代、皇統につながる人を指したワカンドホリという語があった。隋書倭国伝に太子を意味する日本語として見える「利歌弥多弗利」は、冒頭の一字が「和」の訛で、ワカンドホリの古形「ワカミタフリ」だとする説により、「若翁」はまさにその漢字表記だろうというのである。著者がこの説を発表した当初から、わたしには違和感が強かった。著者の論述としては珍しく不透明で、タフリをいかなる日本語として理解しているか分からなかったのである。その違和感は本書によっても消えなかった。

著者はこの長大な木簡を十段に分けて順に考察しているので、それに従ってみていく。まず、第二段の「大御服」を「おほみはとり」と読む根拠がわたしには分からない。ハトリはハタオリの約音形、機を織る行為またはそれを職とする人の称で、服そのものをハトリと称した例は寡聞にして知らない。これが例えば、二条大路木簡の「縫　御服所請鯵壱拾陸隻」（『概報』32　10頁）などから想定される「大御服所」の省略表記なら別だが、ここの「大御服に煮よ」はそれと異なる。「御服」の日本書紀古訓を見ると、ミケシとする本もあるが、一般にはミソ。長屋王家木簡の用語としてはミコロモ・ミキヌも可能で、唯一の訓には絞れないが、ミケシは歌語くさい。ともあれ、ミハトリはおかしい。

第四段「浄味片絁曾」を「浄《きよ》き味《うま》き片絁《かたきぬ》そ」と読む。片絁について他に用例を見ないが、「片」は「カタシ（固シ）の借訓で、固織りの絹（縑、カトリ）の意であろうか。」とする。否定する材料もないが、ここで固絁とせずに、あえて片絁と借訓表記した書き手の意識に対する考察は欠かせないだろう。同じことは、第五段の「志我山寺都保菜造而遣若反者遣支」についても言える。著者はこれを「志賀山寺につほ菜造りて遣はせ。若反《をちかへ》りし者は遣はしき」と読み、「若ち反り」を、萬葉集の「露霜の消《け》やすき我が身老いぬともまた若反《をちかへり》　君をし待たむ」（三〇四三）などの若反と見ている。歌語や宣命、月の若反水《をちみづ》などに残った「をつ」が、奈良時代の日常文にも用いられるものだろうか。しかも、都保菜が「本年になってはじめて生育した」と解しているが、菜が萌え出ることを、若返るとか蘇るとか言うだろうか。

「四　用語」では、漢語として矛盾のないものでも、本来の意味で用いられているか否かを主に論じている。これは本書第一部の中心主題でもある。ここで対象にした語のうち、著者が和訓を明記しているのは、皇子・親王（ミコ）、夫人（オホトジ）、勅旨・寵命（オホミコト）、幸行（イデマシ）、水取司（モヒトリノツカサ）、馬司（ウマノツカサ）、侍従（オモトヒト）、帳内（トネリ）である。著者は、例文を示す際に読み下し文も合わせ掲げており、われわれの学ぶべき誠実な態度である。そこに見えた一つの問題について考えてみたい。

「夫人」が漢語としての用語か否かを論ずるにあたって、『概報』21から引いた、やはり長屋王家木簡のひとつ、「勅旨　石川夫人　糯阿礼粟阿礼（裏）一々物今二斗進　内東人」を、「勅旨、石川夫人に糯にあれ粟にあれ、一々の物、今二斗進れ。内東人」と読んでいる。この訓読をわたしの直感は拒否した。おもての後半部「糯阿礼粟阿礼」を「糯にあれ粟にあれ」と読む著者は、現代語の「糯であれ、粟であれ」の意で解釈するのだろう。が、裏の文意は、一々の物、すなわち糯と粟をそれぞれ二斗進上せよ、と解しうる。これでは、糯か粟のいずれかというおもての文に対して意味を成さない。

著者の解釈は、おもての文を〈放任の語法〉（山田孝雄『日本文法学概論』による）と理解したことを意味する。この語法は、助詞「も」に存在詞「あり」の命令形「あれ」の接した「もあれ」の形で用いられ、早くに熟合して「まれ」の形が多く行われたこと、古文を少し読んだ者には周知のことである。体言を受けるときは、「人にまれ、鬼にまれ、かへしたてまつれ」（源氏物語・かげろふ）のように、助動詞「なり」の連用形「に」を介する。二つのものを対比するのが普通で、助詞「も」は不可欠であった。著者は「に」は読み添えたが、助詞「も」の読み添えには思い至らなかったのだろうし、この文字列で「に・も」二つを読み添えることは無理である。この語法を引き継ぐ現代語は「も」

を含まない「〜であれ〜であれ」と、それを含む「〜でも〜でも」がある。もちろん、著者は前者に繋がるものとして右のように読んだかと思うが、この語形の成立時期は室町時代を遡るまい。

その概報の釈文では、「阿礼」は少し右寄りに翻字されているので、著者はそれを〈送り仮名〉と見て小書きし、かかる理解に到達したのだろうが、わたしの直感は語法と意味に抵抗を覚えたのである。しからばいかに読むか難しいが、倭名類聚抄の「餅」の項の双行注「今案麺麦粉也、此間餅粉阿礼、是也」（箋注倭名抄・巻四）とあるのが手がかりにはならないか。この記述は、箋注に「此間呼㆓餅粉㆒者糯米粉、俗名為㆓阿礼㆒、非㆓麦粉㆒也」とあるように誤認を含むようだ。アレは九州一円の方言に餅取り粉の呼称として残っている。私見の泣き所は「阿礼」の小書きである。他の木簡には、一つの単語を大小の混ぜ書きにする例はなく、小書きするのは一般に補足、添え書き、内訳（人名・数量・日付など）である。すると、「糯の阿礼、粟の阿礼」ではなかろうか。アレには定まった意字表記がなくて仮名で書いたのだと解したい。二斗の阿礼は大量であることも私見の不安材料だが、長屋王家木簡には、「糯粉米五升」（『概報』21　27頁）、「粉米一升受酒津女」（同28頁）、「粉米三斗」（同28　10頁）の文字が見える。栄原永遠男氏は、「麦縄と麦粉米」という短文（『木簡研究』17）で次のように言う。長屋王家木簡に「山寺麦縄価」（『概報』27）と書かれた一点がある。「麦縄」は正倉院文書によく見える「索餅」のことで、写経所でさかんに購入しており、これは山寺で食べる麦縄の購入に関するものだろう。また、長屋王家木簡に数点見える「小麦粉米」「麦粉米」の支給伝票は、索餅の原料の支給を語るのだろう。粉米はシトギにしたり、衣類の糊付けに用いたりしたが、支給先で索餅を作ることもあったか、と。和名抄によれば、この「粉米」が「阿礼」に相当するのである。著者の説と私見、いずれの蓋然性が大きいだろうか。

「勅旨」の例文に挙げる藤原宮跡出土木簡のうち「卿尓受給請欲止申」を、著者は「卿に受け給はらむこと請欲《こ》ふと申す」と読んでいる。その根拠に、播磨国風土記賀古郡朕君済《あぎのわたり》の条、大帯日子命の行為を叙する「請三欲度二此河一」を「此の河を度らむとこふ」と訓読して引くのだが、果たしてこの訓でいいのか。日本古典文学大系・日本古典全書は「請欲」を一動詞「こふ」とするが、岩波文庫は「度らまく欲りすと請はし」と読む。「請・欲」は連文を成すには意味に少しく隔たりがあるし、この風土記はさほど文飾が著しくないので、ここだけ熟字で読む必要を認めない。比較すべき伝本がなくて難しいが、風土記にしてそうなのだから、この木簡にさほど凝った表記を想定すべきではあるまい。著者は、第十一論文でも、長屋王家木簡の「醬一合　又味滓　右二物請□（欲カ）…」を「請欲《こ》ふ」と読んでいるが（176頁）。

「侍従」の訓はオモトヒトが考えられること、その手がかりは、やはり長屋王家木簡にしばしば見える「内親王御所／御許」であり、「御所」は漢語、「御許」は和語による表記で、ともにオモトを表わしたものだという。大筋では肯えるが、著者も第七論文で推定する（118頁）ように、オモトはオホモトから変化した語とする説が一般である。古い用例も日本書紀の古訓に初めて見えるので、奈良時代の日本語に存しえたか不安である。

「結語」に掲げる三箇条のまとめはいずれも納得できる。すなわち、長屋王家で用いられた木簡は、基本的に和文・和語で書かれていること、そこに見える漢語も和語・和訓を念頭に置いて解釈すべきこと、令制用語が用いられていても、すべてがその語本来の概念で理解するのは妥当でないこと。

三

第二論文「長屋王家木簡の文書と家政機関」（1992）で本稿の対象になる部分は、家政機関の呼称や文書内の若干の用語に限られる。本稿第二節で述べたように、わたしの興味は家政機関と言語生活とのかかわりにある。論は、吉備内親王の家政機関は二つあり、ともに左京三条二坊の同一邸宅内の別区画にあった、という寺崎保広氏の論文への疑義に発する。

①「符　奈良務処大御食春分出」、②③「附紙師等」、④「移　司所　米无故急々進上……附辛男」、⑤「五月廿一日「辰時」少書吏　家扶」などの木簡から、次のような結論を導く。②③のように使者を明記したのは令制下の文書一般にも見られるが、その目的は通行証明や受取人の確認にあったのだろう。ならば、この種の文書はやや遠隔地に持参されることを前提としていると見るべきだ。⑤に発信時刻があるのは、内容が緊急の用件で到着の遅延を恐れたからで、邸宅内での授受とは考え難い。宛先の「奈良処（所）」は、④の「司所」と対照すると、「務所」もツカサドコロと読ませたもので、正倉院文書の例から見て、奈良以外の地からの発信であろう。「家令・家扶」の署名が姓名を伴わないのは、この木簡が一つの機関の二つの邸宅・宮の間で交されたからだろう。家令たちからの指令が「符」とも「移」とも書かれたのは、公式令の定義から離れて、命ずる、伝達する、などの意で用いられたに過ぎまい。以上、奈良時代の言語生活を柔軟な思考でとらえた好論である。

第三論文「長屋王家と大伴家」（1992）は第二論文を補う形で書かれた。長屋王家木簡が大量に出土した所が奈良務所であって、大規模な方の機関は平城京外にあったことを示唆するのが、大伴卿が寧楽の家で故郷を思って詠んだ萬葉歌（九六九）だとする。長屋王家木簡には「古京拾町」と書いた削り屑もあり、奈良にあっては故郷が飛鳥を指すように、長屋王家の田地が飛鳥古京にあった可能性を考えている。また、木簡出土地が長屋王の作宝宮である可能性を、大伴家の佐保の邸宅との関係から述べ、その佐保の邸宅の西宅（萬葉集九七九題詞）は坂上家と同一のものと見るべきだろう、と述べる。以上、内容の紹介にとどめる。

第五論文「「長屋親王」考」（新稿）は、「長屋親王」やその近親が特異な呼称で記されていることから発した論で、五十数点の木簡を駆使して明快な論を展開する。結論は至って簡潔で、長屋親王は、長屋皇子・長屋王子・長屋皇・長屋王とも書かれ、吉備内親王にも吉備王子の呼称があり、以下、圓形皇子・竹野皇子に二種、山形王子に三種の呼称があることを確認する。その人たちの続柄は不明なものもあるが、近親者と考えられる特徴を有する。一方、系譜について史料のない矢釣王の名の見える四点には「矢釣王」以外の呼称がない。これは長屋王との親縁関係の薄さによるのではないか。つまり、木簡の筆者たちにとって長屋王とその近親者たちは「身内と意識され、時に応じて致敬表記がとられた」のだろうと言う。

ここに著者の用語のままに〈呼称〉として記述したが、〈表記〉と〈呼称〉の混乱がある。この文脈で〈呼称〉は音声言語に当て、「皇子」などは〈表記〉とすべきであろう。ここにも術語使用におけるわたしどものずれを感ずる。とまれ、第一論文で、ミコの訓すなわち呼称で行われていた和語に複数の漢語が当てられた、と述べた仮説はここで論証されたことになる。さらにこれが「決して王家に特異な習慣から出たのではなく、広く諸王をミコと捉える当時の意識に根差したものと考える。」と述べている。これは魅力的な見解である。例えば、鏡王女（萬葉集の題詞）・鏡姫王（天武紀十二年）・鏡女王（歌経標式・延喜諸陵式・興福寺縁起）が同一人物だとすると、すべてカガミノミコと読める。正史と歌集などを同一に扱えるかは微妙だが、固有名詞の読み方が大きく前進する可能性が生まれたのである。また、第一論文で論じた「王子」の表記にも一節を割き、これは仏典に起源をもつか、としている。なお、令集解学令第二条の古記の読み下し文がなぜか現代仮名遣いで書かれている（95頁）。

第六論文「長屋王家木簡から見た古代皇族の称号」（1992）では、叙上の成果に立って二つの問題を論じている。まず、聖徳太子の別称の聖徳皇、聖徳王などについても、「王－皇」通用の例と見なしうることを述べ、萬葉集の

「中皇命」をナカツスメラミコトと読む通説を検討する。古代の史料に見える「天皇命」は、「天皇《すめらみこと》」表記を基礎としつつ、スメラではなくスメラミコトであることを明確にした表記であって、スメラミコトを「皇命」と書く例はない。そこで王皇通用でミコと読めれば、中皇命にはナカツミコノミコトの訓が自然だ。さらに「中」の意味は、中大兄に対偶する称として理解できるとする。次いで、萬葉集歌の「皇《おほきみ》」（二三五）、「王《おほきみ》」（同或本）、「大王《おほきみ》・大皇《おほきみ》」（四〇九四）から「大王−大皇」通用論を展開し、他の史料にも探索の手を広げる。若干確かさの不安な材料によらざるを得ないが、「大皇」を萬葉集に限るとせず、「大王」の一変形としての実用を想定すべきだという。

以上、むしろ日本語学者が扱うべき問題を大胆に論じたものであるが、次節で再度言及する。

四

第七論文「日本語論」（1993）は、日本における黎明期の漢字受容を論じたもの。著者は、まず通説どおり、五世紀ころまで漢字による日本語の文章表記は行われなかったが、七世紀には文章の表記が見られるとして、造像銘と碑銘のいわゆる和化漢文を引いたうえで、これが「日本語の表記が熟成してゆく過程での一段階と位置付けられてきた」こと、「漢字《（ママ）》→和風漢文→宣命体→仮名文」という従来の表記史の把握に問題はないか、近年の出土資料、特に木簡を手がかりに再検討する必要を述べる。

八世紀初めの長屋王家木簡では和風漢文の多さに注目し、「親王」と「符」を例に論を展開する。「親王」については第五論文の同趣旨を述べ、長屋王を法制的地位とは別に、長屋ノミコと呼ぶ日常言語の世界があったと主張する。そして、公式令用語「符」が、木簡の和文脈で意味を広げて用いられ、「宣」も同様に用いられて「のる／おほす」

の意味だろうと言う。一方、仮名用法を見ると、本稿第三節で引いた木簡などから、長屋王家木簡は和風漢文表記を基礎としている、と解釈する。それが特殊なものではなく、七世紀末の滋賀県中主町森ノ内遺跡、埼玉県行田市小敷田遺跡の木簡、多胡碑などと同様であること、古事記、播磨国風土記、萬葉集の人麻呂歌集略体歌の表記とも類似することを述べる。さらに法隆寺旧蔵の幡の墨書銘「山部殿如在形見為願幡進三宝内（山部殿在りし形の如く見む為、願へる幡。三宝の内に進む。）」を括弧内のように読むなど、ここには省いた干支年紀から、七八世紀の交の和風漢文の普及ぶりを読み取っている。

続けて、ほとんど仮名のみで書かれた木簡九点を挙げる。訓読文の一節を仮名書きした北大津遺跡出土の木簡や、宣命風に仮名を挿入した伊場遺跡の乙未年木簡のように七世紀代のものもあるが、木簡の出土状況から判断すると、和風漢文と平行して仮名文が盛んに行われたということは疑問だ、と言う。宣命体について、従来、小書体より大書体が古いとされたが、藤原宮木簡にはともにあり、表記者の意識の差に過ぎまい、と言う。かくて「七世紀から八世紀初めの日本語表記の基層にあったのは、和風漢文で」「和風漢文を基軸に、宣命体や仮名文がそれを補完する形で併存していたとみるのが正しいであろう」との結論に達し、次の図式を示す。

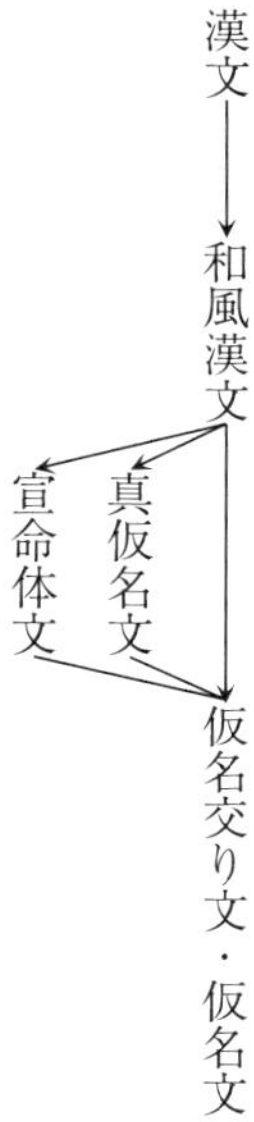

これに対して、著者が従来の説の代表として挙げる、築島裕氏、稲岡耕二氏の説はどうだろうか。築島氏の著書『仮名』（中央公論社「日本語の世界」5）は、仮名の歴史を描くことに主眼があって、文章の表記史を直接の意図としてはいないが、人麻呂歌集の表記は古体から新体に発展したとする稲岡氏の説に賛同し、古事記の表記は画期的なも

のだと評価した。稲岡氏は『万葉集の作品と方法』（岩波書店）において、黎明期の和文の表記史を、①正格の漢文が渡来人の手によって書かれた時期、②固有名の真仮名表記や多少の和習を交えた変体漢文が書かれた時期、③漢文の格を崩し和文のシンタクスに合わせた表記が採用された時期、以上の三段階で描いている。宣命体は③の段階に該当するが、真仮名文は対象に入っていない。稲岡氏のこの見解を単線型とすれば、著者の見解は複線型と言えるだろうし、表記史のとらえかたの微妙に異なることが分かる。

さて、編集部の意図を汲んで、拙稿「人麻呂の表記の陽と陰」（『萬葉集研究』20　1994　塙書房）も突き合わせなくてはならない。しかし、私見には、著者のこの論文への共感が述べてある（176頁）うえに、萬葉歌の表記、人麻呂の位置付けを目ざしたもので、異なる目的に発している。拙稿は、萬葉集の人麻呂関係歌を古体表記→新体表記→作歌表記ととらえる点では稲岡氏に賛成しながら、その他の歌は仮名表記→和化漢文表記ととらえた。すなわち一種の複線型解釈であった。その手掛かりとなったのは、著者も引いている北大津遺跡の木簡などであり、一般語彙の仮名表記がある以上、必要に応じて歌もそれで表記する可能性を有していたはずだと述べたのである。したがって、黎明期の散文において和風漢文を否定したものではなく、著者の表記史観と私見との間に大きな差を見る必要はない。仮名を所有したからとてそれで散文を書くわけではないこと、正倉院に伝わる二通の仮名文書の読みにくさを見れば自明であろう。それにしても、明確に複線型の表記史を提出したことは著者の大きな功績で、今後の検証が期待される。

要約を省いた箇所もあるし、日本語の成立には、中国・朝鮮との文化的差異を考慮すべきことが別に『書の古代史』で述べられているので、それをも視野に入れた書評も可能だが、ここにその紙幅はない。黎明期の文字資料を日本語として読むには十分な慎重さが必要なのだが、この論文には、著者の注意力の若干及ばなかったらしい箇所がある。隅田八幡宮人物画像鏡銘の意柴沙加《おしさか》宮、開中《かふち》費直、今州利《こんつり》、埼玉県稲荷山古墳出土鉄剣銘の乎獲居《おわけ》、長屋王家木簡の

「竟(おほ)る」など。意柴沙加(おしさか)についてはすでに書いたことがある（「文字との邂逅」『上代の文学』1976　有斐閣）。この鏡銘は図版でもかなりはっきりと見え、第二字は「柴」と読むほかない文字だが、柴は『広韻』では平声佳韻、萬葉集ではサの仮名。これと同韻同声調に属して万葉仮名の実例のある字は「差《さ》」で、上古音でもシの仮名に当てられる契機はない。このままオササカと読むか、「紫」の誤字とみてオシサカと読むか、鏡の製作者の文字識別力の判定も絡んで難しいが、細心の注意を要する所であった。開中をカフチと読む根拠についても一言説明が必要だろう。

第八論文「『古事記』と長屋王家木簡」（1996）は、古事記序文の意味と古事記本文の表記の性格を、木簡との共通性において考えようとするもの。文体については、これまでに見てきた趣旨、和風漢文体、付属語の仮名表記、文字間隔による区切れ表示の存在などを指摘し、古事記の表記が太安萬侶が言うほどに特殊なものではない、と述べる。用語については、長屋王家木簡と同様に、同一の和語が複数の表記をもつことを指摘する。これは早く本居宣長の説いたことだが、文字の違いは語の違いを反映すると見る近年の研究傾向に対して、ミコ・オホキミとに読み分ける「王子・王」を再検討すべきことを主張する。古事記は太安萬侶の完璧な表記原則で貫かれている、との前提で読みがちな人への批判で、数詞・助数詞の読み方にも当てはまる。安萬侶も時代の子、社会の子であると認識して古事記に対すべきことは、わたしも書いたことがある（「安萬侶の方法と古事記の訓読」『国語国文』53－5　1983）ので、共感する点が多い。著者は、古事記の表記が長屋王家木簡と同じ日常的な表記を基盤とする点を強調する。言わば古事記表記の相対化である。宣長以来の絶対視を批判するには当然であるが、少し強過ぎないだろうか。漢字の和習が進んで、本来の漢字のシステムと日本漢字のシステムとの間に生じた齟齬を、木簡はそのまま反映しているが、古事記の用法はそれを「精練した」ものだ、とする犬飼隆氏の発言（「古代漢字の位相」『日本語学』12－7　1993）も貴重である。なお、著者の読み下し文は仮名遣いがまちまちである（140～141頁）。

第九論文「『万葉集』と木簡」（1996）は、本誌百五十八号に載ったので、読者の記憶に新しいことだろう。

遣唐使を送る御製歌「虚見都　山跡乃国波……」（四二六四～五）と類似の表記をもつ、長屋王家木簡「浄味片絁曾」「若反者遣支」、兵庫県豊岡市ヱノ田遺跡木簡「召史生奈胡□何故意……大夫入坐　（裏）牟待申物曾見々与見々与……」を挙げ、これは当時ありふれた表記法であったと見るほうが妥当だとする。が、この見方は一面的ではないか。日常文にも宣命書きがあることと、萬葉集四千五百余首の歌の中でこの御製だけが宣命書きであることとは、同日には論ぜられないだろう。なお、著者は「召史生奈胡□何故」の箇所を「召す。史生は奈胡□《いかん》。何《いか》なる故に」と読んでいるが、これは、先に「阿礼」を断定辞と見てニアレと読んだたちばと合わない。養老職員令によると、諸国の史生定員は三人だから、この小書きは召さるべき史生の名前で、奈胡万呂とでもあったのではないか。かかる木簡で一人だけの対象を小書きするものは意外に少ないが、『概報』29に「造酒司召令史　正召　使三宅公子」（9頁）、「膳所宿直岡屋臣足（裏）右一人　九月七日」（19頁）がある。なお、和歌童蒙抄第三に引く筑前国風土記に、大伴狭手彦の妾、字那古若が見える。

「中皇命」に一節を割いている。新たに「柏原大皇」（桓武天皇）や「弘仁大皇」（嵯峨天皇）の他、天皇を単に「大皇」と呼んだ例もあることを述べ、天智紀・壬申紀に見える「大皇弟」を、「大―皇弟」ではなく、「大皇―弟」と解すべきではないか、という。第六論文において、中皇命をナカツミコノミコトと読んで間人皇女説をとった著者は、ミコノミコトは皇太子的な地位にあった人物に用いられる呼称であったとする。しかし、萬葉集の内部徴証（三・四、一〇～一二）によってその説の成立たないことを述べて終わる。なお、初出時に「十一番歌」とした中大兄の歌を「一一番歌」とする（172頁）のはともに誤植のままである。

五

第一部で半分近い二百ページを占める。第二・三部にも言及したい箇所はあるが、紙幅が許さない。

わたしは第二節で、例文に読み下し文を添える著者の態度に賛意を表明した。その第一論文の終りで、正倉院文書に多く含まれる難解な個人の文書などについても、「恣意的にその中の語彙や表現をとりあげる段階から、全文を読み下して理解する段階に進まねばならない。」という著者の言葉は、われわれの学界に対する厳しい批判になっている。確かにわれわれは言葉を専門にするためにこうした文の読み下しなどには神経質、いな、むしろ臆病なところがある。大いに反省せねばならぬ。反対に、歴史学者は言葉を割に気楽に扱うことがあることも事実だが、著者は別格であることも述べた。それでも畑違いによる誤認のあることも否めない。第二部の「大化以前の官制と律令中央官制」（1978）で、尊経閣本『本朝月令』の資料性を論じ、ア・ケ・ヘ・レ・ヲの古体の仮名を凸版で掲げ、これを〈訓仮名〉としている（311頁）。第一節で学界の慣用と違う〈送り仮名〉などを指摘したが、これは慣用以前の誤認で、これらはまず片仮名だし、訓仮名に由来するのは「へ」だけである。著者には慎重さが、われわれには大胆さが必要だ、ということになろう。

著者の記述は常に達意簡明の見本の趣があるので、じっくり読めば、しろうとでも古代史の問題が分かった気になるだろう。それが編集者の好感を呼んで多くの原稿依頼になるに違いないし、著者は誠実にそれに応じているのだろう。平明さを心がけるゆえか、漢字は固有名詞にも新字体を用いる。『宝要抄』の複製本から引いたとして「紫微中壱（台）藤原皇大后」と書いている（379頁）。わたしは原本も複製本も見ていないが、「台」では「壱」への誤写の過程が見えない。平明さも時によりけりである。読み下し文に現代仮名遣いが混じることがあるのも、同じ態度の反映であろうか。

わたしは知的な快い興奮に浸りながら本書を通読することができた。わずかな不満は、まず同じことを何回も読まされたことである。それは特に、長屋王家木簡に「親王」が皇子・王子・王とも書かれているのは、内親王も含めて和語ミコの表記だろうという、第一部の第五論文で主に述べられた趣旨に著しい。いかにうまい饅頭でも、つづけて十個は食えない。また、第五論文で中皇命は間人皇后だとした説を、第九論文で撤回していることも残念である。かかる事態はなぜ起こったのか。

本書は著書と銘打ってはいるが、実態は論文集なのである。著書と論文集とは違うはずだということは昨年書いた（「書評・鶴久著『萬葉集訓法の研究』」『国語学』第186集　1996）ので、ここには別の視点から述べよう。わたしが遠くから尊敬の心で仰ぎ見ていた故亀井孝氏は、「学問の労作が体系のよそおいをととのえた成書の形をとることを否定はしないけれども、真の学問研究の生命はモノグラーフを自己目的とする論文にある」（『亀井孝論文集1』著者あとがき）という信念をもって生きた人である。その考え方は多分、師の橋本進吉から受け継いだのだろう。その著作集刊行委員会によると、論文の著書化を勧められると、博士は「既発表のものを新しく公にするには補訂を加へたい、補訂を加へる暇があれば新しい問題の研究に従ひたい」と答えたという（「橋本進吉著作集の刊行について」）。簡単に本ができる現代にこそ傾聴すべき言葉である。わたしはこの二先達の姿勢を尊いと思う。ともあれ、著書は著書らしく、論文集は論文集らしくありたい。論文集を著書と称すべきではない。

学会で接する東野氏は、その文章からうかがえる人柄さながら、じつに謙虚で温和である。そうした著者を知るだけに、「阪神大震災で逝った母に」の献辞はせつない。わたしは、かくも優れた学者の近くに専攻領域をもって、無数の教示が得られる時代に生きることを喜びとしている。かかる思いでは厳しい書評にならないことも予想していた。些細な傷をあらわに指摘することもしたが、それは巨象を撫でた一盲のつぶやきにすぎない。

（Ａ５判　四六四頁　一九九六年一一月三〇日　塙書房刊　九五〇〇円）

補記　本篇は、千九百九十七年六月発行の『萬葉』百六十二号に掲載された。初出時の本篇の標題は「書評　東野治之著『長屋王家木簡の研究』」であった。掲載誌発行後、「著」の文字のないことが、著者から編集部に伝えられた。そこで、『萬葉』百六十三号に、「著」の文字を削除する旨の編集長見解が掲載された。東野氏も著書と論文集は異なるという意見を有したことが知られるのだが、同書ではその旨が分明でなかったので、わたしの失考に至ったのである。以上の経過を記すにとどめて、305頁の記述には手を加えなかった。

〔書評〕

蜂矢真郷著『国語重複語の語構成論的研究』

00 全六篇を順に見てゆく。括弧内の算用数字横書きは所在ペイジである。術語は適宜括弧〈 〉で括る。

10 **第一篇 語構成と重複語**は総論。阪倉篤義氏の研究をうけて、合成語の構成要素を独立的・準独立的・非独立的の三要素に分ける。そして、有坂秀世氏の母音交替の法則を発展させた、川端善明氏の〈活用〉の視点による見解を挙げて、自説との関係を示す。川端氏の〈被覆形－露出形〉は著者の〈準独立的要素－独立的要素〉に対応する。著者は〈重複語〉を〈畳語〉の上位概念として設定し、重複される構成要素を〈重複素〉と呼ぶ。〈形状言〉の範囲は川端氏の用法を継ぎ、『時代別国語大辞典上代編』のそれより広い。

20 **第二篇 重複素と重複語**は、上代を中心に、形状言・名詞・動詞の重複素ごとに検討する六章から成る。

21 **第一章 形状言の重複** 上代文献・源氏物語・名義抄観智院本から、タカタカニなど約七十語を挙げて、その形態と意味について述べる。上代、重複素末音節は基本的にア・ウ・オ列であって、例外的にイ・エ列のものはほとんどが擬音語であることを見いだす。が、その例外シジ［繁・密］などの存する意味には踏み込まない。名義抄に和語でタリを伴う珍しいカツカツタリ［愜］のあることを言うが、これについても同様である。

22　第二章　名詞の重複　前章と同様に上代・中古の語例を挙げる。その重複素末音節は、形状言の重複と違って、サキザキ［埼々］などイ・エ列のものも少なくないことを明らかにする。名詞は被覆形にｉが接尾して露出形に転ずるのだから当然の帰結である。本章の重要な点は、名詞の複数が、「夕々《よひよひ》」などの〈枚挙〉、「国々」などの〈総数〉に分かれる契機に言及していることである。

23　第三章　動詞の重複（一）　動詞連用形の重複（ナキナキ型）の意味が、動作を個別的に捉えうる動詞は〈反復〉に、情態性の動詞ほど〈継続〉に傾き、これは名詞の重複における枚挙と総数の関係に対応する。名詞の重複をモノの複数とすると、動詞連用形の重複はコトの複数、形状言の重複はサマの複数と捉えうるとして、名詞・動詞連用形・形状言の重複が連続的であることを示す。そして、終止形の重複（ナクナク型）からナキナキ型への変化を、萬葉集から雑兵物語までの二十七文献について調べ、ナクナク型が副詞として固定する時期を平家物語あたりとする橋本四郎氏の見解を確認する。動詞重複の表わす意味は、助詞「つつ」「ながら」によっても表現できるので、それらとの関係を諸家の研究を踏まえて述べるが、問題が複雑で、著者の見解は推定にとどまっている。論述の過程で、萬葉集歌「海人にあらましを玉藻刈る〱」「引かばぬる〱我《わ》になな絶えそね」のカルカル・ヌルヌルを、「動詞としての機能を持ち文を終止する用法のもの」（38）とするのは勘違いだろうか。表Ⅱと表Ⅱ1抄のナヘナヘは、ナエナエとすべきだろう。

24　第四章　動詞の重複（二）　ナキナキ型が副詞的には機能せず、連用形以外に活用したり助動詞を伴なったりするのは訓読特有の語法とされている。そこで、ミチミテリ［満々・充満］の類いを漢文訓読資料と特に今昔物語集に求め、後者のばあい、出典があるものは仏典系の漢語を訓読した結果とする。本書の中では個別の問題を扱った異色の章である。金光明最勝王経・妙法連華経から「充満」の三十一用例を全部掲げるなど、概して挙例が多すぎる。

25　**第五章　動詞の重複（三）**　複合動詞連用形の重複は存在が確認できるが、終止形のそれの存否については意見が分かれる。漢字表記に隠れて問題のある今昔物語集の数例について検討した著者は、「尻ニ葦ヲ突差〻〻」など、ニ格・ヲ格の二つを受けるものを連用形と判定する。残る「打缺〻〻」など格支配の見えないものは、その前項も後項も、ナクナク型の副詞に固定した例のないことを条件にして連用形と判定する。表Ⅳ・Ⅴによると、著者は複合動詞終止形の重複はなかったとするようだ。その論証の過程で、「尋〻ル」（二十八41）を底本のまま「たづぬ」の連体形の重複と見ながら、ナクナク型として処理するのは手抜きである。孤例となる連体形の重複をなぜ疑わないのか。これをタドルタドルと読むことはほぼ断言していいと思う。タドルは、和文脈系の語ゆえに漢字表記が固定しにくかったが、その試みは中世の諸文献にうかがわれ、温故知新書の「迂・尋・偪　タトル」はその一つである。さらに、九州大学附属図書館蔵萩野文庫本『今昔物語抄』の一話「玄奘三蔵渡天竺給事」に「可留ル所モ無ケレハ尋〻ル　足ニ任テセ行間ニ」とある。これは今昔物語集巻第六の第六話に当たり、そこには「忽ニ可宿キ所无ケレハタトル〳〵只足ニ任テセ行ク間ニ」となっているのである。

26　**第六章　動詞の重複（四）**　複合動詞の重複の多いことを軍記の特徴としてとらえ、オシハダヌギ〳〵のように〈名詞＋動詞〉のもの、カケテハトホシ〳〵のように助詞テやハを介するもののあることを指摘する。特に興味深いのは、後項動詞にカフ・カヘス・アハスの使用頻度が高いことで、それらの語義を考えると、武士集団の合戦や行動を描く作品として当然ではないか、と言う。ただ、カケテハトホシ〳〵の類いは果たして〈重複〉と言えるだろうか。「泣き泣き」類とは異なって、当時も二単位と意識され、せいぜい〈並列〉とでも言うべき存在ではなかったか。第四篇第三章でも重複サ変動詞を一語として扱うか否か論じているが、難しい問題である。章の終りで、自動詞の予想される箇所に他動詞の現われる「我も〳〵と入替《いれかへ》〳〵」類に言及し、軍記に見える、受動態を使役態で表現する現象、あるいは和歌の「白波の寄す」との関連を推測する。少なくとも後者は別の問題であろう。「文献の量」という表現が二回現われるが、「言語量」とすべきではないか。

30　**第三篇　形状言の重複と重複語の諸形態**

31　**第一章　縮重複と一部重複（一）**　主に奈良・平安時代の語例を集めて整理した本篇の導入部。ウツのように頭音節が母音である重複素ウツは、複合による母音衝突を回避するために母音の一つを落したと解釈して〈縮重複〉と名づける。ホロロの類いは、接尾辞ラのついた語という解釈の可能性を述べながら、重複素ホロの末音節だけの重複として〈一部重複〉と名づける。これは擬音語・擬態語の類いばかりで、末音節はすべてラ行音である。シノノ・ニフブ・ヒササの類いは、重複素頭音節がイ列音シ・ニ・ヒであることから、ためらいながら〈縮重複〉とし、タワワ・ヲノノクなどは〈一部重複の一種〉とする。重複素の脱落・縮約について、森重敏氏の副詞語尾の非必須性の説に立つ。

32　**第二章　縮重複と一部重複（二）**　前章を承けて、評者の二論文、特に著者の論文にも言及した「古代日本語における畳語の変遷――イトドからイトイトへ――」（『萬葉』百二十二号）に対する批判が大半を占める。著者の指摘はおおむね当たっているので一々弁解はしない。ただ一つ、形状言の重複が副詞として用いられるものを、著者は情態副詞と副詞（時空数量）とに分け、評者は特に区別しない点を突いて、副詞（時空数量）イトド・イヨヨなど六語は縮重複によるもので、一部重複に当たるものにはそれがなく、情態副詞と副詞（時空数量）を区別しない評者の観点からはこの違いが見えないと言う。しかし、これは著者の錯覚である。この六語が情態副詞とは異なる意味を有するのは、それが縮重複によるのではなく、重複素イト・イヨなどが本来有していたものである。なお言えば、これらは時空数量にかかわる副詞ではなく、著者自身が別の箇所（253, 280）で言うように程度副詞である。

33　**第三章　重複接尾**　一音節語基の重複が接尾辞を伴ったものを〈重複接尾〉と名づけ、それから派生した情態副詞・名詞・動詞を扱う。それらへの命名、語の認定と考証に筆を費やす。

34　**第四章　（全部）重複（一）**　前章をうけて（全部）重複の情態副詞・名詞・動詞を考察する。そこには、ママナクーモモヤクなど、評者の思いも寄らなかった関連付けも多くあって教わることが多い。これでも分かるように、語をいかに関連づけるかが論述の命なのだが、かなり微妙なもののあることも避けられない。名詞ココ［九］には説明が欲しいし、ツヅシルのシルが口にすることを司る意とするのはいかが。（ミ）ソグ［禊］－ソソク［淋灑］の対応を想定しているが、ソソクは中世まで語尾が清音クだったから無理だろう。名詞の被覆形が副詞的に動詞に前接する手折《たを》ル、爪引《つまび》ク、水隠《みがく》ルなどによって、ミソグは水削《みそ》グと解釈すべきではないか。

35　**第五章　（全部）重複（二）**　動詞化接尾辞メクを伴う重複動詞を中心に考察する。象徴辞を含む派生語の考証は、ササメク・サザメク［騒］、ササメク［颯・淙］を見るだけでも分かるように、時代と位相が絡んで清濁の判断が難しく、著者の苦心が滲み出る感じがする。通時的に概括すると、重複動詞(1)（ソソク［急］）→重複接尾動詞（ソソヤク［囁］）→メク型重複動詞（ソソメク［急・囁］）という方向が見通せるのではないかという（括弧内は評者の例示）。メクは現在も生きており、肯われる結論である。

36　**第六章　（全部）重複・縮重複・一部重複・重複接尾**　総括の章。二音節の重複形状言・縮重複形状言・一部重複形状言、重複接尾形状言による情態副詞(1)・(2)、名詞(1)・(2)、動詞(1)・(2)の派生を対照表に示す。それが再掲できなくて遺憾だが、全廿四欄で空欄が五つ。そのうちの縮重複動詞(2)（評者仮設、*イララダツ）、一部重複動詞(2)（*ワナナダツ）については問題の存することを指摘するが、解釈は呈示しない。その空欄の一つ、重複動詞(2)に、見坊豪紀氏が翻訳から見付けた近代の例「きりきり舞う」を挙げ、これが注意されるのは、かかる例がほとんどないからだろうと言う。が、これが重複動詞だという保証はなく、むしろ副詞と動詞の二語と捉えるべきもの。さもなくは、萬葉集の「さゐさゐしづみ」などがぞろぞろと認知を求めるだろう。重複情態副詞(2)（*ハロハロカニ）と重複動詞(1)（*ハタハタク）の空欄を、規則的に存しないものと考えられるとする。ここで接尾辞カと接尾辞ク・グを関連づける阪倉氏の説を引き、接尾辞を伴う共通性を挙げる。しかし、接尾辞を伴うのは他の項にも多いので、この解釈は成功していない。章末で、重複ないし接尾における後項の独立度を〔ＡＢａｂ＞ＡＢ(a)ｂ＞ＡＢｂ＞ＡａＣ〕としており、こちらにこそ根拠を求めたい気がする。なお、動詞形成接尾辞ク・グをひとつものと見る阪倉氏の説に対して、評者には異見がある（「形状言と動詞との対応」『岐阜大学教育学部研究報告　人文科学』37）。

40　第四篇　形状言・名詞・動詞連用形の重複は、モノの複数やコトの複数を表わさないような重複を扱う。

41　第一章　重複形容詞　形状言から漢語まで、重複によるシク活用形容詞を、上代・中古の文献に拾う。重複して情意的意味を表わすことについては、橋本四郎氏の［内面化］説に付いている。中世に見えるマメシ・ナサケシなど、重複形容詞に対する単独の形容詞もシク活用形容詞であるものは、マメマメシなどの省略された形ではないかと推測している。ともあれ、中世まで下ると問題が輻輳する例である。セハセハシについては中世まで範囲を広げて詳細に検討し、セバセバシから子音交替によって形成されたかとする。この類いは音韻と表記が複雑に絡んで難しく、究極的には、安田章氏の「ハ行転呼音の周辺——ホの場合——」（『文学』42－11）のような視点が必要になるだろう。

42　第二章　重複情態副詞と重複形容動詞　重複による副詞・形容動詞を考察した章。重複形容詞には、重複形容動詞と異なって副詞の重複のものがあること（例、ウベウベシ）、重複形容詞は情意的意味を、重複形容動詞は情態的意味を表わすという差違を認めている。評者は、例えば、ナガナガシとナガナガトにもう一つナガシを加えて、その表わす意味を、〔情意的―中間的―情態的〕というありかたで捉えるべきではないかと思う。重複形容動詞は程度副詞や陳述副詞（例、イト・ウベ）を重複素とすることがないのに、重複形容詞はそれができるのは、形容動詞よりも一語的で、それは構成力の強さによるのだろうとする。もっとも、この型の対応を持つものは非常に少なく、二つの重複素は相補的である。それは一般に形容詞と形容動詞との関係において言えるとする。

43　第三章　重複サ変動詞　動詞連用形の重複がサ変動詞と複合したものを扱う。論述は多岐にわたるが、〈動詞連用形の重複＋テ〉型（例、書キ書キテ）と、〈重複サ変動詞＋テ〉（例、伸ビ伸ビシテ）型との間に、重複素の共通するものがないという指摘はおもしろい。截然とは分けられないとしながらも、第二篇第三章の記述を援用して、前者は継続的、後者は反復的な傾向があると言う。

44　第四章　重複情態副詞＋スと準重複サ変動詞　形状言・名詞・動詞連用形の重複が、～シタ・～シテイルの形で情態的意味を表わすものを〈準重複サ変動詞〉とし、その語幹相当部分が助詞トを介する〈重複情態副詞ト＋ス〉、トを介しない〈重複情態副詞○＋ス〉の消長をたどる。しかし、評者には最も難解な章であった。興味が引かれたのは、形状言の重複による〈重複情態副詞○＋ス〉の出現時期を明らかにし、名詞の重複によるそれの発生時期を限定したことである。著者の挙例によって端的に示すと、「つれづれとして」（増鏡）から「チボチボシタ」（日葡辞書）を経て、「娘々した」（国木田独歩『第三者』）への流れである。その原因は、31で引いた森重敏氏の説で解釈される。なお、右に紹介した助詞トの零記号に、慣用の「φ」ならぬ「○」を用いるのは紛らわしい。

45　第五章　重複副詞（時空数量）　標題の副詞を全体的に記述した章。多くの術語を創作した著者には珍しく、副詞（時空数量）が、初出（19）以来括弧付きであることも不審なら、ここで漸く定義することも不審である。それはいいとして、「絶え絶え（に）」「あらあら」「散り散りに」などがいかなる時空や数量を表わすのか、「程度を表している」タシダシニ、「陳述副詞として用いられる」ヲサヲサがなぜ副詞（時空数量）なのか、いずれの説明も納得できない。この見解は「つくづくと」（80）、「追ひ追ひに」「思ひ思ひに」（87）、「返す返す」「這ふ這ふ」（81, 94, 95）、第三篇第二章など、あちこちに見えるものである。

50　**第五篇　交替的重複語**　以上とは視点を変えて、森重敏氏が〈替語《たいご》〉と名付けたチラホラの類いを、〈交替的重複語〉と呼んで現代語までの全体を記述したもの。中でも、促音などを含むポッキリグッサリなどは前後項とも個別的で二項性が強いという。当然であろう。頭音節だけが交替する〈単音節交替〉の四音節語七十五のうち、後項の頭音節はクが四割を占める（例、ヌラクラ）ことを指摘し、接尾辞クサ（例、ブツクサ）に注目するのは鋭い。これに関連する論文に、中川芳雄氏の「音画接辞〈くな〉の伝統――やくざ・だうなの音韻構成――」（『静岡女子短大紀要』8）があることを指摘しておく。章末の表と図は複雑で、評者の頭には入らない。

60　**第六篇　重複と接尾**　二音節語基にラ・ヤなどの接尾した形状言（例、ハダラ）を〈接尾形状言〉と呼び、そこから派生した各種の語形を取り上げ、36の表にこれを加えた三十欄の表を呈示する。新たに付加された接尾形状言による派生語に空欄はない。ただ、動詞化の接尾辞クとグをひとつものと見ることを疑う評者には、動詞(1)の接尾語が上の三つの欄ではクなのに、接尾形状言の欄だけグとあることがいぶかしい。章末の図Ⅳの意味も理解できない。

7 0　あとがき　索引　あとがきでは各章の要約を示し、第二篇が本書の中心、第五・六篇が今後の展開の方向を示すことを述べ、重複語の全体的構造を語構成論的に考察した、と結ぶ。全体を総括する章はないわけだが、構成要素では独立性の強弱、意味では名詞重複の〈枚挙〉と〈総数〉の考えが、全体を貫く基調になっていると言えよう。三十六ペイジに及ぶ語句索引は有益であるが、事項索引はあまり役に立たない。〈重複〉などは、一ペイジに数回、そしてほぼ全巻に見えるのだから。定義してある箇所を主にした索引にすべきであった。

8 0　意外に晦渋で疲れる。主原因は広義の文体にあると言えよう。まず、読点が少ないうえに長い文の多いこと。それとも関連するが、一文の中に引用を含むと、論述主体の替わるばあいがあって当惑させられること。しかも一人称を一切用いず、その代わりに他者を「(ら)れる」で遇し、加えて受身の述語が多いのだからややこしい。学術論文に敬語はなるべく控えるべきだと評者は考えるが、用いるとしたら、簡潔さからこれ以外にない。だが、「(ら)れる」の文法的意味は受身が尊敬に優先するのである（だから、これを基本的な尊敬表現とした「これからの敬語」は、戦後の国語政策で最も愚劣なものだと評者は考えている）。凡例が皆無なので、仮名書き語形の左右の傍線、漢文訓読文の括弧・傍線、歌番号の併記など、初心者には不親切である。次々に出現する新しい術語も鬱陶しく、なかんずく〈重複動詞⑴〉のような数字による名称は最後まで評者の脳裏に定着しなかった。付表は概して読みにくい、特にⅠ・Ⅱ・Ⅳ・Ⅴ・Ⅶ。

9 0　著者は才気煥発な学部学生、評者は三十歳近い大学院学生として机を並べた時期がある。が、研究態度は対照的だ。評者は、師濱田敦の主張するように、体系は簡素に歴史は緩やかに記述するが望ましいと考え、畳語の体系と歴史もそのように描こうとした。著者はいかなる細部も見落とすまいと努めて本書の結実を見た。譬えれば素描と細密画ほどの違いである。いろいろな見方があっていい。要は、いずれが多くの言語現象を手際よく明快に説明できるかということである。なお、いま一人の師阪倉篤義の方法を、批判的に受け継ぐ姿勢が欲しかったとも思う。

日本語の重複語はここに網羅されているだろう。語の発掘、用例の探索は行き届いており、先行研究への目配りもよい。語の考証、特に古代語について母音交替を駆使した論述も十分におもしろい。だが、結論を急ぐゆえか、21・25・36で指摘したように、時に孤例の処理が淡白になる点が不満である。第四篇第五章は大きな缺陥となっている。ともあれ、ここに新しい研究の始まる基礎が築かれたとは言えるであろう。あとの者がこの成果を自ら検証してから先に進むべきことは言うまでもないが。

初出論文は完全に解体・再編され、真に「著書」の名にふさわしい本になっている。「一見、著書、実は論文集」といった専門書が多い学界には範とすべきものであるし、誤植がほとんどないことも見事である。しかし、晦渋な記述が災いして研究者に敬遠されたら、せっかくの労作にとっては不幸なことである。

（平成十年四月十五日発行　塙書房刊　Ａ５判　四〇六＋索引四二ページ　本体価格九八〇〇円）

補　記　本篇は、千九百九十九年六月発行の『国語学』第百九十七集に掲載された。

あとがき

二冊めをまとめるのは十年後になるだろうか。還暦を機に思いたって旧稿をまとめたとき、わたしはそんなことを思いながら前冊のあとがきを書いた。次の機会が意外に早く訪れたのは、己れの至らなさから、この春に味わうことになった重く苦い偶然のなせるわざである。

体系をめざす力に缺けていることを自覚して、研究の生命はモノグラフにありと開きなおり、海にも林にも譬えられる日本語の世界を、おのれの関心のままに歩いてきたことは前冊にも書いた。それでも過ぎ来しかたをふりかえると、それなりに一本の足あとが付いていると思われたので、前冊の書名を『日本語史の諸相』とすることにはたいして迷わなかった。

このたびは大いに迷い、かつ悩んだ。その結果がこの標題なのだが、おおけなき名をつけて面映ゆくてならない。服部四郎博士の『言語学の方法』を思いうかべる人も多いことだろうし。これを選んだのは、ほかの多くの書に似た題名ではいろいろとふつごうだろうと考えたことがある。展望と書評、それに数篇の論文と付篇において、研究と学界のありかたについて発言することがあったからでもある。

収めた著述で最も古いのは二十二年前の発表である。それらを入れることの意味もかなり深刻に考えた。結局、修正の必要な箇所がないわけではないが、根本を成す主張は今なお変わらない、そう判断して収載に踏みきったものである。いずれの発言も、ささやかではあるが、それなりに学界に対して意味を有するはずである。

これらの著述の多くは成城大学に移ってから十二年間のしごとである。そのあいだに、『校本萬葉集』新増補第三次修訂版の編集、新日本古典文学大系『萬葉集』の校注に携わった。どうやら自分は忙しいときに精神が高揚する気質のようだ。

四十路半ばに達したとき、若い研究者から「年老いるとはどういうものですか」と尋ねられて驚いたことがある。さしあたり、「世の中がよく見えるということかなあ」と答え、「そう思うと、老いることは必ずしも悪いことではないかも知れない」と加えた。おりしも、東欧世界に変化の兆しが見えて、世界が大きく変わろうとする時期で、その動きがよく見えておもしろく感じられたのである。あれから二十年を経て、世界もそうだが、言語の世界・日本語の世界も、いっそう広く深く遠く見えるようになったように思う。

今、人生のたそがれを歩みながら、医院に通う時間ばかり多くなったが、そのひまを縫って、書を読み、日本語を考え、朝鮮語を学び、著述を成す日々に変わりはない。いずれも蝸牛の歩みではあるが、もしまた実ることがあったら、それは僥倖として喜びたいものである。

執筆中あるいは公刊後に、教示や助言を賜わった人については、各篇の付記と後記にそのつど書いた。また、いくたびか感想を寄せて、拙稿の不備を指摘したり、書物や論文の存在などを教えてくださったりした方もある。特に、福島邦道氏、柳田征司氏、田島毓堂氏、山口佳紀氏、毛利正守氏、乾善彦氏、佐藤貴裕氏、今野真二氏の名をここに記し、あらためて感謝の意を表する。

前著と同じく汲古書院の御好意にすがった。利益を生むはずのないかかる書物の刊行を引き受けてくださった社長の石坂叡志氏、編集実務担当の小林淳氏、組版・印刷の富士リプロの方々に、あつく御礼を申しあげる。

本書を廉価で学界に送ることができたのは、本年度の成城大学文藝学部研究成果刊行補助金のたまものである。再度の交付を認めてくださった学部教授会に満腔の感謝を捧げる。

二千五年十月一日

工藤力男

著者略歴

工 藤 力 男（くどう　りきお）

1938年10月秋田市生まれ。
金沢大学法文学部、京都大学大学院文学研究科修士課程に学ぶ。愛知県立・大阪府立の高等学校教諭、広島女子大学文学部助教授、岐阜大学教育学部教授を経て、1993年４月から成城大学文藝学部教授。
編著書
『校本萬葉集　新増補版』『校本萬葉集　新増補版（第三次増補修訂）』（共編　岩波書店）
日本歴史地名大系『岐阜県の地名』（共編　平凡社）
『日本語史の諸相　工藤力男論考選』（汲古書院）
新日本古典文学大系『萬葉集』（共著　岩波書店）
現住所　〒194-0041 町田市玉川学園四丁目八番一号103号
電子便　kudoo@seijo.ac.jp

日本語学の方法　工藤力男著述選

2005年11月　発行

著　　者　工　藤　力　男
発 行 者　石　坂　叡　志
組版・印刷　富 士 リ プ ロ

発　　行　汲　古　書　院
〒102-0072　東京都千代田区飯田橋2-5-4
電話 03(3265)9764　FAX03(3222)1845

ISBN4-7629-3527-1-C3081

索　　引

この索引は、語詞索引、地名索引、萬葉歌索引、漢字索引、事項索引、書名索引、著作者索引の七つの索引から成る。

語　詞　索　引

凡　例

1）本書で言及した語詞・連語・句を抜きだして五十音順に排列したものである。
2）上代特殊仮名遣の甲乙類、ア行とヤ行のエを区別しない。
3）派生・類義などの関係にある語を並べたので、五十音順の崩れることがある。
4）異形態の関係にあると見なした語を、斜線（／）に続けて置くことがある。
5）助詞・助動詞・接尾語などは、語頭に「～」を付す。
6）清濁の別が明らかでない語について、論者の判断で適宜に処理したものがある。
7）見出し語のあとの［　］内に読み・語義・語性などを示すことがある。
8）前条の［＊］は、適当な漢字がないか漢字表記が不明な語なもの、［－］は当該語の一部について漢字が当てられないことを意味する。
9）漢字表記語の読みを論じたものには、代表的な一つの読みを仮名書きする。
10）読み方の不明なもの、外国語は、【その他】の部に置く。

大御服　293
おかな［＊］　123
起きあげる　245
意柴沙加　301
教わる　254
落ちこぼす　244
躍りあげる　246
おもくさ［面瘡］　118

【カ行】

か［蚊］　103
孵りたて　221
学文／学問　177
～かす　120
かち［彼方］　111
かつかつたり［愜］　307
かにかくに［左右］　70
～かは　111
～かば　111
～かも　59
がらがまし［＊］　129
がらをくる［＊］　129
がり［許］　111
枯れたつ　219
き［割］　5
起動　255
起動する　233
きりむ［速・急］　123
切れあげる　242
く［日］　280
～くさ　314
～くな　314
くさめく［＊］　119
くすぐる［擽］　118
くせぶ［曲］　123
くまむ［隈］　118
汲みあがる　248
汲みたて　212
繰りあがる　253
げげ［履物］　122
～けり　54
こける［瘦］　118
ごご［母］　129
こせこせ［擬態語］　118
こそはゆ［＊］　125
こだる［＊］　118
こつ［打］　119
こづむ［偏］　118
こねる［＊］　125
こばふ［媚］　125
こび［垢］　122
こひぢ［泥］　128
こふ［請欲］　295
ごみ　128

【サ行】

さいとい［先日］　123
さか［下］　281
さく［割］　5
さくみ［割見］　5
さこ［迫］　118
～さす 116
さちはひ［幸］　124
さばつち［一土］　134
～さへ　114
さま［様］　25
さらさ［更紗］　176
し［石・磯］　280
しじ［繁・密］　307
ししけ［＊］　122
したやか［＊］　121
しとりべ［倭文部］　42
しなぶ［萎］　118
しはら［小便所］　124
しびる［痺］　118
しへ［＊］　124
しぼり出る　240
染みこめる　248
～しむ［令］　115
霜置く　250
しら［＊］　125
じり［牛詞］　129
しるし［汁］　118
すけぐち［一口］　119
すすみち［直道］　123
すねし［拗］　123
すはえ［楚］　20
すはやり［楚割］　20
すりのく［擦退］　118
せ［尨蹄子］　103
せぐ［＊］　124
せくる［急］　119
せこむ［責］　118
せろ［為ろ］　122
そめそめ［＊］　112
そわり［楚割・背割］　19

【タ行】

～た　56
だく［抱・懐］　129
だけ［岳］　129
たこ［胼胝］　118

地名索引

凡例

1）本書で言及した古代地名の索引である。

2）中心資料たる和名類聚抄編纂期の読み方を基準にして便宜的に振り仮名を付け、五十音順に排列する。

3）括弧内に国郡名を掲げ、国・郡の文字は省略する。

例　参河国渥美郡 ──→ 渥美郡（参河）

　　下野国芳賀郡氏家郷 ─→ 氏家郷（下野芳賀）

4）文献上に国・郡・郷等の行政単位を付した例のないものは、それを省略する。

5）中世の文献に見えて和名抄に記載しない地名には、「郷」の文字を付けない。

6）国郡の不明なものは「－」で、文字の判読しえないものは「□」で示す。

荒泊郷《あらはか》（越前坂井）　44
伊看我評《いかるが》／伊干我郡／何鹿郡（丹波）　35
宇治郡《うぢ》（山城）　29
氏家郷《うぢへ》／宇治部郷（下野芳賀）　37
江沼郡《えぬま》（加賀）　39
大屋郷《おほや》（常陸鹿島）　100
大谷郷《おほたに》（紀伊伊都）　100
老左郷《おいさ》（但馬養父）　44

【カ行】

春日部郡《かすかべ》（尾張）　39
春日部郷《かすかべ》（武蔵）　39
刈田郡《かった》（陸奥）　47
刈田郡《かった》（讃岐）　47
刈田郷《かんだ》（安藝高宮）　47
上鳥郷《かみつかも》（大和葛上）　30
紀伊郡《き》（山城）　101
国崎郡《くんさき》（豊後）　47
訓世郷《くんぜ》（山城乙訓）　47
熊谷郷《くまがや》（武蔵大里）　100,107
熊谷郷《くまたに》（出雲飯石）　100
気仙郡《けっせん》（陸奥）　104
馭謨郡《ごむ》（大隅）　105

【サ行】

佐作郷《ささく》（隠岐知夫）　44
讃信郡《さらしな》（信濃）　34,46
従者郷《しとへ》（越前丹生）　41
塩屋郡《しほのや》（下野）　100
渋谷下郷《しぶやしも》（相模高座）　100
下鳥郷《しもつかも》（大和葛上）　30
志薬郷《しやく》／白薬里（丹後加佐）　44
噌唹郡《そ》（大隅）　102
真良郷《しんら》（安藝沼田）　47
田何郷《たが》（－－□上）　33

【タ行】

高文郷《たかや》／高昌里（上総山辺）　31
都宇郡《つ》（備中）　101
津宇郷《つ》（備後沼隈）　101
都宇郷《つ》（安藝沼田）　101
弟翳郷《て》（備中下道）　102
豊島郡《としま》（武蔵）　40

【ナ行】

中間郷《なかつま》（播磨香川）　30
長谷《ながたに》（紀伊那賀）　100
難波《なには》（摂津）　167
濃飫駅《の》／野里／野郷（若狭遠敷）　102
能応郷《の》（紀伊名草）　102

【ハ行】

波自賀村《はじか》（播磨神前）　167
伯耆国《ははき》／波伯吉国　35
祝園郷《はふその》（山城相楽）　36
蔓田郷《はふた》／祝田里（播磨多可郡）　36
榛谷駅《はりがや》（常陸信太）　100
斐伊郷《ひ》（出雲大原）　102
肥伊郷《ひ》（肥後八代）　102
広妹郷《ひろせ》（下野芳賀）　30
宝飫郡《ほ》／穂（参河）　102

【マ行】

三谷郡《みたに》（備後）　100
三谷郷《みたに》（讃岐山田）　100
武射郡《むざ》／武昌郡（上総）32

【ヤ行】

湯泉郷《ゆ》（石見邇摩）　102
由宇郷《ゆ》（周防玖珂）　101
由宇駅《ゆ》（長門大津）　101
温泉郡《ゆ》（伊予）　102
湯日駅《ゆひ》／陽日郷（陸奥安達）　43
吉野郡《よしの》（大和）　39
与野評《よの》（加賀）　39

【ワ行】

渭伊郷《ゐ》（遠江引佐）　102
呼唹郷《を》（和泉日根）　102
遠左郷《をさ》（但馬養父）　44

萬葉歌索引

本書に引かれた萬葉集の歌の、『國歌大觀』番号による索引である。

漢　字　索　引

凡　例

1）訓字や万葉仮名用法に言及した漢字、および略体仮名の索引である。

2）当該字の漢音によって、歴史的仮名遣の五十音順に排列する。

3）掲出字に続けて、万葉仮名の面を論じたものは、その音節を片仮名で、意味や訓を論じたものは、その内容を平仮名で示す。

4）万葉仮名には、必要に応じて上代特殊仮名遣の甲乙の別を示す。

5）掲出は常用漢字体による。

【ア行】

移　ヤ　73

矣　を　292

有　ウ　102

【カ行】

加　カ　88

迦　カ　88

割　き／さく／わる　4,6,21

己　コ乙　88

棄　キ甲　88

気　ケ　104

宜　ガ／ゲ乙　88

義　ゲ乙　88

巨　コ乙　88

管　ツツ　64

兼　ケム　52

乎　ヲ　88,292

【サ行】

乍　つつ　64

佐　ザ　73

柴　シ　302

哉　か／や　61

在　けり／にけり／たり　54,58,93

作　サ　92

讃　サ／サラ　34,46

支　キ甲　88

矢　ヤ　92

止　ト乙　88,92,292

志　シ　88

斯　シ　88

而　て　292

迩　ニ　88

爾　ニ　88,292

者　は／ば　82

射　ザ　32

昌　ザ　32

将　む／らむ　62

手　テ　93

祝　はふり　36

従　ゆ／より　65

序　ゾ乙　52

誦　よむ　82

信　シナ　34

西　セ　74

析　さく　18

仙　セン　104

楚　ソ　20

【タ行】

代　て／しろ　91

泥　どろ／ひぢ／でい　126,131

田　タ　73

奴／努／怒　ヌ／ノ甲　281

【ナ行】

南　ナ　74

【ハ行】

破　やる／やぶる／わる　6.10,13

覇　ヘ甲　41

倍　へ／べ　42

迫　セ　286

八　ヤ　52

擘　さく　9

未　ミ乙　88

辺　ヘ　114

部　へ／べ　29,37

事　項　索　引

「柿本人麻呂」「柿本人麻呂歌集」「重複語」「動詞」「万葉仮名」については、その下位項目をまとめて一字下げで掲げた。

書名索引

凡例

1）本書で言及した書名の索引で、一般に「書」とは言わない資料・文献も含む。

2）古事記・日本国語大辞典・風土記・和名類聚抄については、下位分類を一字下げで示す。

著作者索引

凡　例

1）本書で言及した著書・論文・資料等の著作者と著作権者の索引である。
2）外国人の名は通用の読み方による片仮名で各行の最初に置く。
3）見開きの左右両ペイジに出現するばあいは、右のペイジで代表させる。
4）同一人を異なる著作で引くばあいは、必ずしも上記3のようには扱わない。